이베이 글로벌 셀링의 비결
프로셀러는 다르다

이베이 글로벌 셀링의 비결

프로셀러는 다르다

박진달 지음

창업·부업을 생각하는 개인,
해외 수출에 나선 기업을 위한
온라인 판매 지침서!

한국경제신문

책을 내면서

인터넷을 통해 해외 쇼핑몰에서 상품을 사는 일은 더 이상 특별하지 않지만 해외로 상품을 판매하는 일은 아직도 전문가만 할 수 있다고 생각하는 것 같습니다. 해외 사이트 대부분이 구매는 허용하지만 반대로 판매는 허용하지 않아서 그렇게 생각하는 건 아닌지 모르겠습니다.

이 책은 '해외 직구뿐만 아니라 해외 직판을 하는 방법은 없을까?' 라는 의문에서 출발했습니다. 실제 그 의문을 해결할 수 있는 환경이 지금 조성되고 있습니다. 이베이, 큐텐 등의 일부 해외 오픈마켓이 해외 직판의 기회를 제공하고 있으며 아마존, 라쿠텐, 타오바오 등도 정해진 조건을 충족하면 안방에서 세계를 무대로 상품을 판매할 수 있습니다.

물론 해외 오픈마켓은 언어의 차이점 등으로 인해 국내 오픈마켓보다 접근하기 힘듭니다. 하지만 상품을 판매하는 원리는 거의 같다고 할 수 있기 때문에 무조건 어렵지만은 않습니다. 이 책에서는 접근이 가장 쉬운 이베이의 판매 경험을 통해 그 의문을 제대로 해결해주고자 했습니다.

사실 이베이를 통한 판매는 구매와 마찬가지로 대단한 지식이나 노하우가 필요하지 않고 오히려 쉽습니다. 이베이와 (대금을 결제하는) 페이팔 사이트의 구성 및 서비스가 사용자들에게 아주 편리하게 되어 있습니다. 사이트 자체가 하나의 훌륭한 가이드북 또는 매뉴얼 역할을 해주고 있다고 생각해도 좋습니다. 이 책의 내용 대부분은 이베이와 페이팔에서 제공하는 정보를 활용했습니다.

이쯤에서 '온라인 판매에도 마케팅이 가능할까?'라는 또 다른 의문이 생길 것입니다. 더 많은 물건을 좋은 가격으로 판매하는 방법에 대한 고민은 셀러 입장에서는 당연한 것입니다. 이에 대해 이베이가 제공하는 힌트와 저의 경험을 엮어 소개했습니다.

이베이 등의 해외 오픈마켓을 통한 판매는 결코 사이트를 이용하는 기술의 영역이 아니라 상품 선정, 가격 설정 등의 마케팅 전략의 영역이라 할 수 있습니다. 치밀한 마케팅 전략은 해외 판매를 일시적인 개인의 관심이나 경험 차원에서 비즈니스(부업 또는 창업) 차원으로 확대해 주는 발판이 됩니다.

한국무역협회가 2014년부터 의욕적으로 추진한 케이몰24(Kmall24)는 중소기업들, 중견기업들에 B2C(기업과 소비자 간 거래) 시장과 관련된 유익한 플랫폼을 제공하고 있습니다. 아직은 이베이 등 글로벌 마켓의 플랫폼과는 견줄 수 없겠지만 앞으로 발전 가능성과 중요성은 매우 커질 것이라고 확신합니다. 케이몰24에 대해서는 책 후반부에 소개했습니다.

이 책이 해외 오픈마켓으로 판매를 하고 있거나 계획하는 많은 사람에게 유익한 자료가 되길 바랍니다. 출간을 위해 협력과 성원을 보내주신 이베이코리아, 한국무역협회, 그리고 코트라(KOTRA)와 서울산업진흥원에 감사의 말씀을 드립니다. 티플러스에서 온라인 셀링 관련 업무를 담당하는 윤나래 씨는 이번 책에 도움을 많이 줬습니다.

개인적으로 지난 2014년 여름은 10여 년 만에 온 가족이 모이는 특별한 시기였습니다. 여름휴가 대신 사무실에서 원고 작업을 한 저를 묵묵히 바라봐줬던 사람들에게 고마운 마음을 전합니다.

박진달

프로셀러는 다르다
차례

책을 내면서 004

CHAPTER 1
쇼핑의 미래는 온라인

01 왜 온라인 쇼핑인가? • 012
02 온라인 판매도 이제 글로벌 시대 • 018

CHAPTER 2
이베이와 페이팔 가입하기

01 이베이 회원 가입과정 • 038
02 페이팔 가입과 계정 확인 • 044
03 이베이와 페이팔 연동시키기 • 054
04 판매자 계정 개설 • 056

CHAPTER 3
아이템 선정과 가격 설정하기

01	아이템 선정의 기술	• 064
02	대박상품의 조건	• 069
03	가격 설정의 방향	• 072

CHAPTER 4
이베이에서의 검색 노하우

01	베스트 매치	• 084
02	'상세 검색'을 적극 활용하라	• 089
03	거래 완료된 상품에서 힌트를 얻어라	• 093
04	이베이의 인기 상품 파악하기	• 095
05	'이베이 쇼핑'을 활용한 검색	• 099

CHAPTER 5
이제 리스팅이다

01	리스팅의 기본	• 102
02	이베이에서 리스팅하기	• 109

CHAPTER 6
남보다 뛰어난 나만의 리스팅 만들기

01	리스팅 업그레이드 노하우	• 132
02	이베이의 업그레이드 툴	• 147
03	노출이 잘되게 하기 위한 방법	• 151
04	테라픽을 이용한 리스팅 향상	• 154

CHAPTER 7
리스팅 사진 준비하기

01 오픈마켓에 적합한 사진이란?   • 160
02 리스팅용 사진 촬영은 이렇게 하라   • 163
03 포토스케이프와 포토버켓 활용법   • 173

CHAPTER 8
배송에 대한 모든 것

01 배송의 종류   • 180
02 국제 배송의 처음과 끝   • 185
03 포장은 첫인상이다   • 192

CHAPTER 9
수수료와 판매대금 찾기

01 이베이 수수료   • 196
02 페이팔 수수료   • 207
03 판매대금 찾는 법   • 212

CHAPTER 10
판매 옵션의 활용과 클레임 해결

01 판매에 도움을 주는 옵션   • 220
02 거래 취소의 과정   • 234
03 클레임이 들어왔다!   • 236

CHAPTER 11
피드백과 마케팅 전략

01 피드백과 항목별 평가 • 242
02 한 단계 도약하기 위한 전략 • 249
03 소셜 미디어를 제대로 활용하기 • 253
04 구글을 이용하자 • 260

CHAPTER 12
지적재산권을 보호해주는 베로 프로그램

01 베로 프로그램의 정의 • 266
02 베로 프로그램 참여업체 현황 • 267
03 처음부터 베로 프로그램에 걸리지 않는 방법 • 278

CHAPTER 13
국내 수출기업을 위한 Kmall24

01 Kmall24의 특징 • 282
02 Kmall24 입점하기 • 285
03 Kmall24에 상품 등록하는 방법 • 290
04 상품설명의 영문사례 • 299

부록 | 판매자라면 알아야 하는 용어 307

CHAPTER
1

쇼핑의 미래는 온라인

01
왜 온라인 쇼핑인가?

온라인 쇼핑의 폭발적인 성장세

원하는 정보를 검색하고 클릭 한 번으로 상품을 언제, 어디서나 편리하게 구매해 안방에서 받을 수 있는 온라인 쇼핑은 우리 일상의 한 부분이 되었다. 이러한 변화는 IT 기술의 발전이 우리에게 가져온 큰 혜택이라고 할 수 있다.

통계청이 해마다 발표하는 우리나라 전자상거래 및 온라인 쇼핑 동향을 보면 그 성장세에 놀라지 않을 수 없다. 2013년 전자상거래 거래액 규모는 무려 1,204조 1천억 원에 달한다. 5년 전 2008년의 630조 870억 원에 비하면 두 배로 늘었다. 전자상거래에서 가장 큰 비중을 차지하는 시장은 B2B(기업과 기업 간 거래)로 전체 전자상거래의 91%를 차지하는 1,098조 6960억 원에 달한다.

B2G(기업과 정부 간 거래) 시장 규모는 70조 6490억 원으로 2012년 대비 13.1% 증가했으며, B2C(기업과 구매자 간 거래) 시장 역시 24조 3310억 원으로 15% 성장했다. C2C(구매자와 구매자 간 거래) 시장은 13조 4140억 원으로 11.7% 증가했다.

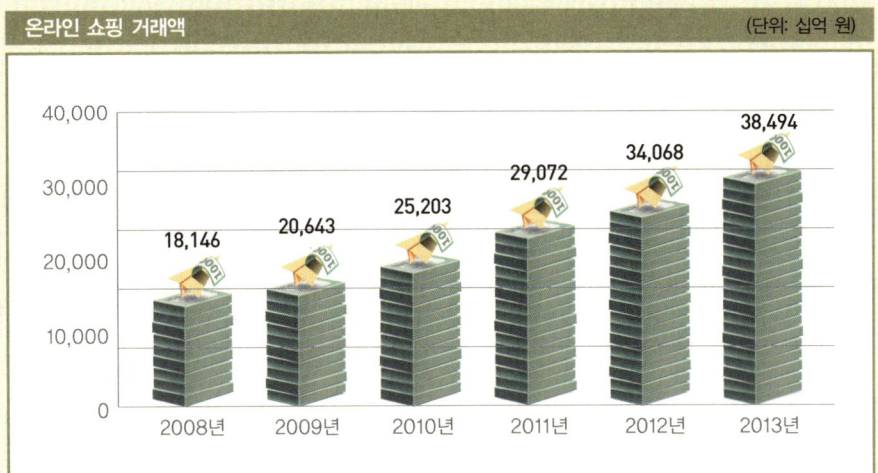

	08년	09년	10년	11년	12년	13년
온라인 쇼핑 거래액	18,146	20,643	25,203	29,072	34,068	38,494
전년 대비 증가율(%)	15.1	13.8	22.1	15.4	17.2	13.0

• 2012년부터 온라인 쇼핑 거래액에는 소셜커머스 거래액을 포함.

2013년 B2C 및 C2C 시장에 일부 B2B, B2G 거래액을 포함한 온라인 쇼핑 거래액 규모는 38조 4,940억 원으로 전년 대비 13% 성장한 것으로 조사됐다. 요컨대 해마다 두 자릿수 이상의 높은 성장세를 보이고 있다.

컴퓨터 대신 스마트폰을 이용한 모바일 쇼핑 규모 역시 크게 늘어나는 추세다. 2013년 온라인 쇼핑 거래 중에서 스마트폰을 이용하는 모바일 쇼핑 시장 규모는 6조 5,590억 원에 달했으며, 2014년에는 싱반기에만 벌써 6조 원을 넘어서 올해 10조 원을 가볍게 돌파할 것으로 전망된다.

이 중 온라인 쇼핑몰은 크게 오픈마켓(open market)과 쇼핑몰(shopping mall)로 나눠진다. 우리에게 친숙한 G마켓, 옥션, 11번가 등이 오픈마켓이며, 실제 이 회사들이 국내 오픈마켓에서 가장 많은 이용률과 매출을 차지한다. 여기에서는 정해진 조건에 맞고, 올바른 절차만 거치면 누구나 참여해 판매가 가능하다. 오픈마켓은 기업과 구매자를 직접 연결해주면서 가격이 저렴하다는 특징이 있다.

쇼핑몰은 브랜드 중심의 쇼핑몰과 개인(또는 기업)이 운영하는 독립 쇼핑몰 등으로 구분된다. 백화점이 운영하는 온라인 쇼핑몰이 전자의 대표적인 경우이다. 또한 특정 기업이 운영하는 쇼핑몰도 많다.

온라인 쇼핑몰은 유통과 쇼핑의 개념을 크게 바꿔 놓았다. 물건을 직접 만지거나 옷을 입어보지도 않고 오직 눈으로만 확인하는 '이상한 구매'를 해보지 않은 사람을 만나는 게 점점 더 어려워지고 있다는 사실은 통계청 자료만 보고도 확인할 수 있다.

인터넷 확산이 가져온 이러한 변화는 온라인 쇼핑 분야의 스타 기업을 탄생시키는 한편, 이를 잘 활용하는 기업과 그렇지 못한 기업 간의 명암을 크게 갈라놓았다. 제조업, 도매업, 소매업 등으로 계열화된 유통구조라는 개념이 뿌리째 흔들리고 있는 것이다.

국내에서 오픈마켓 또는 쇼핑몰에 참여하는 구매자들은 이미 3천만 명을 웃도는 것으로 추산되며, 이들과 직접 거래하는 기업은 30만 개를 넘는 것으로 파악되고 있다. 이제 시장에서 인터넷 쇼핑을 도외시하고는 판매를 생각하기 어려운 상황이 된 것이다. 온라인 시장의 경쟁은 꽤 치열하지만 시장 규모가 지속적으로 성장세를 보이는 상황이다 보니 제품이든 서비스든 기업들은 온라인 쇼핑을 고려하지 않을 수 없게 됐다.

또 다른 블루오션, 해외 직구

국내에서 해외상품을 직접 구매하는 이른바 '해외 직구'도 급속히 늘어나고 있

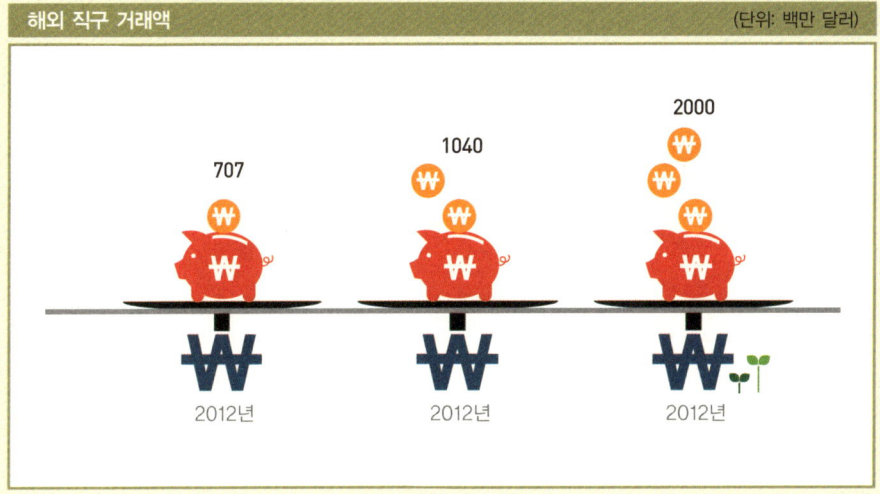

다. 관세청에 따르면 해외 직구는 2010년부터 급증하기 시작해 해마다 두 배 이상의 성장률을 보이고 있다. 2013년 해외 직구 규모는 10억 400만 달러(1조 원)를 돌파했다.

2014년에는 세관을 통해 수입된 해외 직구 물품이 월 평균 125만 건, 1억 2천만 달러에 달하고 있으며 연간으로는 2조 원에 이를 것으로 예상하고 있다. 해외 직구가 급성장하는 이유는 다양한 제품, 국내보다 훨씬 저렴한 가격에다 구매자들에게 쇼핑의 재미까지 더해주기 때문으로 분석되고 있다.

2014년 8월, 한국구매자원이 해외 직구 이용 경험자 1,000명에게 주로 이용하는 온라인 쇼핑몰을 조사한 결과, 미국의 아마존(55.9%, 복수응답 기준), 이베이(38.2%), 아이허브(36.8%)가 상위권에 올랐다. 이외에 샵밥, 6PM, 아마존 재팬, 드러그스토어, 월마트, 라쿠텐, 타오바오 순이다. 국가별로 보면 미국 7개, 일본 2개, 중국 1개다. 국내 소비자들에게 이 사이트들뿐만 아니라 점점 더 많은 사이트들이 익숙해지고 있어 앞으로 해외 직구가 급격히 늘어날 것은 자명하다.

해외 온라인 쇼핑몰 이용 순위 Top 10   (단위: %)

순위	사이트	국가	주요 품목	비율
1	아마존	미국	전 품목(세계 최대 인터넷 쇼핑몰)	55.9
2	이베이	미국	전 품목(온라인 경매)	38.2
3	아이허브	미국	영양제, 이·미용식품, 식료품 등	36.8
4	샵밥	미국	여성의류, 잡화 등	8.9
5	6PM	미국	의류, 신발, 가방 액세서리 등	5.5
6	아마존 재팬	일본	전 품목(일본 오픈마켓)	5.2
7	드러그스토어	미국	미용, 다이어트, 의료, 육아상품 등	4.8
8	월마트	미국	의류, 잡화, 가전, 식품 등	4.1
9	라쿠텐	일본	전 품목(일본 최대 오픈마켓)	3.4
10	타오바오	중국	전 품목(중국 최대 오픈마켓)	3.0

• 복수응답 기준 | 자료: 한국구매자원(2014년 8월)

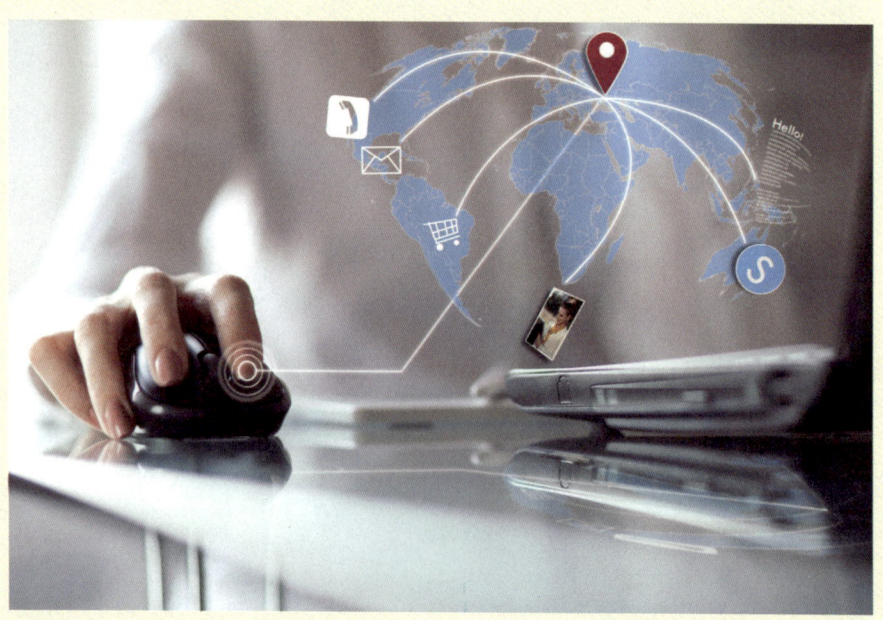

A D V I C E T I P S

직구 사이트

① **샵밥**(Shopbop)은 여성 패션상품 쇼핑몰로 100달러 이상이면 무료배송 서비스가 된다. 200달러 이상이면 관세 면제를 보증해주고 있다.

② **이스트 데인**(East Dane)은 2013년에 오픈한 샵밥 계열사로 남성 패션과 관련한 상품을 직구할 때 좋다.

③ **육스**(Yoox)는 명품부터 중저가 브랜드까지 방대한 브랜드 카테고리를 구성하고 있다. 신상품보다는 이월 상품이 많아 연중 30~90%까지 할인한다.

④ **센스**(Ssense)는 유명 브랜드 상품의 수는 많지 않으나 신상품 위주로 판매한다. 대폭적인 할인은 하지 않지만 비교적 합리적인 가격에 트렌디한 제품을 구매할 수 있다.

⑤ **루랄라**(Ruelala), **길트**(Gilt), **마이해빗**(My habit)은 명품 소셜커머스의 콘셉트로 일정 시간 동안 한정 수량의 명품을 저렴하게 판매하는 쇼핑몰이다.

⑥ **6PM**은 컨템포러리 브랜드로 신발을 직구할 때 이월 상품이 많아 할인율이 비교적 높은 쇼핑몰이다.

⑦ **풋락커**(Foot locker), **피니쉬라인**(Finish line) 사이트에서 제공하는 할인 코드나 세일 기간을 잘 활용하면 나이키 운동화를 국내보다 저렴하게 구매할 수 있다.

⑧ **이백**(Ebags), **러기지온라인**(Luggage online), **쌤소나이트**(Samsonite), **투미**(Tumi)는 캐리어 가방을 중심으로 가방류를 저렴하게 구매할 수 있는 쇼핑몰이다.

⑨ **다이퍼스**(Diapers)는 똑똑한 주부들이 주목하면 좋은 쇼핑몰이다. 아기용품, 스킨케어, 화장품 등을 저렴하게 구입할 수 있다.

⑩ **무스조**(Moosejaw), **씨에라트레이딩포스트**(Sierratradingpost), **레이**(Rei), **써니스포츠**(Sunny sports), **백컨트리**(Back country) 등에서는 다양한 아웃도어 용품은 물론 노스페이스, 컬럼비아와 같은 국내 인기 아웃도어 브랜드를 저렴하게 구입할 수 있다.

02
온라인 판매도 이제 글로벌 시대

쇼핑, 국경을 넘다

전자상거래 규모의 폭발적인 성장세가 비단 우리나라의 일만은 아니다. 전자상거래의 확산은 전 세계적인 현상이며 이는 앞으로 더욱 확대될 것으로 보인다.

골드만삭스 리포트에 따르면, 2013년도 전 세계 온라인 쇼핑 시장 매출은 전년보다 19.4% 성장한 9,630억 달러(1,024조 원)로 집계되었다. 그중 아시아 매출이 345조 원으로 가장 많았으며, 유럽은 302조 원, 미국은 251조 원 규모였다. 중국, 인도, 인도네시아 등 아시아 전자상거래 시장 규모는 폭발적으로 성장하고 있으며 전 세계 전자상거래 시장은 2019년까지 매년 20%씩 성장하고 매출은 2,000조 원 이상 될 것이라 한다. 중국 온라인 쇼핑몰 알리바바가 좋은 예다. B2B 거래가 중심인 알리바바를 통한 연간 거래액은 약 2,500억 달러로 우리나라 연간 수출액의 절반 규모다.

요즘에는 국경을 넘나드는 거래가 활발한 아마존(Amazon), 이베이(eBay), 타오바오(Taobao), 라쿠텐(Rakuten), 큐텐(Qoo10) 등의 글로벌 오픈마켓들이 주목받고 있다.

미국의 양대 온라인 상거래 사이트인 아마존과 이베이를 보자. 아마존의 연간 거래액은 600억 달러, 이베이는 700억 달러를 넘어섰다. 중국의 타오바오와 일본의 라쿠텐은 아직 자국 내 거래가 주(主)를 이루고 있으나 글로벌화를 적극 추진하면서 세계적인 쇼핑몰로 자리 잡고 있다.

또한 이 회사들은 전 세계적으로 온라인 쇼핑 규모가 커지자 공격적인 투자로 시장을 선점하려는 경쟁을 치열하게 벌이고 있다. 이베이가 우리나라의 G마켓, 옥션을 인수한 것이 좋은 예다. 아마존 역시 한국시장 진출을 위한 마스터 플랜이 마련된 것으로 보인다.

전 세계적으로 오픈마켓을 이용하는 인구는 현재 4억 명 정도로 추정된다. 이들 중 2% 정도는 국경을 넘나드는 크로스 보더(cross border) 쇼핑을 즐기는 것으로 추산되고 있다. 10~20년 후에는 온라인 쇼핑을 하는 구매자가 30억 명 규모로 늘어나고, 쇼핑에 국경을 가리지 않는 비율도 크게 높아질 전망이어서 글로벌 온라인 쇼핑 확산에 대한 대응은 개인, 기업뿐만 아니라 한국경제의 새로운 과제로 떠오르고 있다.

세계적인 온라인 쇼핑 인구의 증가는 많은 기회를 가져다준다. 기업의 입장에서 보면 '제조업체—수입업체—유통업체' 등으로 이어진 국제무역의 기본 구조에 적지 않은 변화가 예상된다. 싫든 좋든 기업들은 세계시장의 구매자를 직접 상대하면서 매출과 수익을 늘릴 방안을 강구하시 않으면 안 된다.

개인은 좀 더 다양하고 질 좋은 상품을 저렴한 가격으로 구매할 수 있을 것이고, 또 다른 한편 글로벌 오픈마켓을 활용하여 국내 물건을 세계 각국에 팔아 수익을 낼 기회가 생기는 것이다.

국내의 IT 산업, 전자상거래는 전 세계에서도 앞서가는 수준이다. '로켓 배송'이라는 말이 있을 정도로 잘 되어 있는 배송 시스템이 온라인 쇼핑을 뒷받침하고 있다. G마켓, 옥션, 11번가를 중심으로 하는 국내 오픈마켓 시장의 시스템과 노하우도 앞서 있으며, 상품을 내놓은 판매자도 30만 명이나 된다.

어느 순간부터 국내 오픈마켓의 경쟁은 치열해지면서 큰 마진을 남기기가 힘들어졌다. 최저가를 추구하는 가격 경쟁, 할인 이벤트, 무료배송 등의 영향으로 판매자들의 이익은 계속 줄어들고 있다. 일례로, 온라인 쇼핑몰에서 노출(구매자에게 보이도록 하는 것)이 활발해야 판매가 잘되는데 광고를 하지 않으면 노출의 기회가 매우 적어진다. 그러니 판매자 입장에서 광고는 피할 수 없는 선택이 되고 자연스럽게 광고비 지출로 인해 수익성이 떨어질 수밖에 없다. 그렇다면 판매자로서의 활로는 무엇일까?

해외 구매자에 대한 판매가 그중 하나다. 국내 오픈마켓이 세계화가 된다면 시장도 커질 것이고, 높은 수익도 기대할 수 있다. 예를 들어, 연간 26조 원의 상품이 거래되는 일본 최대 오픈마켓 라쿠텐은 세계 각국의 구매자들을 고객으로 끌어들이기 위해 영어, 중국어(간체자, 번체자), 한국어 등 4가지 언어로 운영되는 글로벌 라쿠텐(global.rakuten.com)을 개설해 일본 기업들과 해외 구매자를 바로 연결하는 사업을 적극 확대하고 있다.

우리나라도 국내 오픈마켓을 통한 해외진출을 본격화하기 위해 노력 중이다. G마켓은 영어와 중국어판 글로벌 G마켓을 운영 중이고, 11번가 역시 영어판 글로벌 11번가를 개설하여 해외 구매자들을 겨냥하고 있다. 하지만 한글↔영어, 한국↔중국어의 자동번역기 수준이 미흡한 데다 판매자들의 관심이 적어 해외 판매가 그리 활발하지 못한 상황이다. 한국무역협회가 국내 제조업체 및 수출업체의 글로벌 판매를 지원하기 위해 케이몰24(Kmall24)를 오픈한 것이 2014년 6월이니 국내 오픈마켓의 세계화는 이제 막 시작했다고 볼 수 있다.

또 다른 방법은 판매자가 이베이, 아마존, 큐텐, 라쿠텐 등의 글로벌 오픈마켓을 통해 상품을 직접 판매하는 것이다. 세계의 수많은 구매자를 상대로 상품을 팔면, 국내 오픈마켓을 통하는 것보다 좀 더 빨리 시장을 넓히고 수익을 낼 수 있다.

이들 시장의 진입은 의외로 어렵지 않다. 특히 이베이, 큐텐은 판매계정 개설이 쉬운 편이어서 국내 기업은 물론 개인들도 참여하여 상품을 쉽게 사고팔 수 있다. 포화상태에 이른 국내시장과 달리, 해외 오픈마켓은 이제 초기 단계에 불과하다.

세계 인구 70억 명 가운데 5억 명 정도만 이 시장에 진입해 있어 온라인 구매자는 갈수록 커질 것으로 예상된다. 경쟁 강도와 마진 확보 면에서 봐도 국내 오픈마켓보다 유리하다.

특히 해외 오픈마켓은 광고에 의해 노출이 좌우되지 않는다. 이베이를 보면 노

국내 오픈마켓과 해외 오픈마켓 이베이(eBay) 비교		
구분	국내 오픈마켓	이베이
비전	• 오프라인 유통 대체 성장 • 경쟁 매우 치열 • 일정 규모 자본금 필요	• 전 세계적으로 초기 시장임 • 경쟁이 치열하나 시장이 계속 성장·확대 추세 • 소자본 진출 가능
판매 아이템	• 좋은 아이템 • 신상품 위주 • 트렌드, 디자인, 유행에 민감	• 경쟁력 있는 아이템 • 재고, 이월, 중고품도 가능 • 일반 도·소매 사업 가능
사이트 노출	• 광고비 지출 • MD의 판단이 큰 영향	• 노출 기회가 공평 • 공정 경쟁이 가능
상품 설명	• 전문적인 사진 선호(수십 장) • 웹 디자이너 필요	• 휴대전화 사진도 가능(10장 이내) • 외국인을 위한 상품 설명 필요
이익률	• 상대적으로 낮음	• 상대적으로 높음
배송기간	• 1~2일	• 3~21일
고객상담 (반품)	• 전화상담 • 반품 비율 높음	• 이메일 위주 • 반품 비율 낮음

• 국내 오픈마켓은 G마켓, 옥션, 11번가의 대체적인 특징.

출의 우선순위에는 여러 가지 기준이 적용되지만 광고와는 무관하다. 거래 마감 시간이 임박한 순, 가격이 낮은 순 등으로 노출되기 때문에 누가 올린 상품이든지 구분 없이 첫 화면에 한 번은 노출될 수 있다. 상품을 잘 노출시키기 위해서는 다양한 노하우를 동원해야 하지만 기본적으로 판매조건을 잘 맞추려는 노력 여하에 따라 노출이 잘 되는 공정한 시스템이라는 점에서 국내 판매자들에게 좋은 기회가 된다.

영어 등 언어 장벽이 있기는 하지만 크게 걱정할 필요는 없다. 영어(외국어)를 잘하면 유리하지만 대단히 높은 수준의 영어가 필요하지 않다. 외국인과의 의사소통은 전화가 아니라 메시지로 주고받기 때문이다.

우리에게는 글로벌 오픈마켓 진출에 유리한 기반이 있다. 다름 아닌 수출 랭킹 세계 7위를 가능하게 한 제조업 기반이다. 특히 국내 제조상품은 가격 경쟁력, 품질 경쟁력, 브랜드 및 국가 이미지 등 어느 면으로 보나 세계적인 수준이다. 세계적으로 인지도가 높으면서 우수성을 인정받는 상품을 조달할 기회는 세계 어

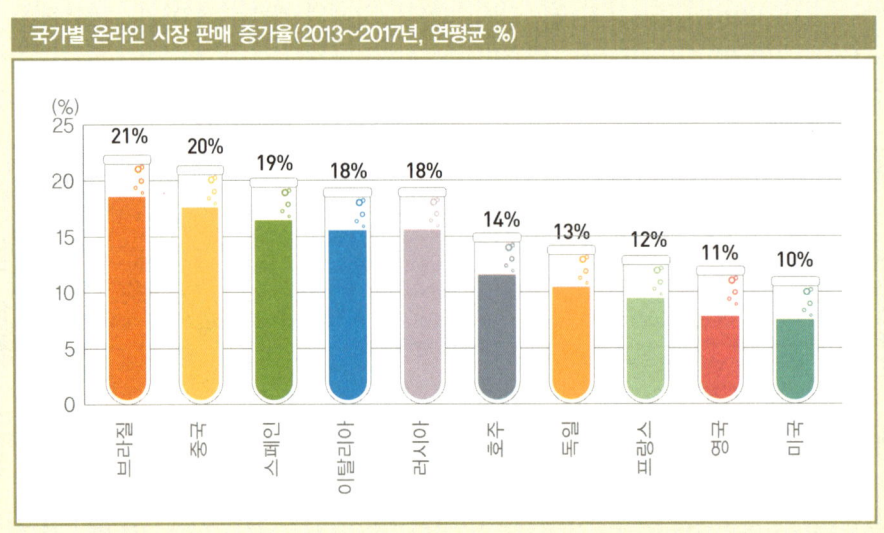

• 자료: 이베이코리아

느 나라보다 풍부하다고 할 수 있다. 국제 배송도 우체국을 이용하면 편하다.

이제 국내 오픈마켓 판매자는 해외 오픈마켓에 눈을 돌리고, 온라인 비즈니스에 진출하려고 할 때 해외 오픈마켓의 이점을 활용하는 일이 중요해진 시점이다.

세계 주요 국가에서의 온라인 판매는 두 자릿수 이상의 높은 성장세를 보이고 있다. 또 국내에서 해외 오픈마켓을 통해 해외로 판매한 거래액이 최근 3년간 연평균 55%의 높은 증가율을 나타내는 것은 해외 오픈마켓 진출의 필요성을 나타내준다고 할 수 있다.

불붙은 해외 오픈마켓

해외 직구를 위해 우리가 이용할 수 있는 해외 쇼핑몰은 수없이 많지만 판매자 입장에서 보면 사정은 달라진다. 해외 쇼핑몰의 경우도 우리나라와 마찬가지로 오픈마켓, 백화점, 홈쇼핑, 전문업체 등 여러 유형이 있다. 이 중 국내 기업과 개인이 쉽게 접근할 수 있는 것은 역시 오픈마켓이다. 오픈마켓이란 구매자뿐만 아니라 판매자의 진입이 자유로운 쇼핑 사이트다. 이러한 오픈마켓으로 세계적인 사이트는 이베이, 아마존, 큐텐, 라쿠텐, 타오바오 등이 손꼽힌다. 기업과 개인을 불문하고 상품 거래가 가능하기 때문에 기업 간 거래, 기업과 구매자 간 거래, 또 구매자와 구매자 간 거래를 망라하는 시장이라는 공통점이 있다.

이 중 큐텐은 홍콩에 본사를 두고 있으나 한국인이 설립한 회사로 싱가포르, 일본, 중국을 비롯한 아시아 시장을 겨냥하고 있다. 싱가포르 사이트는 영어로, 나머지 지역에서는 현지어로 운영되고 있다.

대중식당에서 쓰이는 물수건을 수출하는 A사는 큐텐 싱가포르를 통해 판매하고 있는데 주문량이 쇄도하여 컨테이너 단위로 수출을 한 뒤에 현지에서 배송할 정도로 성업 중이다. 큐텐은 국내 기업이나 개인이 셀러(seller, 판매자)로 활동하는 데 제약이 없는 편이다.

라쿠텐은 요즘 일본에서 잘나가는 업체이다. 일본 구매자들을 중심으로 이미 7천만 명의 회원을 가지고 있으며 연간 거래 규모가 26조 원에 달하고 있다. 글로벌화를 위해 영어, 한국어, 중국어(간체, 번체) 등의 글로벌 사이트도 운영하고 있다.

라쿠텐에 판매자로 진입하기 위해서는 현지에 근거지가 있어야 한다. 우리나라가 아닌 현지에 법인이나 사무소가 있다면 판매활동을 할 수 있다. 수출업체 B사는 휴대전화 케이스를 라쿠텐에서 팔기 시작하면서 판매량이 치솟았다. 또한 국내 하청업체에서 조달한 가격에 몇 배나 높은 가격으로 팔아 고수익까지 올리고 있다.

타오바오는 알리바바 계열의 오픈마켓이다. 가입자가 3억 8천 명이 넘으며, 연간 거래액이 114조 원에 달해 세계 최대 규모이다. 현재 중국어 전용으로 운영되고 있는데 판매는 중국인, 중국기업(합작기업 포함)만이 가능하다. 국내 인터넷 관련 회사에 근무하는 C는 국내 유명 브랜드 전기밥솥을 구매하여 타오바오에서 판매하고 있다. 중국에서 한국 전기밥솥의 인기가 높아 하루에 1~2개를 판매하여 얻는 한 달 수익이 직장에서 받는 월급과 맞먹을 정도다.

이베이는 가입자 3억 4천만 명에 연간 거래액이 84조 원에 달한다. 기업과 개인들에게 판매의 문이 활짝 열린 오픈마켓의 대명사이다. 이베이는 세계 모든 나라의 기업과 사람들이 비교적 자유롭게 가입하여 상품을 사고팔 수 있는 가장 개방적인 사이트다. 주소, 전화번호, 이메일 주소, 신용카드 등 본인 확인이 가능한 정도의 요건만 갖추면 당장이라도 사이트에 상품을 올려 판매할 수 있다.

아마존은 이베이와 쌍벽을 이루는 오픈마켓이지만 미국 현지에 법인과 계정이 없고 바코드를 가진 제품이 아니면 판매자로서 접근이 제한된다. 따라서 중소

기업이나 개인들이 판매하기 어려운 플랫폼이다. 물론 필요한 요건을 갖춰 판매에 성과를 올리는 국내 기업과 무역상도 상당수에 달한다.

이 오픈마켓에서 셀러로서 뛰어드는 일은 어떨까? 이미 진출한 기업과 셀러들이 많이 있어 늦지는 않을까?

아직도 성공 가능성은 얼마든지 있다는 평가가 지배적이다. 국내는 온라인 쇼핑 인구가 이미 3천만 명에 달해 구매자 수의 추가 증가를 크게 기대하기 어려운 것과 대조로 해외 오픈마켓 참여 인구는 이제 폭발기를 맞이하고 있기 때문이다.

전 세계적으로 온라인 쇼핑 구매자는 2010년 기준 4억여 명인데 이 인구가 계속 늘어 머지않아 10억 명까지 달할 것으로 예측된다. 이에 비례하여 글로벌 쇼핑을 하는 인구도 크게 늘어나는 추세이다. 결국 글로벌 오픈마켓 비즈니스는 이제 막 본격적인 확산기에 접어드는 시점이라고 할 수 있어, 이들 시장에서 어떤 상품을 어떻게 판매하느냐에 따라 온라인 무역상으로서의 성공 가능성은 크다고 볼 수 있다.

오픈마켓	ebay 이베이	amazon.com 아마존	Qoo10 큐텐	淘宝网 타오바오	楽天 라쿠텐
사이트 수	글로벌(38개)	글로벌(12개)	아시아(7개)	중국	일본
서비스 모델	온라인 쇼핑몰 오픈마켓	온라인 쇼핑몰 오픈마켓	온라인 쇼핑몰 오픈마켓	온라인 쇼핑몰 오픈마켓	온라인 쇼핑몰 오픈마켓
거래 규모	754억 달러 (84조 원)	611억 달러 (69조 원)	일평균 9만 개 판매	6,329억 위안 (114조 원)	2조 4천억 엔 (26조 원)
회원 수	3억 4천만 명	1억 3천만 명	2억 2천만 명	3억 8천만 명	7천만 명
구매자	글로벌	글로벌	아시아	주로 중국	주로 일본
판매자	글로벌(기업, 개인)	아마존, 개인	기업, 개인	중국 현지법인	일본 현지법인
판매자 접근성	상대적으로 쉬움	상대적으로 어려움	상대적으로 쉬움	상대적으로 어려움	상대적으로 어려움
결제방법	페이팔	신용카드 기프트카드	신용카드	알리페이	신용카드

• 거래 규모, 회원 수는 2012년 기준.

이베이

이베이는 이베이닷컴(www.eBay.com)을 운영하는 회사로 미국 캘리포니아 주 새너제이에 본사를 두고 있다. 1995년 옥션웹으로 시작해 1997년 이베이로 사명을 변경하고 미국 등 38개국에서 현지에 맞는 오픈마켓을 운영하고 있으며 전 세계 오픈마켓에서 이용자가 가장 많다.

이베이의 가장 큰 장점은 가입이 간편하다는 점이다. 전 세계인에게 참여를 허용하는 이베이의 정책은 아마존, 라쿠텐, 타오바오 등과 사뭇 다르다고 할 수 있다. 해외 판매를 계획하는 기업이나 셀러들에게 더 큰 관심을 받는 이유가 여기에 있다.

- 미국 캘리포니아 주에 본사를 두고 있는 세계 최대의 글로벌 온라인 쇼핑몰.
- 1995년에 피에르 오미디야가 설립한 나스닥 상장사.
- 세계 30여 개국에 현지어 이베이 운영. 한국의 대표적인 오픈마켓 G마켓, 옥션 인수.
- 전 세계인 누구든 자유롭게 구매나 판매를 할 수 있는 오픈마켓.
- 0.1달러짜리 저가 상품부터 1천만 달러 고가 상품까지 광범위한 상품과 서비스 거래.
- 구매자 입장에서 다양한 가격대의 상품을 구매할 수 있는 시장이며 전 세계를 상대로 판매할 수 있는 시장.
- 2012년 매출액 140억 7천만 달러, 자산 총액 322억 달러 규모.
- 종업원 2만 8천 명.
- 1998년 세계 최초로 사이트 내 결제 서비스인 페이팔을 도입해 세계 최대 전자 결제 기업으로 성장하여 2013년 페이팔 매출은 66억 달러임. 세계 온

라인 쇼핑액의 18%가 페이팔을 통해 결제됨.

이베이는 초당 3천 달러 규모의 거래가 이뤄지고 있으며 매일 35,000명이 회원으로 가입하는 거대 시장이다. 이베이에서는 이쑤시개에서 비행기, 선박에 이르기까지 팔지 않는 물건이 없을 정도로 다양한 물건과 서비스가 거래되고 있다. 세계에서 가장 큰 시장이고, 백화점이고, 창고이다. 거래되는 상품의 카테고리는 대분류가 35개, 중분류가 430개, 소분류는 무려 5만 개 이상이다.

이베이에서 아이폰(iPhone)이란 키워드를 검색하면 46만여 개의 관련 제품이 판매되고 있으며 그중 44만 개는 새 상품, 2만 개는 중고품으로 팔리고 있다. 삼성(Samsung)이라는 키워드로 검색하면 이보다 더 많은 55만 개의 관련 제품이 구매자를 기다리고 있다.

이베이는 판매자와 구매자에게 많은 기회를 가져다준다. 구매자 입장에서 보면 세계 각국에서 나온 다양한 가격대의 상품을 안방에서 구매할 수 있는 시장이며 판매자 입장에서 보면 전 세계인을 상대로 상품을 팔 수 있는 시장이다.

All Categories

Antique	Crafts	Pottery & Glass
Art	Dolls & Bears	Real Estate
Baby	DVDs & Movies	Specialty Services
Books	Electronics	Sports Mem, Cards & Fan Shop
Business & Industrial	Entertainment Memorabilia	Sporting Goods
Cameras & Photo	Gift Cards & Coupons	Stamps
Cars, Boats, Vehicles & Parts	Health & Beauty	Tickets
Cell Phones & PDAs	Home & Garden	Toys & Hobbies
Clothing, Shoes & Accessories	Jewelry & Watches	Travel
Coins & Paper Money	Music	Video Games
Collectibles	Musical Instruments	Everything Else
Computers & Networking	Pet Supplies	

중고품 역시 거래가 매우 활발하다. 가격을 정해 놓고 파는 고정가격 거래도 가능하며 경매방식도 가능하다. 경매방식은 1일, 3일, 5일, 7일, 10일 등 기간을 정해 두고 가장 높은 가격을 제시한 구매자에게 판매하는 방식이다. 반면 고정가격 방식은 상품을 3일, 5일, 7일, 10일, 30일 또는 GTC(Good Til Cancelled, 판매 취소 시점)까지 같은 가격으로 판매하는 것이다. 국내 온라인 쇼핑몰에 비교하면 옥션, G마켓, 중고나라, EC21 등의 성격을 모두 담고 있는 시장이다.

이베이는 시장이 공정하다는 특징이 있다. 국내 대형 오픈마켓의 불공정 행위로 나타나는 가격인하 요구, 광고 및 무료배송 요구, 특정상품 밀어주기, 상위 판매자 위주의 프로모션 등이 없어 판매자가 스스로 가격, 배송조건 등을 정할 수 있다.

특히 사이트 노출이 공정하다. 국내 여러 사이트들은 '히트 아이템', '파워 아이템', '스마트 클릭' 등의 이름으로 특정상품을 우선적으로 노출시키고 있으나 실제로 광고인 경우가 많다.

반면 이베이의 노출은 시스템이 판이하게 다르다. 이베이에서는 광고의 부담이 없다. 광고가 아니라 상품의 경쟁력이나 판매자(셀러)의 노력 여하에 따라 얼마든지 상위 노출이 가능하다. 가격 조건, 경매 날짜, 셀러의 활동 성과 또는 키워드의 효율적인 사용 등에 따라 노출이 좌우된다. 누구나 공정하게 자신의 상품을 노출시킬 수 있어 좋은 상품과 서비스를 제공하면 많은 기회를 누릴 수 있다.

이베이가 가진 또 하나의 특징은 판매자와 구매자 간에 서로 신용을 주고받는다는 점이다. 상품 거래를 한 뒤 서로 만족도를 평가하는 피드백을 하게 되어 있는데 이 피드백이 다른 구매자와 판매자가 참고할 수 있도록 하고 있다.

피드백이 높은 판매자의 상품은 가격이 비싸도 믿고 구입하게 되고 피드백이 낮은 판매자의 상품은 싸도 잘 팔리지 않을 수 있기 때문에 판매자들은 거래에 더욱 신중하게 되면서 건전한 시장 풍토가 자리잡고 있다.

온라인 셀러

온라인 셀러의 특징

이베이 등 오픈마켓을 통해 전문적으로 상품을 판매하는 일이 가능할까? 이에 대한 정답은 없다. 오로지 어떻게 하느냐에 달렸다.

먼저 가능성을 보자. 현재 국내에는 6천여 명이 이베이에 상품을 내놓고 있다. 상당수는 전문 셀러로서 나름대로 성장하기 위한 길을 모색하는 사람들이다. 이 중 1천여 명은 판매 규모가 크고 이미 신뢰성을 확보한 파워 셀러, 톱 셀러에 이른 것으로 파악되고 있다.

이베이에서 활동 중인 우리나라 셀러 가운데 가장 큰 매출을 올리는 셀러의 연간 판매액은 2013년 기준 1위가 51억 원, 2위가 48억 원 규모다. 이들이 이베이 판매를 시작한 시기는 각각 2009년, 2010년이다. 맨손이라 할 정도의 소자본으로 시작해 불과 5년 만에 치열한 경쟁을 뚫고 월 4억 원의 매출을 올리는 온라인 비즈니스를 만들어낸 것이다.

컴퓨터 한 대만 가지고 온라인 판매를 하는 이들 가운데 기업 못지않게 큰 판매 실적을 올리는 파워 셀러도 상당수 있다. 자체적으로 화장품 브랜드까지 개발해 이베이에서 큰 매출을 올리는 셀러도 있고, 독특한 티셔츠로 알찬 수익을 올린 셀러도 있다.

이들의 공통된 특징은 초기에 큰 투자비용 없이 집에서 소규모로 시작해 점차 기반을 갖췄다는 점이다. 또한 상품이 특별하다. 자기만의 독특한 상품이나 상품군을 개발하여 전문성을 갖추고 마케팅에 남다른 열정을 쏟은 것이다.

물론 성공 스토리만 있는 것은 아니다. 직장을 그만두고 이베이 전문 셀러로 투신한 E는 월 매출이 1천만 원에 달했으나 요즘은 주춤하고 있다. 새로운 상품 개발이 필요한데 마땅한 상품을 찾지 못해 잠깐 쉰다는 것이 예상보다 길어졌다.

이베이를 비롯한 해외 오픈마켓에서의 판매는 국내 인터넷 쇼핑과 여러 가지로 다르다. 우선 가격이다. 같은 상품이라도 해외시장의 가격과 국내시장의 가격은 별개다. 상품에 따라서는 국내보다 가격을 절반으로 해도 팔리지 않을 수 있고, 두 배로 책정해도 날개 돋친 듯 팔릴 수 있다.

배송기간과 비용도 다르다. 국내에서는 상품이 1~2일만에 배달되지만 해외는 빨라야 3~7일, 길면 2~3주까지 소요되며 배송비도 방법에 따라 큰 차이가 있다.

유행에 민감한 국내 쇼핑몰에서는 유행에 따라 판매나 상품 구성이 달라지는 반면, 해외 쇼핑몰은 국내 유행을 제대로 반영하기 힘들다. 가령 국내에서 통이 좁은 스키니 바지가 유행할 때, 미국에서는 나팔바지가 유행할 수 있다.

계절도 다를 수 있다. 세계 각국의 구매자를 상대로 하기 때문에 한 여름에 겨울옷을 팔 수도 있다. 철이 지난 재고 상품을 처분해도 정품으로 인정받는 경우가 발생한다. 이러한 차이는 해외 오픈마켓을 무대로 한 전문 셀러에 가능성을 보여 주는 대목들이다.

해외 오픈마켓에는 수많은 상품이 팔리고 있지만 개척되지 않은 카테고리, 새로운 상품은 얼마든지 있을 수 있다. 또 오픈마켓에서 성공을 거두면 자체적으로 화장품 브랜드를 개발한 것처럼 다른 비즈니스로 확산시킬 가능성이 있다는 점은 전문 셀러의 길을 모색하는 이들에게 아주 매력적이다.

무엇보다 온라인 전문 셀러로 성공하기 위해서는 남다른 열정을 갖고 있어야 한다. 안정권에 접어들기까지는 적어도 6개월에서 1년 정도가 걸리는데 웬만한 열정으로는 버티기 힘든 기간이다[참고로, 신규 셀러는 초반에 월간 10개, 500달러로 제한되는 리미트(판매 한도)를 넘어서는 것이 첫 번째 과제다]. 그리고 판매 가능성이 크고 수익성이 높은 상품 조달선 확보, 글로벌 온라인 시장에 대한 폭넓은 이해, 기본적인 영어 실력, 꾸준한 상품 개발, 마케팅에 대한 창의적인 노력 등이 필요하다.

특히 요즘은 마케팅이 점점 중요해지고 있다. 온라인 시장에서 판매를 좌우하는 요인은 상품 이름과 설명, 검색 노출 빈도, 가격, 배송조건, 판매시점, 인센티브, 프로모션 등 여러 가지다. 셀러로서 성공하려면 오픈마켓 구매자의 패턴에 대한 이해를 바탕으로 앞에서 말한 여러 요인 하나하나를 매력적으로 만들어가는 온라인 마케터가 되어야 한다. 앞으로 전문 셀러의 길은 오프라인 시장처럼 마케팅이 좌우할 것이기 때문이다.

온라인 셀러의 자격

온라인을 통한 해외 판매는 많은 자본없이 집에서 달러를 벌 수 있는 기회가 된다. 또 직장인이 하루 2~3시간을 투자해 한 달에 200~300만 원의 수입을 올리는 사례도 속속 나타나고 있다.

모든 사람이 성공하는 것은 아니다. 실제 온라인 무역상이 되고자 작정하고 뛰어든 사람 대부분이 중도에 하차를 한다고 해도 과언이 아닐 정도로 실패할 확률이 높다. 기업이 성장하기 위해서는 시스템이 제대로 갖춰져야 하듯 온라인 판매도 충분한 준비와 시스템을 갖추지 않으면 뜻대로 되지 않는 경우가 많다.

우선적으로, 작게 그러나 충실하게 시작해야 한다. 온라인 판매로 이익을 남길 때까지 스스로를 지켜줄 여유자금이나 수입원이 필요한 것이다. 판매가 정착단계에 접어드는 데 적어도 6개월 정도의 기간이 걸리니 이 기간에 대한 대비책이 있어야 한다. 물론 6개월 가량 노력했다고 반드시 수익이 생긴다는 보장을 할 수 없다. 실제 전업으로 하다가 초초해하거나 지치면서 중도에 포기하는 사례가 많다.

다음으로, 나름대로의 시간 계획을 지키는 것이 중요하다. 컴퓨터를 놓고 낮은 시간을 지내다보면 눈과 몸이 피로해지기 십상이다. 이베이에 사진과 함께 판매 정보를 올리는 일, 상품을 포장하여 우체국에서 발송하는 일 등을 혼자 하다보면 힘들고 지치기 쉽다. 따라서 편한 마음으로 쉬는 시간을 미리 정해 놓고 계획에 따라 휴식을 취하는 등 생활의 리듬을 고려하면서 장기전에 대비해야 한다.

A D V I C E T I P S

온라인 셀러를 위한 10가지 팁

① **키워드(Keyword)** : 독특한 키워드가 경쟁에서 돋보이게 하며 많은 구매자를 끌어들여 판매의 가능성을 높인다.

② **가격(Pricing)** : 좋은 가격이 상품과 품질에 대한 기대를 좌우한다. 달러 단위로 표시하면 신제품, 센트 단위로 표시하면 할인으로 인식한다.

③ **재고(Inventory)** : 재고가 없어 판매를 취소하면 온라인 시장에서 이미지가 떨어진다.

④ **타이밍(Timing)** : 경매는 마감시간이 활발하다. 현지의 활동시간에 마감시간을 맞추어야 한다.

⑤ **타이틀(Title)** : 타이틀이 검색을 좌우한다. 중요한 것을 먼저 쓰고, 타이틀 공간이 모자라면 카테고리 또는 상품명세를 활용해야 한다.

⑥ **시장분석(Analysis)** : 시장 분석을 통해 트렌드를 이해하고 판매에 나서야 한다.

⑦ **상품 설명(Description)** : 구매자는 실물을 보지 못한다. 사진과 설명이 충분해야 한다.

⑧ **인지도(Awareness)** : 블로그, SNS는 판매를 촉진하다.

⑨ **인센티브(Incentive)** : 잘 짜인 상품과 카테고리가 판매를 촉진한다. 세트화가 판매를 늘린다.

⑩ **배송(Shipping)** : 폼포미, 하드보드 등의 경량 완충재를 이용해 포장을 단단히 하여 상품을 보낸 그대로 도착하게 해야 한다.

[출처: 테라픽(이베이 세일즈 데이터 제공 사이트)]

정보 교류도 매우 중요하다. 온라인 판매에는 여러 가지 노하우가 필요한데 이를 가진 사람 역시 거래를 오랫동안 많이 해본 톱 셀러들이다. 이들에게 조언을 얻거나 그룹 스터디 등을 통해 정보를 얻고 노하우를 쌓는 것은 온라인 무역상으로 성공을 거두기 위한 필수조건이다.

반드시 사업계획서를 세우고 점검을 계속 해야 한다. 온라인 쇼핑의 판매자가 되기 위해서는 당연히 필요한 일이라 생각되지만 의외로 처음부터 사업계획서를 세운 경우는 5%에도 미치지 못하는 것으로 조사되었다. 안정적으로 상품을 공급받기 위해 거래선을 설득하기 위해서는 사업계획서가 필수이다. 또한 초심을 유지하기 위해 필요한 과정이기도 하다. 그리고 상황 변화에 따라 수정하지 않는 사업계획서는 무용지물이라는 사실을 잊지 말자.

그럼 온라인 마케터가 가져야 할 자질은 무엇일까? 누가 훌륭한 온라인 마케터가 될 수 있을까?

온라인 쇼핑 사업은 컴퓨터망을 통해 비즈니스를 하는 일이니 어느 정도의 컴퓨터 활용능력은 필수다. PC와 프린터, 카메라 등은 필수 장비이고 영어 능력도 필요하다.

컴퓨터 일은 크게 세 가지다. 이베이에 판매계정을 만드는 일, 판매상품을 올리는 소위 리스팅(listing)을 하는 일, 상품 조달과 판매가격 설정을 위해 국내외의 여러 온라인 쇼핑몰에서 정보를 얻는 일 등이다.

판매계정을 만들고 상품을 올리는 일은 그리 복잡하지 않지만 몇 가지 노하우가 필요한데, 가장 좋은 참고서는 이베이 사이트 그 자체라 할 수 있다. 온라인 마케터로서 여러 해 동안 활동을 한 셀러들이 이베이 사이트에서 여러 가지 정보를 꼼꼼히 살펴보고 있는데 여기에는 그만한 이유가 있는 것이다.

이베이 셀러로서 경험과 지식을 쌓은 판매자 중 일부는 예비 온라인 판매자를 위한 컨설팅을 해주거나 교육 프로그램을 운영하고 있다. 교육 프로그램은 초보에게 필요한 기초지식을 얻을 수 있을 뿐만 아니라 상품 조달과 판매 마케팅에 관한 정보를 얻을 수 있다는 점에서 유용하다.

교육 프로그램을 들으려고 할 때에는 아무런 경험이 없는 경우보다 우선 이베이에 참여해 판매되는 상품, 톱 셀러나 파워 셀러들의 판매 현황, 사이트 운영체계, 메뉴 등에 대한 이해를 한 다음이 더 좋다. 계정을 열기에 급급한 단계를 지나 프로 셀러가 되기 위해 필요한 상품정보, 마케팅 정보 등을 얻는 데 초점을 맞추면 더 효과적일 수 있는 것이다.

이베이는 사진을 이용해 제품을 판매한다. 상품 사진이 없는 판매는 없다고 할 정도로 사진은 상품 판매에 있어 매우 중요한 요소이다. 그러므로 사진을 찍어 올릴 때 무엇보다 구매자들에게 어필할 수 있도록 해야 한다.

그렇다고 값비싼 카메라를 쓸 필요는 없으며 사진 보정에 시간을 많이 투자할 필요도 없다. 스마트폰으로 정성껏 찍은 사진이면 충분하다. 포토샵 등을 이용한 사진 보정이 필요한 경우가 있지만 지나친 보정은 '물건이 다르다'는 클레임으로 이어질 수 있으니 조심해야 한다.

세계 각국의 구매자를 상대하는 일이기 때문에 영어는 필수이다. 가장 중요한 것은 판매할 상품에 대한 설명서를 만드는 일이다. 문법은 크게 상관없지만 철자를 틀리지 않아야 한다. 영어가 약하다면 사전이나 구글 번역기의 도움을 받는 것도 좋은 방법이다.

사업자 등록

수익을 목적으로 하기 때문에 사업자 등록이 원칙이다. 시작단계에서는 사업자 등록 없이도 거래는 가능하다. 그러나 온라인 판매를 확대하기 위해, 또 거래 규모가 커질수록 사업자 등록은 해야 하며 등록하는 것이 유리하다. 특히 판매 규모가 커질 경우에는 상품을 조달하면서 부가세 영세율을 적용받는 것이 유리한

데 이를 위해서는 구매승인서 발급이 필요하므로 사업자 등록을 해야 한다.

온라인 판매는 전자상거래법에 따라 통신판매업 신고를 검토할 필요가 있다. 이베이를 통한 해외 판매의 경우 신고를 해야 하는지에 대한 해석은 엇갈린다. 초기단계에서 통신판매업 신고를 한 경우는 거의 없으며 거래 규모가 일정 수준 이상인 톱 셀러들도 통신판매업 신고를 한 비중은 그리 높지 않은 것으로 나타난다.

판매 제품에 따라 특별법에 의해 면허가 필요한지 등은 꼼꼼히 살펴볼 필요가 있다. 담배, 술, 마약, 총포 등의 거래는 이베이 정책상 판매가 불가능하다. 통상적인 수출의 경우 수출품은 현지국 통관과정에서 품목별 특성에 따른 승인 등을 받았는지를 심사하므로 수출업체가 사전적으로 이에 대비해야 한다. 그러나 이베이를 통한 해외 구매자와의 거래는 이 규정이 그대로 적용되지 않는다.

예컨대 화장품, 식품 등을 수출할 때 미국 식품의약국(FDA)의 승인을 받아야 하지만 낱개로 판매하면 이 규정이 적용되지 않는 경우가 많다. 하지만 판매상품을 올릴 때는 혹시 모를 문제에 대비할 수 있게 '통관과정에서 발생한 문제점에 대해서는 책임지지 않는다' 는 문구를 넣는 것이 좋다.

CHAPTER
2

이베이와 페이팔 가입하기

01
이베이 회원 가입과정

이베이에서 상품을 사거나 팔기 위해서는 이베이 회원으로 가입해야 한다. 회원 계정은 만 18세 이상(미국 기준)이어야 하며 이메일 주소, 해외 사용이 가능한 신용카드 또는 체크카드가 필요하다.

 이베이의 판매 활동이나 대금결제를 담당하는 페이팔과의 교류는 주로 이메일을 통해 이뤄진다. 따라서 이베이 셀러들은 거래를 위한 이메일을 만드는 것이 편리한데, 가능하면 국제적으로 많이 쓰이는 '.com'으로 끝나는 메일이 좋다. 예컨대 지메일(gmail), 핫메일(hotmail) 등이 높은 신뢰도를 가지며 국내 판매자들은 지메일 계정을 많이 사용한다.

 신용카드는 비자(VISA), 마스터(Master), 아메리칸 익스프레스(American Express) 카드 등이 해외 사용이 가능하므로 현재 사용하고 있는 카드 제휴관계를 확인한다. 국제 사용이 되지 않는 카드는 다른 카드로 새로 발급받아야 이베이 계정 개설이 가능하다. 이메일 주소와 신용카드가 준비되었다면 이후 이베이 가입은 매우 간단하다.

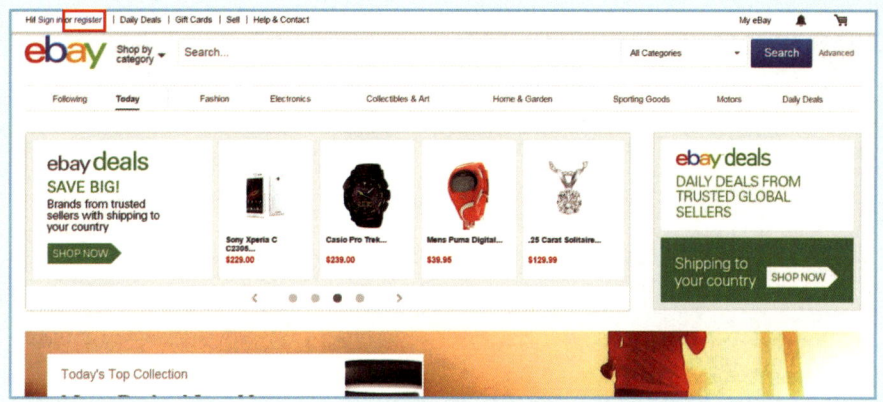

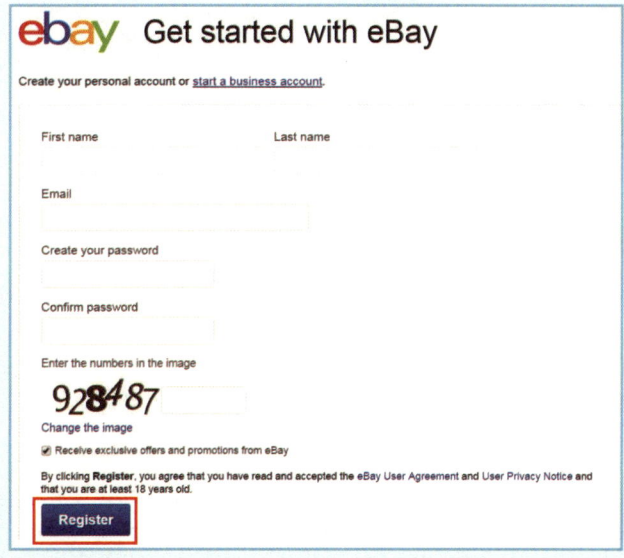

  이베이 홈페이지(www.eBay.com) 상단에 있는 'register'를 클릭한다. 클릭하면 개인정보를 기재하는 화면이 나오는데 영어로 작성한다. 'First name'에는 이름을, 'Last name'에는 성을 입력한다. 영문 실명으로 하되 신용카드의 이름과 스펠링이 같으면 좋다. 이메일 주소를 입력하고 오타가 없는지를 확인한다. 그다음으로 비밀번호를 만들고 이를 다시 확인하면 회원가입이 이뤄지면서 환영 메시지가 뜬다. 이제 개인정보를 입력할 차례다.

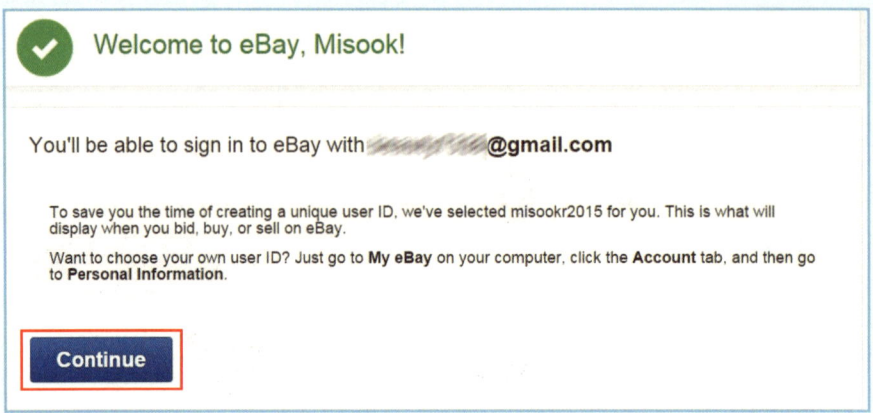

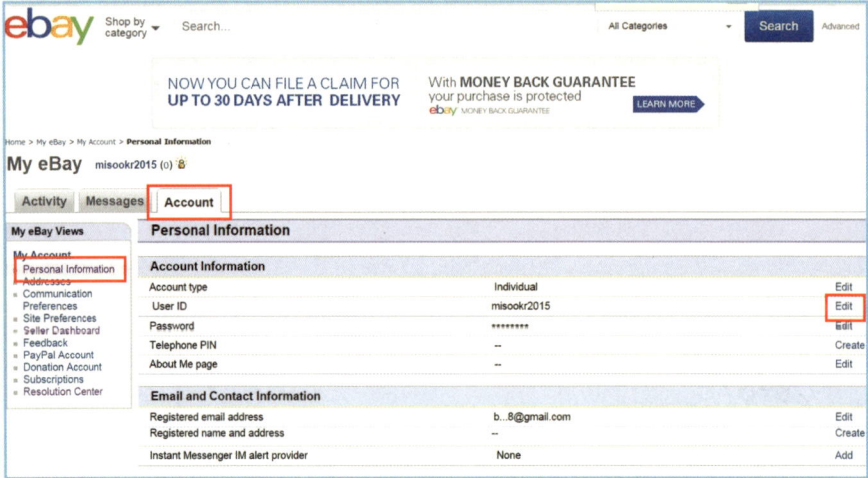

    'Continue'를 클릭하면 메인 화면으로 돌아간다. 오른쪽 상단의 'My ebay', 'Account', (왼쪽 메뉴의) 'Personal Information'을 차례로 클릭하면 'User ID'에 이베이에서 임의로 설정한 아이디(이하 'ID')가 입력되어 있는 것을 볼 수 있다. 자신이 원하는 ID로 수정하기 위해서는 오른쪽의 'Edit'를 클릭한 다음, 원하는 ID를 입력한다. 이때 ID는 앞에서 입력한 이메일과는 달라야 한다. ID를 한 번 바꾸면 30일 동안 바꾸지 못하므로 신중하게 만든다. 자신이 팔고자 하는 상품, 자신이 원하는 비즈니스와 연관된 ID로 만들면 좋다.

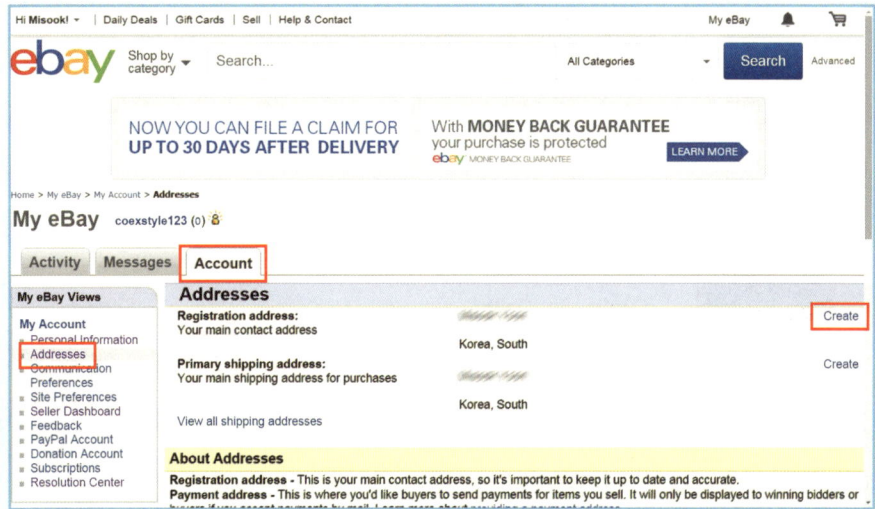

　이제 주소를 입력할 차례다. 'My eBay', 'Account', 'Address'를 차례로 클릭한 다음, 'Registration address'의 'Create'를 클릭해 주소를 입력한다.

　우선 국가가 'Korea, South'인지 확인한다. 영문으로 작성해야 하며 순서는 우리나라 주소와는 정반대로 입력한다. 포털 사이트에서 영문 주소를 검색하며 한글 주소를 영문 주소로 쉽게 변환할 수 있다.

　입력한 주소는 이베이에서 상품을 구매할 경우 배송을 해주는 곳이 된다. 주민 등록증에 기재된 주소를 정확하게 입력해야 하는데 거래 중지 등의 문제가 발생할 경우 주민등록증 혹은 면허증 사본으로 증명해야 하기 때문이다.

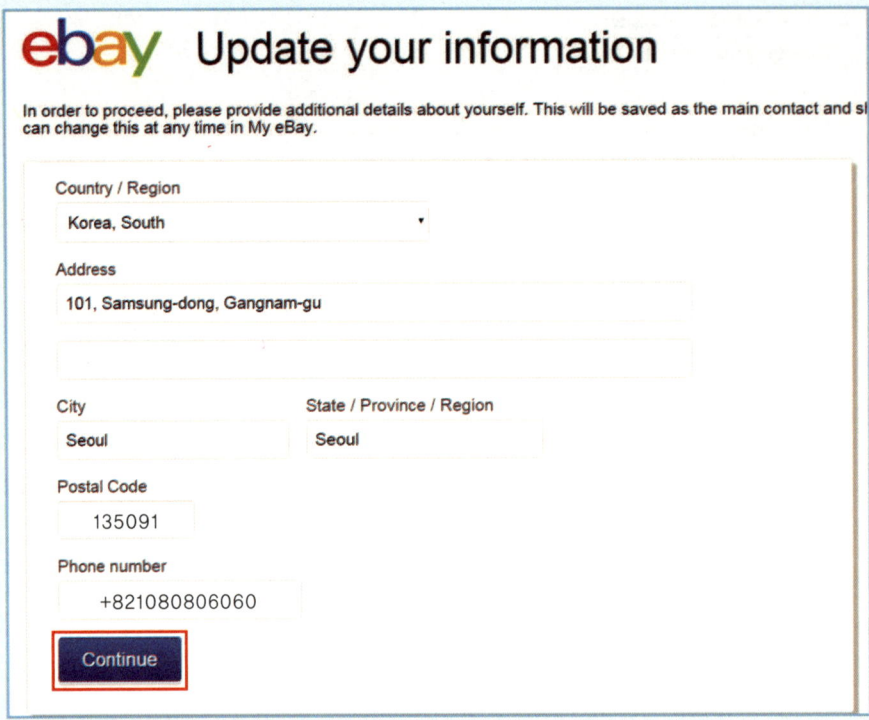

- 아파트명과 호수, 번지와 도로명 등의 세부 주소를 적는다.
- 다음으로 시, 군을 입력한다. 'State' 칸에는 경기도, 강원도 등을 기재하면 된다. 특별시, 광역시일 경우에는 'State' 칸을 생략할 수 있다. 'State' 칸에 'Seoul' 등을 기재한 경우 'City' 칸에 구를 기재해도 무방하다.
- 'Postal Code' 칸에는 우편번호를 입력하는데 '-'을 뺀다.
- 휴대전화 번호는 국가번호(+82)가 자동 생성되므로 맨 앞의 0을 빼고 입력한다.
- 완료되면 'Continue'를 클릭한다.

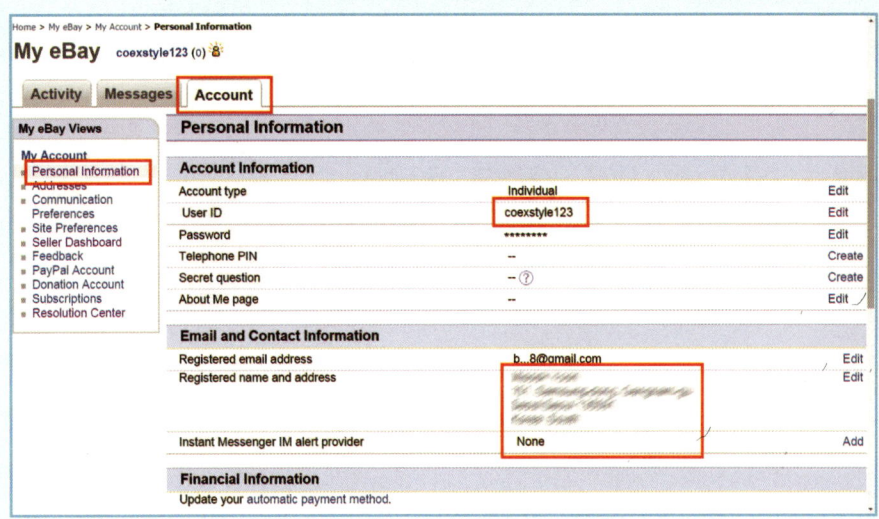

ID와 주소가 수정, 입력된 것을 확인할 수 있다. 이제 이베이의 회원 가입이 완료되었다.

02

페이팔 가입과 계정 확인

페이팔 가입

이베이는 페이팔로 대금을 결제하고 있다. 그래서 페이팔 가입은 필수다. 페이팔 홈페이지(www.PayPal.com) 오른쪽 상단의 'Sign Up'을 클릭한다. 국가가 'South Korea'로 설정되었는지 확인한 다음, 'Personal', 'Premier', 'Business' 중

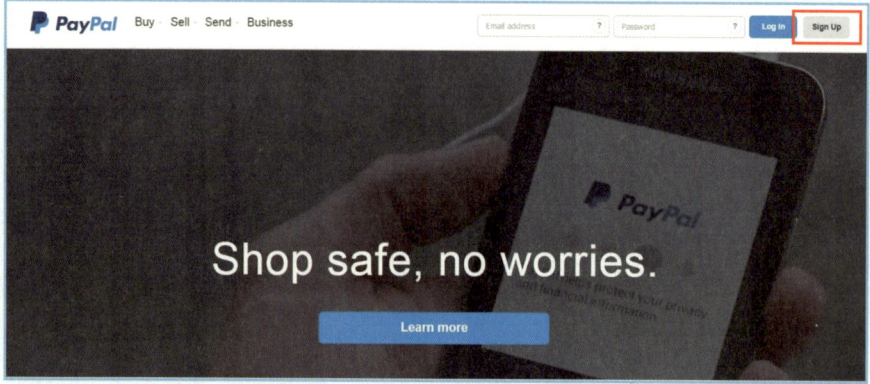

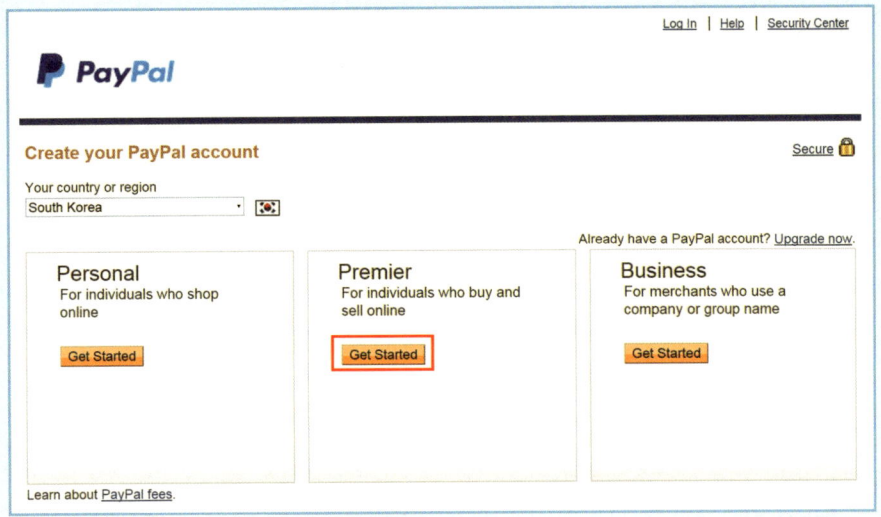

'Premier'의 'Get Started'를 클릭한다. 'Personal'은 구매만 할 경우, 'Business'는 기업용일 때 선택한다. 판매 규모가 커지면 'Business'로 변경할 수 있다.

'Premier'에서 'Get Started'를 클릭하면 개인정보 입력창이 나타나는데 페이팔의 아이디는 이베이에 가입할 때 사용한 이메일 주소를 그대로 쓴다. 페이팔에서는 이메일 주소가 ID인 동시에 계좌번호라 생각하면 된다.

- 페이팔의 아이디로 사용할 이메일 주소를 입력하는데 이베이 회원 가입 때 입력했던 이메일 주소와 같도록 한다.
- 비밀번호를 입력한다(8자리 이상). 이베이 비밀번호와 같은 것이 편리하다.
- 비밀번호를 다시 한 번 확인, 입력한다.
- 영문으로 'First name'과 'Last name'을 입력하고, 'Middle name'은 없으므로 비워둔다.
- 생년월일을 입력하고, 국적을 지정한다.

[PayPal 가입 양식 스크린샷]

- 주소를 영문으로 입력한다. 이베이 주소와 같은 주소로 하면 된다.
- 전화번호를 띄우지 않고 입력한다(맨 앞의 0은 빼고 입력).

입력이 끝나면 이용자 약관에 동의하는 의미로 'Agree and Create Account'를 클릭한다. 세부 내용은 '페이팔 유저 약관 및 개인정보 보호정책에 동의한다', '페이팔로부터 정보를 받는 것을 수용한다', '페이팔이 내 정보를 모아서 관리하고 진행한다는 점을 알고 있다', '18세 이상이다' 등의 내용이다.

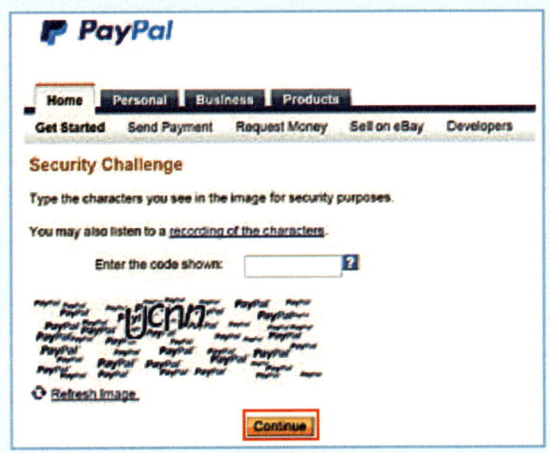

이제 보안코드를 입력해야 한다. 화면의 그림에 나오는 보안코드를 입력하고 'Continue'를 클릭한다.

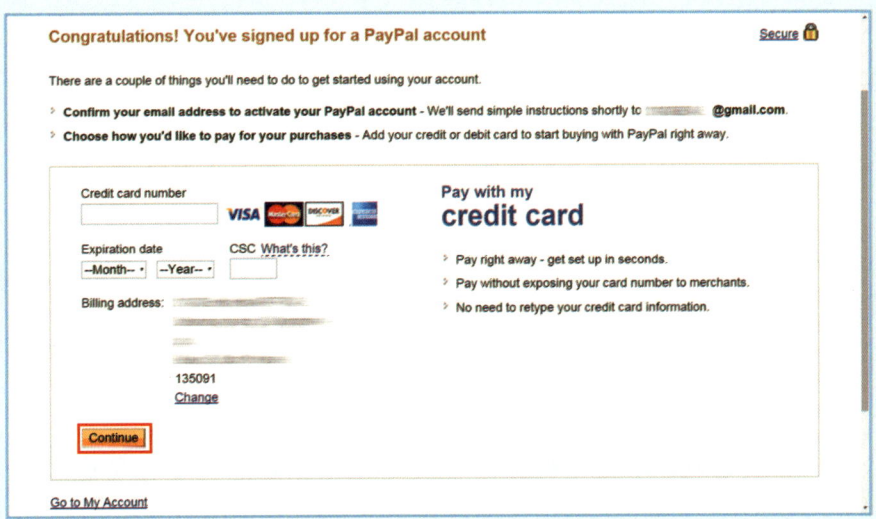

신용카드 정보입력창이 나오면 신용카드의 번호와 유효기간, CSC[카드 보안코드, 카드 뒷장의 숫자(가운데 마지막 3자리 숫자)]를 입력한 후 'Continue'를 클릭한다.

페이팔 계정 확인

페이팔에 가입하는 이유는 이베이에서 제품을 매매하기 위해서다. 지금까지 거친 과정에다 페이팔 계정 확인, 페이팔과 신용카드 연동 등의 과정을 추가로 진행해야 페이팔을 이용한 카드 사용을 정상적으로 할 수 있다.

이메일을 이용한 확인을 위해 화면에서 'My Account'를 클릭한 후 오른쪽의 'Confirm email address'를 클릭하면 'Unverified(확인이 되지 않았다)'는 글과 함께 확인을 받도록 권하고 있다. 확인을 위해 'request a new confirmation number'를 클릭한 후 이메일로 들어가 메일 확인을 한다.

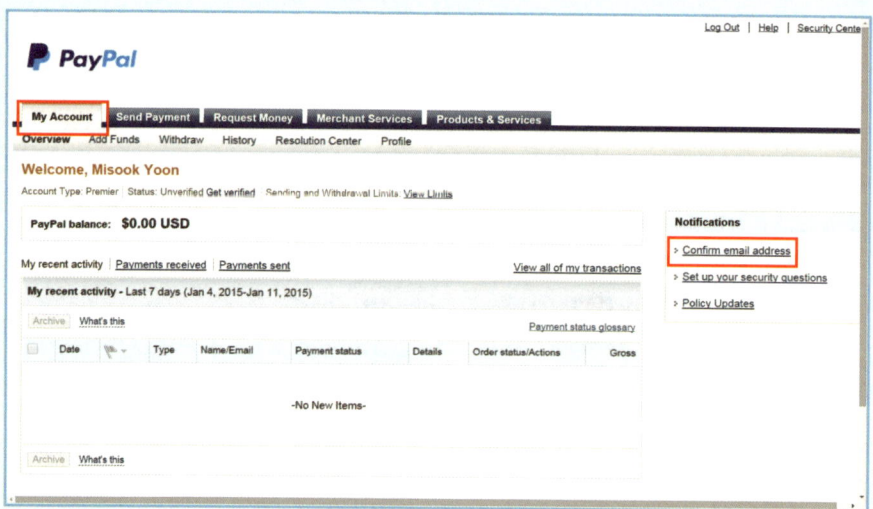

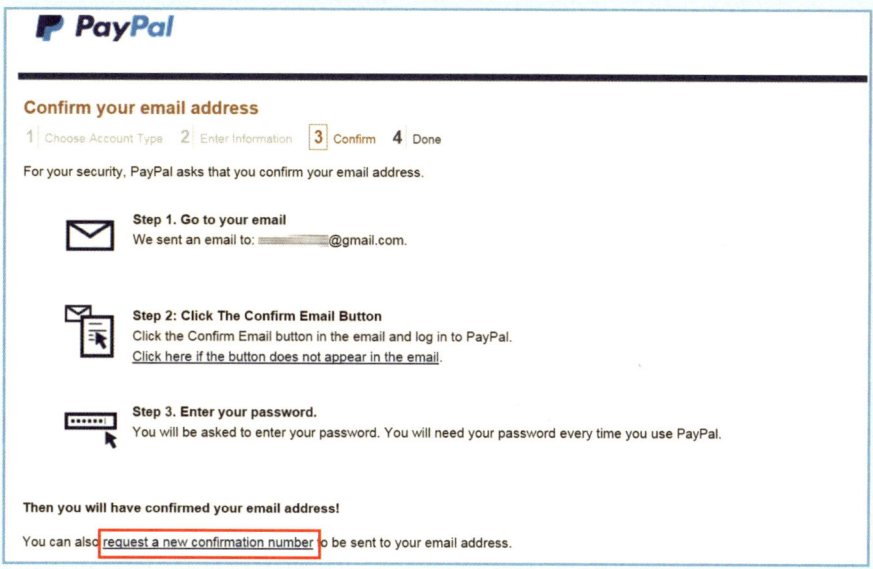

　　이메일에서 '받은 메일'을 보면 다음과 같은 내용의 이메일이 들어와 있다. 자동으로 인증하려면 'Activate My Account'로 클릭하면 된다. 이메일로 들어온 인증번호를 페이팔 사이트로 돌아가 직접 입력해야 하는 경우도 있다.

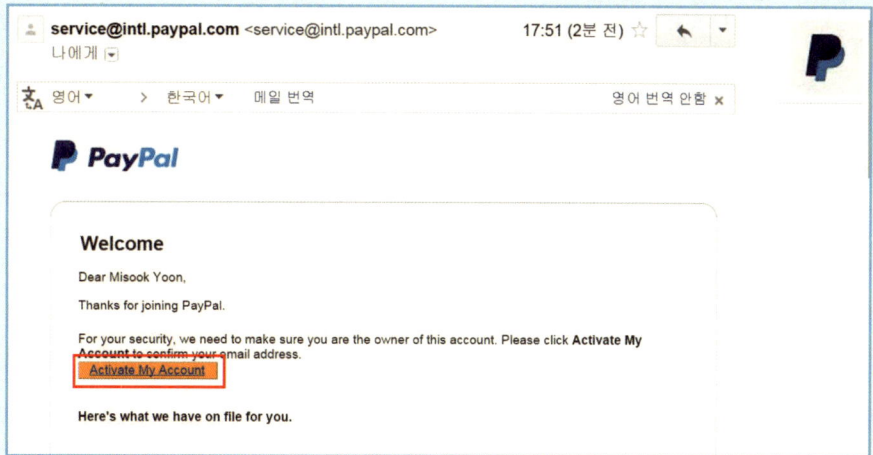

CHAPTER 2 이베이와 페이팔 가입하기

'Activate My Account'를 클릭하면 다음과 같은 화면이 등장하는데 여기에 페이팔 가입 시 입력한 비밀번호를 쓰고 'Login'을 클릭한다.

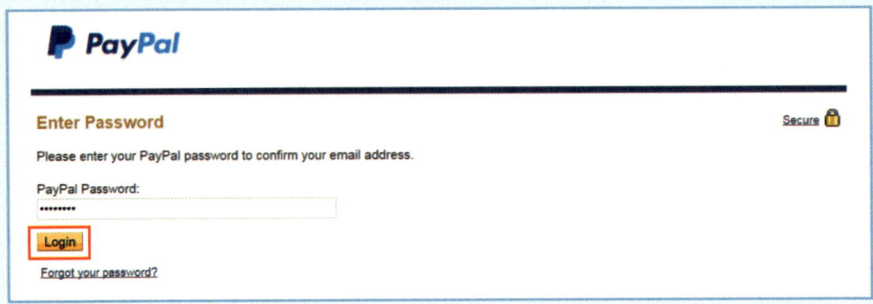

비밀번호를 입력하고 로그인을 하면 본인 확인 질문이 등장한다. 비밀번호를 잃어버린 경우에 대비한 것이다. 질문을 선택한 후 답을 입력한다. 답은 외워두거나 메모해 놓는다. 입력하고 'Submit'을 클릭하면 계정이 활성화된다.

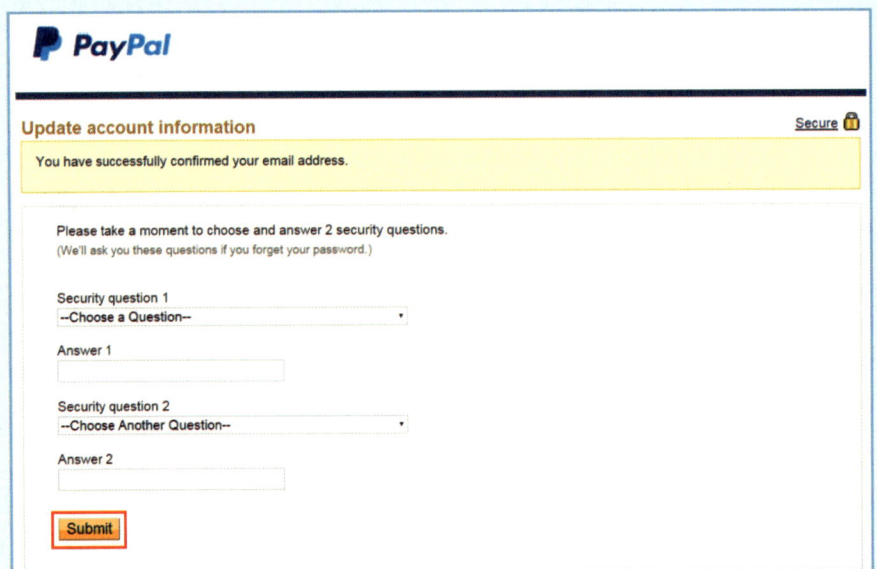

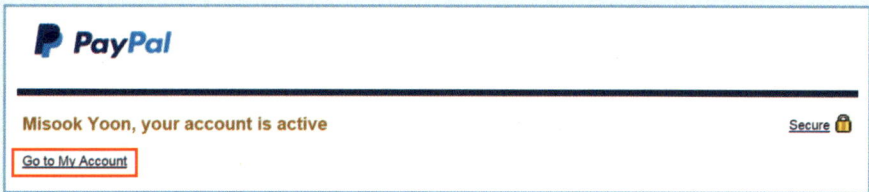

이제 이메일을 이용한 페이팔 계정 확인이 끝났고, 페이팔과 신용카드를 연동시킬 차례다. 이를 위해 'Go to My Account'를 클릭하여 메뉴 아래의 인증받기 'Get verified'를 클릭한다. 이어 나타나는 화면은 참고용으로 보고 'Continue'를 누른다.

처음 가입할 당시 입력했던 신용카드 정보가 나오는데 이는 카드를 통한 본인 인증을 위한 것이다. 'Continue'를 클릭하면 1.95달러가 신용카드에서 결제되는 순간, 페이팔 코드 4자리가 발급된다. 1.95달러는 본인 인증이 확인된 후 다시 페이팔 계좌(PayPal Balance)로 환불된다.

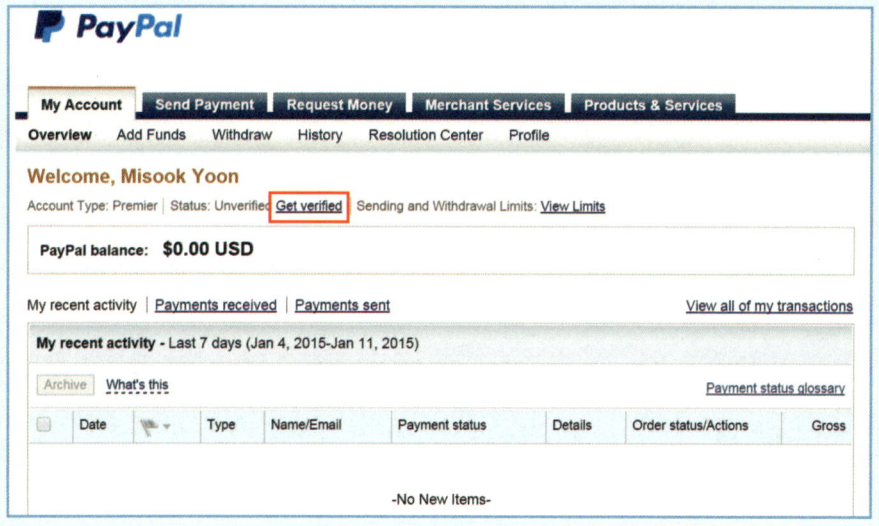

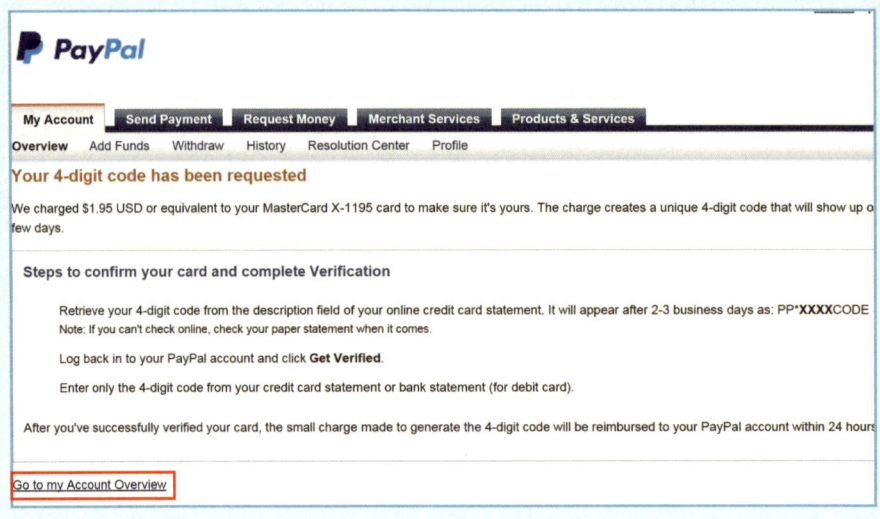

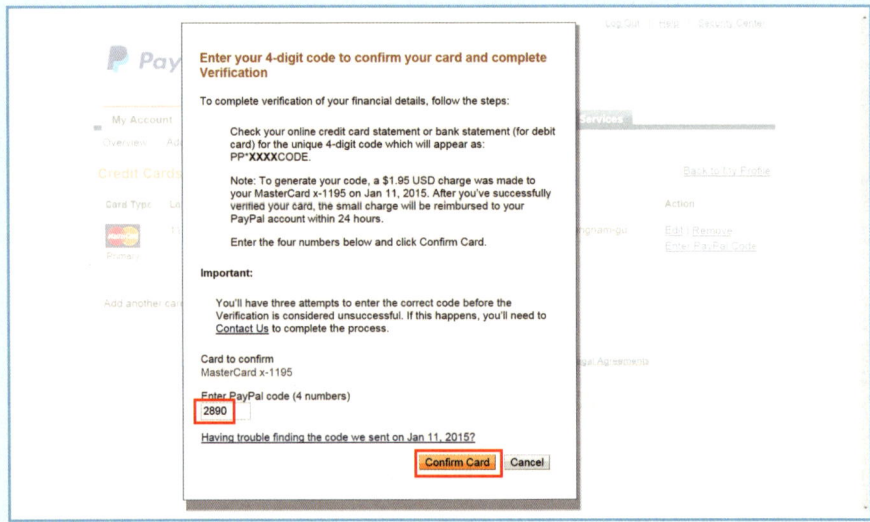

'Get verified', 'Go to My Account Overview'를 차례대로 클릭한 다음, 1.95달러를 결제할 때 받은 4자리 코드를 입력하고 'Confirm Card'를 클릭한다. 문자가 오지 않으면 자신의 카드사에 연락하여 방금 결제한 내역의 가맹점을 확인해 달라고 요청한다. 문자로 오는 코드는 PP***1234**CODE의 형태다.

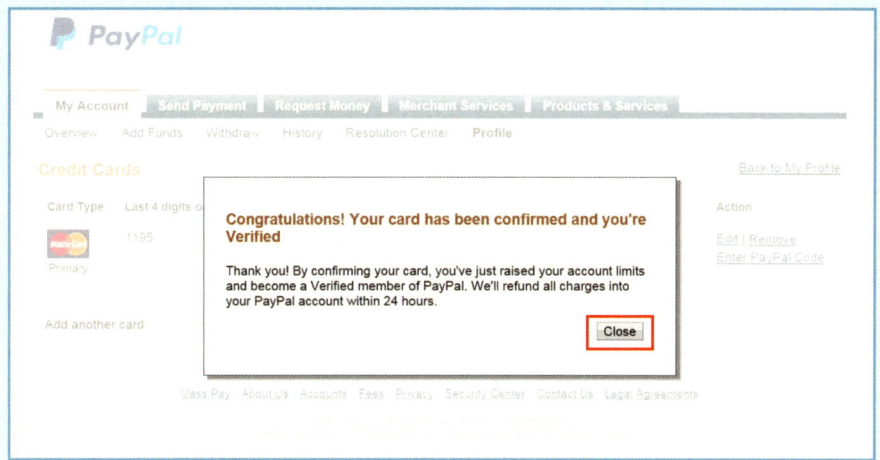

화면에 신용카드를 통한 본인 인증이 확인되었다는 메시지가 뜨면 완료된 것이다. 'Close'를 클릭하면 인증이 완료되었음을 보여 주는 'Verified'가 뜨며, 1.95달러가 입금된 것을 확인할 수 있다. 간혹 입금이 늦는 경우도 있다.

03

이베이와 페이팔 연동시키기

이베이와 페이팔 회원 가입이 모두 완료되면 이를 연동시켜야 이베이에서 상품을 사고팔 수 있다. 우선 이베이 사이트에 접속하여 'Account', 'PayPal Account', 'Link My PayPal Account'를 차례대로 클릭한다.

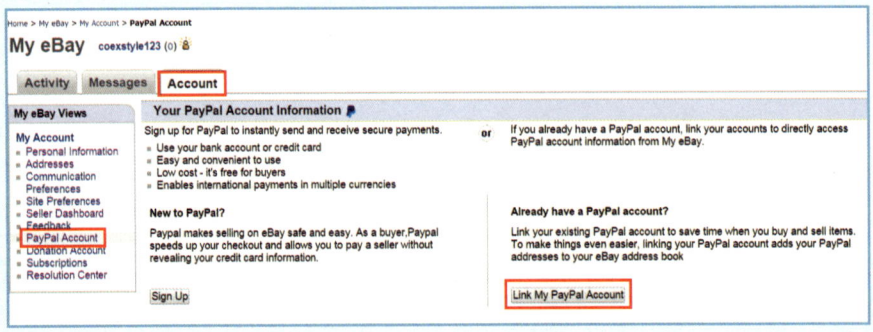

이 단계가 끝나고 다음 화면이 나타나면 페이팔을 가입할 때 입력했던 이메일 주소와 비밀번호를 입력한 후 'Link Your Account'를 클릭한다. 다음 페이지에서 'Return to eBay'를 클릭하면 페이팔 계정과 이베이 계정과의 연결이 완료된다.

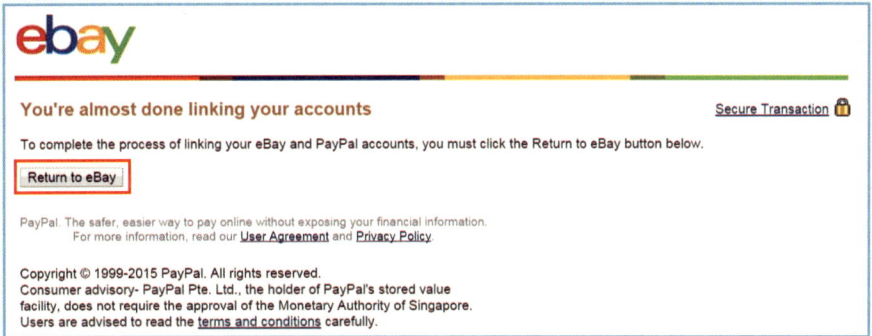

이베이 사이트의 'My eBay', 'Account'를 클릭하면 다음과 같이 연결되어 있다는 상태가 화면에 나타난다. 이로써 이베이와 페이팔의 계정이 연동된 것이다.

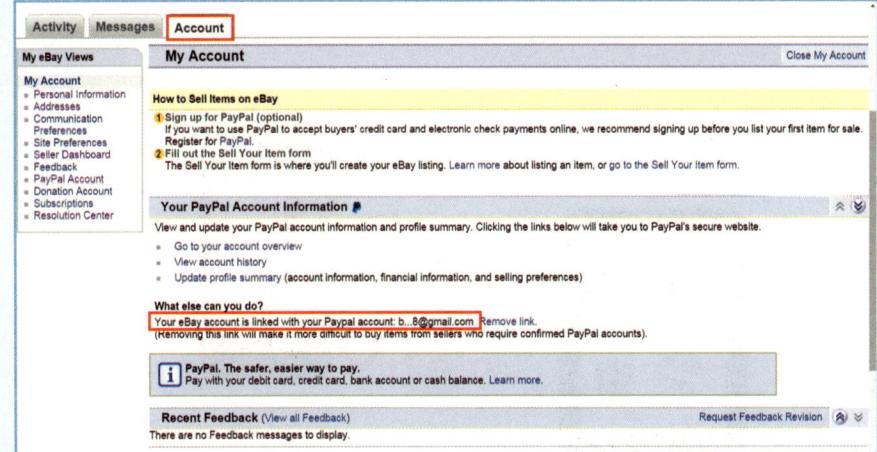

04
판매자 계정 개설

지금까지 이베이 회원 가입, 페이팔 가입 및 확인, 이베이와 페이팔 연동을 완료하였다. 이제는 판매자 계정을 만들어야 한다. 판매자 계정이 있어야 이베이에서 판매 자격을 얻기 때문이다. 이베이의 판매자 계정 개설은 페이팔을 연동시키기 전에도 가능하지만 카드번호 입력 등을 두 번 해야 하는 번거로움이 발생하게 되어 이 책에서는 연동한 후에 판매자 계정을 여는 것으로 했다.

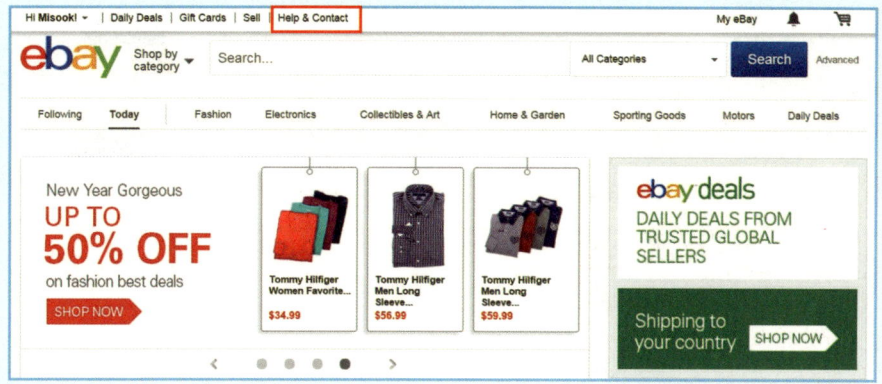

먼저 이베이의 상단 메뉴에서 'Help & Contact'를 클릭한다.

'What can we help you with?'에서 'seller account'를 입력한 후 'Search'를 클릭하면 오른편에 'Looking at your seller account activity'가 나타난다. 이것을 클릭한다. 여기에는 이베이 셀러들의 궁금증을 해소해주는 정보가 많이 담겨져 있다.

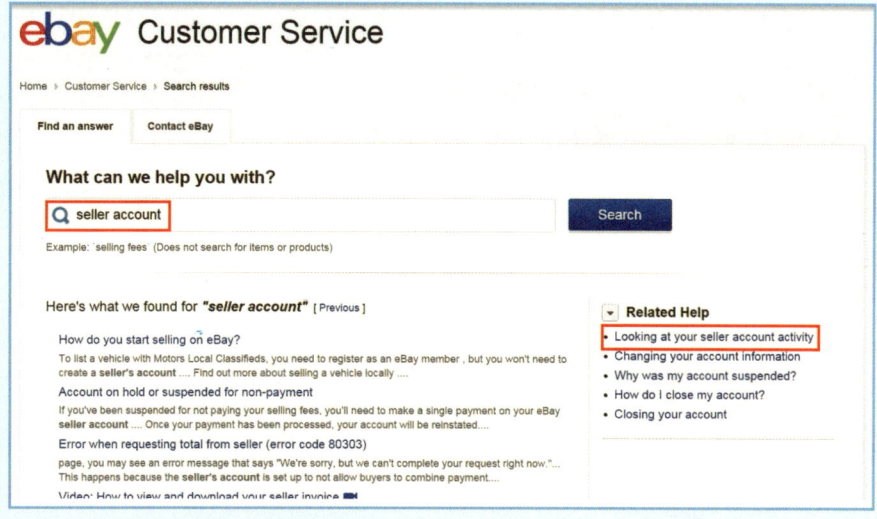

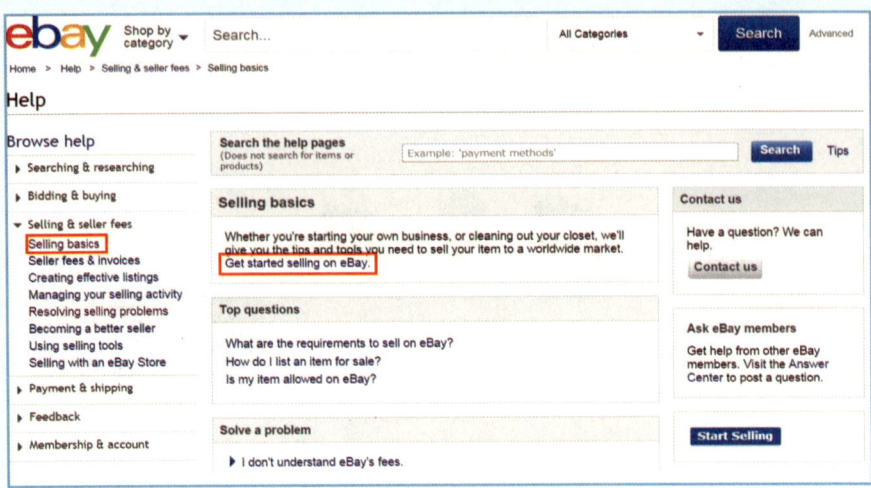

'Selling basics', 'Get started selling on eBay'를 차례대로 클릭한다.

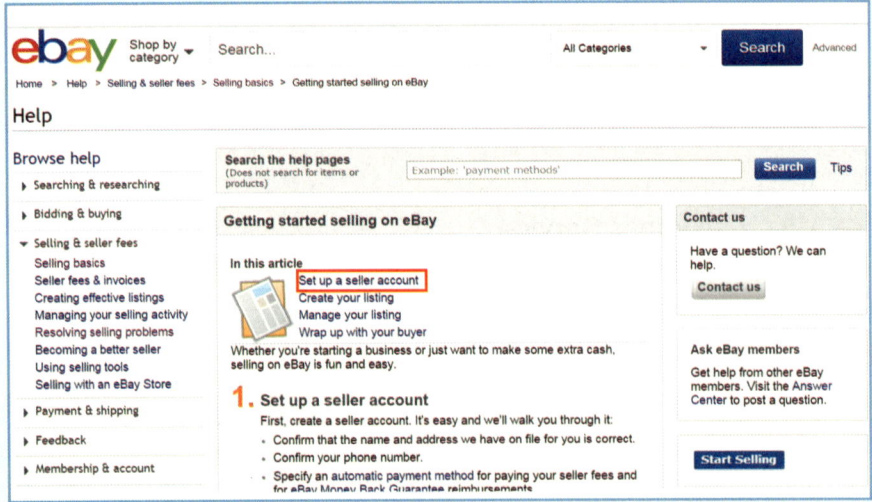

셀러 계정(seller account)을 생성하기 위해 'Set up a seller account'를 클릭한다. 본인 인증을 위해 이전에 입력한 휴대전화 번호가 뜬다. 번호가 잘못됐다면 'Edit'를 클릭하여 수정할 수 있는데, 여기서 'Call me now' 혹은 'Text me now'를 클릭해 인증번호를 얻을 수 있다.

이렇게 받은 인증번호를 입력한 후 'Continue'를 클릭한다. 만약 받지 못했을 경우엔 'Resend PIN'을 클릭하면 인증번호를 다시 받을 수 있다. 'Continue'를 클릭한 후 나온 창에서 'PayPal'을 선택한 다음 'Continue to PayPal'을 클릭한다.

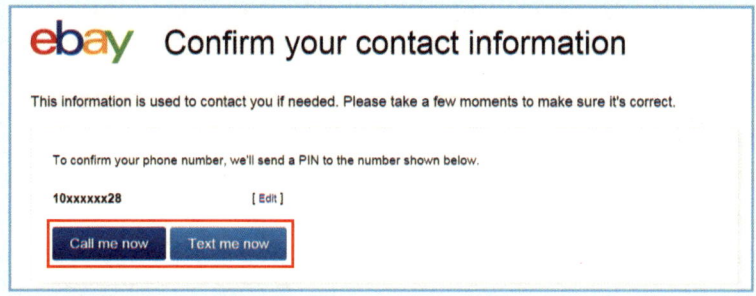

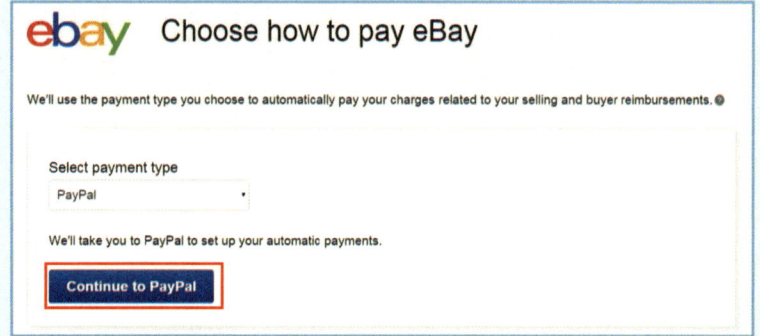

자동으로 페이팔 홈페이지로 이동한다. 아이디와 비밀번호를 입력한 후 'Log In'을 클릭한다.

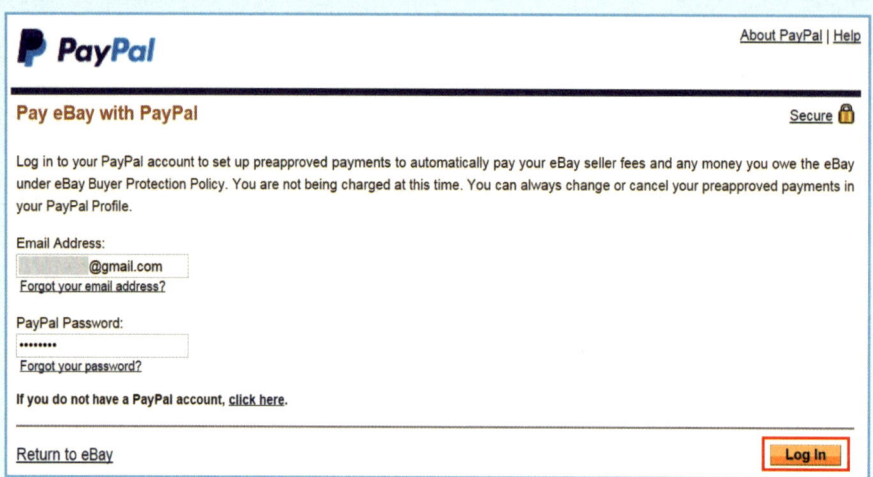

다음과 같은 약관을 보여 주며 동의여부를 묻는다. 이전에 등록했던 카드와의 연동에 동의하는지 여부를 묻는 내용으로 'I Agree'를 클릭하면 연농이 완료된다. 그리고 이베이 홈페이지가 뜨면서 이제 이베이에 물건을 팔 수 있다는 내용이 나타난다.

PayPal

Billing Agreement for Preapproved Payments to eBay　　　　　　　　　　　　　　　Secure

Now use PayPal preapproved payments to automatically pay your eBay seller fees and any amounts you may owe eBay under the eBay Buyer Protection Policy. To change or cancel this billing agreement, go to **My money** in your PayPal profile, or contact us.

Payment Details

Pay to:
eBay Inc.

Payment for:
eBay Seller Fees and Reimbursements

Currency:
USD

PayPal Account Email:
████████@gmail.com

Primary / Preferred payment method:
None   Change

Backup payment method:
MasterCard Credit Card XXXX-XXXX-XXXX-1195

PARTIES TO THIS AGREEMENT

This eBay Billing Agreement ("Billing Agreement") is between PayPal, Inc. ("PayPal"), eBay Inc. ("eBay") and you.

AUTHORIZATION FOR EBAY TO CHARGE YOUR PAYPAL ACCOUNT

You acknowledge that PayPal will become your payment method on file with eBay for preauthorized payments of your seller fees and amounts owed under the eBay Buyer Protection Policy. If you previously had another payment method on file for preauthorised payments, PayPal will replace that method. If the amount of money in your PayPal balance is insufficient to complete a transaction, PayPal will try to complete the transaction using each of the other payment methods available in your PayPal account. You can review or cancel this Billing Agreement, or change your preferred payment method in your PayPal account, by visiting "My pre-approved payments" in the **My money** section of your Profile on the PayPal website. You may also cancel this Billing Agreement by contacting us. View PayPal policies and your payment method rights. PayPal may amend this Billing Agreement consistent with its policies.

If you change the website of registration of your eBay account (for example, you change registration from eBay.com to eBay.ca), this Billing Agreement will be cancelled. If you change the currency of your eBay account, you will need to again specify PayPal as your preauthorized payment method for your account in the new currency. If this Billing Agreement is cancelled, or if the payment through PayPal cannot be completed for any reason, you remain obligated to pay eBay for all unpaid amounts. In such cases, you authorize eBay to charge your other payment methods on file with eBay, such as a credit card or checking account, for seller fees, any amounts you owe eBay under the eBay Buyer Protection Policy, and other amounts or charges that you authorize for eBay provided that no such preauthorized payment will exceed $2,000 without prior notice to you.

By clicking **I Agree**, you are agreeing to the terms and conditions of this billing agreement given above and you will be returned to eBay.

Cancel and return to eBay　　　　　　　　　　　　　　　　　　　　　　　　　　　　**I Agree**

PayPal. The safer, easier way to pay online without exposing your financial information.
For more information, read our User Agreement and Privacy Policy.

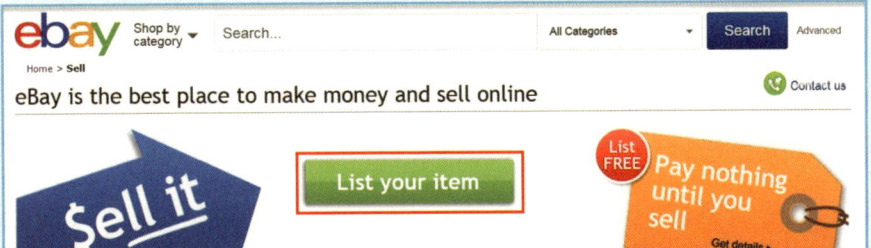

하지만 이것이 마지막은 아니다. 'My Account'에 들어가면 다음과 같은 이베이 계정이 개설된 것을 볼 수 있다.

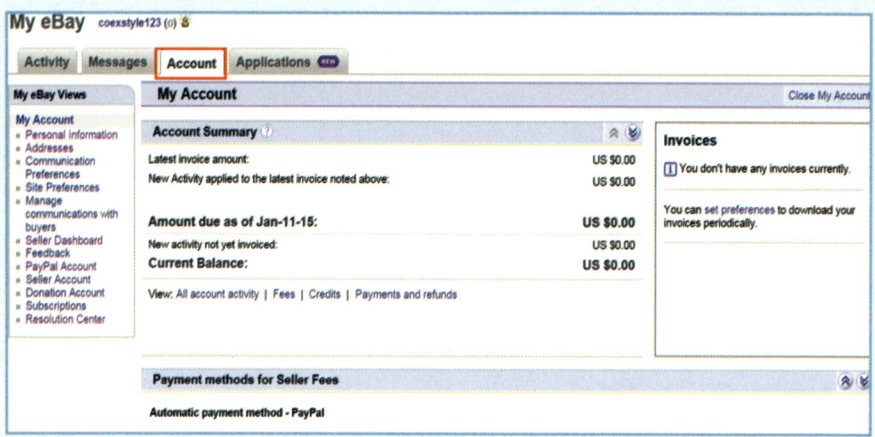

왼쪽 메뉴에서 'Personal Information(개인정보)'을 클릭하면 재정정보(Financial Information)에 자동결제방식(Automatic payment method)을 업데이트하라는 표시가 나온다. 판매자로 활동하면 이베이 시스템 사용에 관한 수수료를 지불해야 하는데 이를 자동으로 설정하는 것이다.

이전에 페이팔을 연동할 때 페이팔로 들어가 연동에 동의하였기 때문에 자동적으로 페이팔로 설정이 되어 있다. 추후에 수수료 지불을 다른 결제수단으로 바꾸고 싶다면 수정이 가능하다.

CHAPTER
3

아이템 선정과 가격 설정하기

01
아이템 선정의 기술

중고품 팔아 보기

온라인 쇼핑 사업에서 상품을 어디서 어떻게 조달할 것인가는 매우 중요한 과제다. 상품을 찾아야 한다는 것에 집중하면 문제는 더욱 복잡해진다. 초보 판매자가 히트 상품을 바로 찾는 것은 쉬운 일이 아니기 때문이다.

이미 이베이에 팔 상품이 정해진 경우가 아니라면, 우선 작지만 마진을 남길 수 있는 상품을 무엇이든 판매하여 경험을 쌓는 것이 중요하다. 이 경험이 히트 상품을 찾는 방법일 수 있다. 해외 온라인 오픈마켓에 경험이 없는 사람들이 온라인 전문 마케터가 되려는 경우 꼭 해봐야 할 두 가지가 있다. 하나는 해외상품을 구매(직구)해보는 일이고 또 하나는 집에 있는 중고품을 팔아 보는 것이다.

옷, 정수기, 의류, 김치, 화장품, 자동차 부품, 양초 등 가릴 것 없이 조달할 수 있는 상품을 팔아 본다. 다음 페이지에서 보듯 거실, 사무실, 침실, 옷장, 아이들의 방, 장롱, 창고 등에서 크게 쓸모없지만 팔릴 만한 물건을 찾아 이베이에 올리

는 것이 아이템 선정의 첫걸음이라 할 수 있다.

오프라인 시장 조사

초보 온라인 판매자들에게 상품 조달은 막연한 일이지만 움츠려만 있으면 해결책은 없다. 적극적인 활동을 통해 상품을 개발해야 한다. 예를 들어, 패션 잡화의 경우에는 동대문이나 남대문 시장이 좋은 조달 창구가 된다.

이베이는 고가의 일류 제품만을 판매하는 사이트가 아니다. 단돈 100원, 1센트짜리 상품부터 몇백만 원에 이르기까지, 신제품이든 중고품이든 가짜가 아니면 무엇이든 팔 수 있는 시장이므로 다양한 물건이 있는 동대문, 남대문은 판매상품 조달의 보고라 할 수 있다. 동대문에는 해외로 팔 만한 것이 참 많다. 리어카에서 파는 양말을 12켤레 단위로 팔아 수천 달러의 매출을 올리는 셀러가 있는가 하면, 동대문 티셔츠 전문점을 열어 파워 셀러의 반열에 오른 셀러도 있다.

화장품의 경우 브랜드와 직거래를 할 수 있으면 좋겠지만, 그렇지 못할 경우

할인하는 오프라인 매장(로드숍)에서 상품을 구매하여 이베이 판매로 연결해 높은 마진을 얻을 가능성도 얼마든지 있다.

도매체제를 갖춘 할인매장도 살펴볼 필요가 있다. 예컨대 코스트코에서 할인된 대량포장의 상품을 구매하여 이베이 및 페이팔 수수료, 배송비를 제외하고 수익을 남기는 가격으로 얼마든지 판매할 수 있다. 집 가까운 할인매장에서 120개입 커피믹스 박스를 사서 10~20개씩 재포장하여 이베이에 올려 파는 셀러도 있다. 운 좋게 '1+1 상품'을 만난다면 수익이 더 높아질 것이다. 거래금액이 작고 시시하게 여겨질 수 있지만 상품 조달의 출발점은 이런 부분에서 시작된다.

온라인 도매시장

온라인 쇼핑몰 중에서 특히 도매 사이트는 상품 조달에 매우 유용하다. 왕도매(www.wangdome.com), 도매꾹(www.domeggook.com), 드림엑스(shop.dreamx.com) 등의 종합 도매 사이트뿐만 아니라 품목별 전문 도매 사이트들은 해외 오픈마켓 셀러들이 상품을 조달하는 주된 통로이다. 도매 사이트는 먼저 어떤 상품을 팔 것인가에 대한 힌트를 얻을 수 있어 유용하다.

사이트별로 차이는 있지만 컴퓨터, 디지털가전-게임, 영상-음향-생활가전, 휴대전화, 여성의류, 남성의류, 신발-가방-패션잡화, 쥬얼리-시계, 화장품-향수, 스포츠-레저, 가구-침구-인테리어, 주방-건강-생활용품, 출산-완구-아동용품, 유아-아동의류, 서적-음반-악기, 취미-수집, 식품-농수축산물, 산업용품, 자동차, 자동차용품 등의 카테고리에 각각 수백, 수천 종의 상품이 거래되고 있다.

이들 사이트를 통해 이베이에 판매할 상품을 구매할 경우는 할인율과 적립금 제도를 꼼꼼히 따지고 적극 활용하여 조달가격을 낮출 필요가 있다. 왕도매를 비롯한 도매 사이트는 회원으로 등록하면, 회원들에게만 적용되는 할인가격을 이용할 수 있는데 이것이야말로 해외 셀러들에게 수익의 큰 도움이 되고 있다.

도매 사이트의 활용은 여기서 그치면 안 된다. 도매 사이트에서 이베이를 통해 팔 만한 상품을 발견하면 제조 및 공급업체를 직접 접촉하여 더 싼 값으로 조달할 가능성이 있는지를 타진해볼 필요가 있다. 이러한 업체들은 도매 사이트에 통상 10% 내외의 수수료를 낼 뿐만 아니라 판매 프로모션과 관련된 여러 형태의 비용을 부담하고 있는데 직거래를 통해 이를 절감할 여지가 있는지를 알아본다. 물량이 많지 않다면 가격인하가 어려울 수 있지만 월별 구매량을 정하는 등 방법에 따라서는 전혀 불가능한 일이 아니다. 도매 사이트를 통한 상품 구매에는 대개 사업자 등록이 필요하다.

의류, 패션 분야의 도매 사이트는 판매 수수료 대신 회비와 이미지 사용료를 받는 방식으로 운영되는 경우가 많고, 1벌 또는 1장을 사더라도 도매가격으로 구매할 수 있다. 이런 사이트를 이용하면 이베이에 상품을 올릴 때 상품사진(이미지)을 다운받아 이용할 수 있는 장점도 있다.

구매 대행 쇼핑몰을 이용하는 것도 대안이 될 수 있다. 하나의 예는 아이몰7(www.imall7.com)이다. 아이몰7은 네트워크형 쇼핑몰의 전형으로 여러 업체들이 수수료를 내고 온라인 판매를 하고 있는데 가격이 저렴하다. 특히 유료회원으로 가입하면 회원만이 이용할 수 있는 낮은 가격의 상품 조달이 가능하다.

제조업체 직거래

제조업체를 통한 직접적인 상품 조달은 안정적인 상품 확보가 가능하고 판매마진이 크다는 점에서 온라인 무역상들에게 이상적인 거래라 할 수 있다. 그러나 판매경험이 없는 입장에서는 거의 불가능한 일이고, 웬만한 판매규모를 갖추고 있어도 기회를 찾기가 쉽지 않다.

그렇다고 제조업체와의 접촉을 겁낼 필요는 없다. 특히 월 판매수량이 일정 규모가 된다면 사정은 달라진다. '한번 팔아 보세요'라고 기회를 얻게 될 가능성이 그만큼 커지는 것이다. 우리나라의 비즈니스는 정(情)이 크게 작용한다고들 한다. 그래서 친분과 안면이 있으면 유리하다. 제조업체와 직접적으로 거래를 이어가고 싶다면, 친분과 관계를 만드는 것이 무엇보다 중요하다.

거래가 왕성해져 톱 셀러에 오르면 제조업체와의 직거래를 넘어 자체 브랜드의 상품을 만들 수도 있다. 제조업체에 생산을 의뢰하여 자신의 상품을 가질 수 있는 것이다. 이때 판매에 대한 확신을 제조업체가 갖도록 하는 것이 중요하다.

제조업체를 직접 찾아가기 힘들다면 전시회에 가서 담당자를 만나는 것이 가장 좋은 방법이다. 국내에서 개최되는 크고 작은 전시회는 상품 조달의 보고이다. 코엑스(COEX), 킨텍스(KINTEX), 세텍(SETEC) 등에서 개최되는 전시회를 둘러보면 온라인으로 팔 수 있는 상품이 수없이 많다는 사실을 알게 된다. 국내의 많은 기업도 이미 B2C 거래의 필요성을 느끼고 있으며 아마존, 이베이, 타오바오 등을 충분히 이해하고 있다. 전시회 참가업체를 만나 자연스럽게 상담하고 적극적으로 교류하면 유력한 상품을 조달할 수 있는 계기가 되기도 한다. 반대로 소비재 생산업체 중에서 적극적으로 프로 셀러를 찾아 수익을 보장하는 선의 가격을 제시하는 경우도 있다.

02
대박상품의 조건

'이베이의 대박상품은 어떤 것일까?'

셀러들은 보통 짧은 시간에 많이 팔면 대박이라고 생각한다. 하지만 아주 아마추어적인 생각이다. 전문 셀러들이 생각하는 대박상품은 다음과 같은 조건을 갖춰야 한다.

첫째, 자신이 가장 잘 아는 품목이어야 한다. 자동차 판매를 했거나 정비 자격증이 있을 정도로 자동차에 대한 지식이 있다면 자동차와 관련된 상품을 파는 것이 효과적이다. 중고차를 판다고 했을 때, 자신의 지식을 바탕으로 차 상태를 하나하나 점검한 결과를 명시해놓으면 구매자들의 신뢰를 받을 것이다.

액세서리의 경우에도 마찬가지다. 평소 액세서리에 관심과 관련 지식이 많았다면 액세서리의 재료, 디자인 등에 대한 설명을 좀 더 전문적으로 할 수 있을 것이다. 자연히 구매자들의 눈에 빠르게 들어올 것이다. 거기에 해외시장에서 팔릴 만한 액세서리를 선별하는 안목이 있으면 셀러로서 금상첨화일 것이다.

둘째, 공급이 안정적이어야 한다. 1~3년 정도 꾸준히 공급될 수 있고 꾸준히 팔리는 메인 상품을 개발하지 않으면 상품 조달은 벅찰 수 있다. 특정한 상품이 불티나게 팔려도 추가적인 물량 확보가 안 되면 대안을 찾아야 한다. 시장에서 값싸게 구입한 땡처리 물건이 종종 온라인 셀러에게 양날의 칼이 되는 이유가 여기에 있다. 그래서 파워 셀러는 안정적인 조달과 판매가 가능한 메인 아이템을 두고 같은 부류의 동종상품을 판다.

셋째, 운송과 포장이 용이한 상품이 좋다. 무겁거나 두루마리 휴지처럼 부피가 큰 상품, 파손되기 쉬운 상품 등은 국제 배송을 해야 하는 온라인 판매용으로 적절하지 않다. 포장도 중요한 요소다. 택배봉투, 작은 박스로 쉽게 포장할 수 있는 상품이 유리하다. 운송과 포장은 국내 오픈마켓이라면 크게 상관없지만 해외 온라인 판매의 상품 선정에 있어서 매우 중요한 요소다.

특히 우체국을 통한 국제 배송에는 부피와 무게에 제한이 있다. 현재 소형 포장물 우편으로 배송이 가능한 중량은 2킬로그램까지이며 EMS의 경우는 30킬로그램까지이다. 30킬로그램가 넘을 경우 국제택배회사에 의뢰해야 하는데, 이 경우 배송비가 큰 부담이 될 수 있다.

마지막으로 가격과 품질 경쟁력이 중요하다. 누구나 쉽게 생각할 수 있는 일이지만 온라인 판매에서 요구되는 가격과 품질 경쟁력은 시장을 세분화시킬 수 있는 오프라인과 큰 차이가 있다.

가령 가격과 품질이 각각 10점 만점 기준으로 14점이 되는 3가지 유형의 상품이 있다고 하자.

표에서 보면 상품 A는 저가품 시장, 상품 B는 고가품 시장, 상품 C는 중간 시장에서 잘 팔릴 만한 가격과 경쟁력을 갖추었다고 할 수 있다. 이들을 이베이에 내놓았다고 할 때 초기에 잘 팔리는 것은 역시 상품 A이다. 가격을 기준으로 한 검색에서 노출이 잘되는 장점이 있기 때문이다.

3가지 유형의 상품			
	상품 A	상품 B	상품 C
가격 경쟁력(1)	10	4	7
품질 경쟁력(2)	4	10	7
종합 경쟁력(1+2)	14	14	14

반면 품질에 강점이 있는 상품 B는 온라인 시장에서 판매가 어렵다. 이베이를 통해 구매하는 대부분의 구매자들은 최고급 제품을 찾지 않는다. 최고급 제품은 아직 오프라인 매장이나 현지에서 브랜드 이미지가 좋은 온라인 백화점 쇼핑몰, 브랜드 쇼핑몰 등을 즐겨 찾기 때문이다.

온라인 판매에서 꾸준한 거래가 이뤄지고 셀러에게 돈을 벌어주는 쪽은 상품 C이다. 가격이 그리 비싸지 않으면서도 좋은 품질을 갖춘 범용품이 인기를 끌 가능성이 높다. 이 점에서 우리나라 상품은 온라인 판매에 적합한 경우가 많다. 상품 설명에 'made in korea'라고 붙이는 순간 웬만한 품질을 갖춘 것으로 인정받기 때문이다. 국내 셀러들이 중국산 제품을 판매하면서 굳이 'made in china'라고 표시하지 않는 것도 같은 맥락이다.

사실 이베이에서 성공적인 판매가 보장되는 가격과 품질 경쟁력에 딱 맞는 상품은 세상에 없을 것이다. 가격과 품질 경쟁력도 상대적인 가설일 뿐이며 미리 예단하고 겁먹을 필요는 없다. 같은 카테고리의 제품, 유사제품을 검색하여 형성된 가격을 참고한 다음, 목록을 만들어 시장에 맡겨 보는 것이 더 낫다.

03 가격 설정의 방향

상품 선정만큼 중요한 가격

셀러에게 상품 선정 못지않게 중요한 것이 가격 설정이다. 셀러의 입장에서 높은 가격을 받을수록 좋지만 구매자의 입장에서는 정반대로 가격이 높으면 외면하기 십상이다. 특히 이베이에서는 수없이 많은 유사상품과 동종상품이 팔리고 있어서 소비자는 항상 가격을 비교한 뒤에 구매를 결정한다. 그래서 셀러의 뜻대로 되지 않는 것이 현실이다.

상품 판매를 위해 리스팅(listing, 상품 등록)을 하기 전에 반드시 '가격'을 정해야 한다. 구매자 입장이 되어 가격을 살펴볼 필요가 있다. 이베이에서 판매되는 동종상품의 가격, 운송조건, 원산지 등을 면밀히 검색하여 팔릴 만한 경쟁력이 있는지를 판단하는 것이다.

주로 국내에서 생산된 제품을 팔아야 하는 만큼 국내 셀러들이 판매하고 있는 제품이 어떻게 팔리고 있는지를 조사하는 일이 중요하다. 이를 위해서는 앞서 살펴본 상세검색을 이용하는 것이 기본이며 이를 통해 개략적인 감을 잡을 수 있다.

그러나 가격 설정은 쉬운 일이 아니며 많은 요인이 고려되어야 한다. 먼저 판매량과 가격의 상관관계이다. 가격이 높으면 상품이 적게 나가고 가격이 낮으면 상품이 많이 나가는 것이 시장원리라고는 하나 판매할 상품이 어떻게 움직일지 미리 파악하기는 힘들다. 재고가 많다면 가격을 낮게, 재고가 많지 않다면 높게 설정하는 것도 한 방법이다.

판매방식에 따라 가격 설정도 달라진다. 고정가 판매의 경우라면 원하는 가격을 제시하면 된다. 경매에서 시작가격을 너무 낮게 설정하면 손해가 생길 수 있지만 정한 기간 내에 팔릴 가능성은 매우 높다.

환율, 수수료, 배송비용도 고려 요인이다. 환율이 오름세를 보이면 추가 이익이 생길 가능성이 크지만 떨어지는 추세라면 환차손을 입게 된다. 참고로 페이팔의 환율이 기준 환율보다 달러당 30원가량 낮다.

이베이와 페이팔의 수수료도 고려되어야 할 사항이다. 스토어가 없는 일반 셀러의 경우 이베이 쪽은 판매수수료 10%에 등록수수료, 페이팔 쪽은 수수료 3.9% + 0.3달러가 기본이다.

가격과 배송비 관계도 고민해야 한다. 판매가격과 배송비용을 별도로 책정할 것인지, 배송비용을 판매가격에 포함시키는 대신 무료배송을 해줄 것인지 등을 결정해야 한다.

국내에서 10,730원(10달러)로 조달한 화장품(BB크림)을 이베이에서 20달러에 판매한다고 해보자. 또한 고정가, 무료배송방식으로 이베이에서 판매하고 미국으로 배송하기로 한다.

먼저 이베이 수수료는 이베이 수수료 계산기(Fee Calculator)를 이용하면 쉽다.

이 계산기는 'My eBay', 'Seller Center', 'Understand Payments & Fee',

'Use the fee calculator'를 차례대로 클릭하면 나온다. 무료배송이므로 판매수수료는 판매가격의 10%인 2달러이다. 등록수수료는 0.3달러, 기본수수료만 사용하였으며 리스팅을 업그레이드하는 도구는 전혀 사용하지 않았다.

여기에 페이팔 수수료가 따로 있다. 판매액의 3.9%인 0.78달러에다 기본료 0.3달러를 포함한 1.08달러이다.

다음으로 고려해야 할 사항은 배송비다. 가장 저렴한 우체국 소형 포장물의 방식을 이용하되 구매자를 안심시키기 위해 트래킹 서비스를 제공한다면 배송비

074

> **BB크림의 예로 본 이베이 판매마진**
> - 구입비용: 10달러
> - 판매가격: 20달러
> - 이베이 수수료: 2달러(판매수수료) + 0.3달러(고정가 등록수수료) = 2.3달러
> - 페이팔 수수료: 0.78달러(판매수수료) + 0.3달러(기본수수료) = 1.08달러
> - 배송비용: 1,880원(우편료) + 2,500원(트래킹 서비스) = 4,380원(4.1달러)
> - 총비용: 10 + 2.3 + 1.08 + 4.1 = 17.48달러
> - 마진: 2.52달러

1,880원, 트래킹 서비스 비용 2,500원으로 총 4,380원(4.1달러)이 된다. 따라서 셀러가 부담하는 원가는 다음의 표에서 보는 것처럼 총 17.48달러가 된다. 결국 셀러가 설정해야 할 최소한의 가격은 17.48달러이고 20달러에 판매하면 이윤은 2.52달러이다. 10달러에 조달한 BB크림을 20달러에 팔았는데도 이익이 많이 남지 않는다. 다행히 적자는 면했지만 새로운 판매전략이 필요하다.

여기서 프로 셀러들의 가격 설정방법을 하나 소개하고자 한다. 간단하지만 해외시장을 생각하는 판매자에게는 필요한 공식이다.

> 판매가격 = (상품 조달가격 + 배송비)×2 → 마진율 40%

위의 공식은 상품에 따라, 특히 배송비에 따라 크게 달라질 수밖에 없으나 40% 정도의 수익을 내기 위해서는 가격 실정을 과감히 할 필요가 있다는 점에서 설득력을 가진다. 결국 셀러로서 성패의 관건은 위의 계산법을 충족시킬 상품을 찾아내는 것에 달려 있다 해도 과언이 아니다.

물론 10%의 마진을 남기고도 많이 판다면 더 많은 수익을 얻을 수 있다. 이보다 더 높은 마진을 받고서도 한두 개밖에 팔지 못한다면 셀러로서 자질을 높게

A D V I C E **TIPS**

판매가격 설정의 기본 원칙

가격은 검색에서 결과, 판매 가능성, 판매량에 영향을 미친다. 이베이에서 판매를 극대화할 가격 설정의 방법을 익힐 필요가 있다. 다음은 이베이 셀러가 참고해야 할 가격 설정의 기본 원칙이다.

상품의 가치를 측정하라. 고정가격으로 리스팅하여 특정한 가격을 받고 싶다면 판매자와 구매자 모두에게 공평한 가격을 설정해야 한다. 상품의 적정한 가치를 결정하기 위해서는 'Advanced Search(상세 검색)', 또는 'Sold Listings(거래완료 검색)'에서 가격을 찾아보는 것이 좋다. 현재 이베이에서 판매되고 있는 비슷한 상품의 가격을 찾아보는 것도 가격 설정에 참고가 된다.

가격을 경쟁력 있게 책정하라. 대부분의 구매자들은 합리적인 가격에 좋은 상품을 고르기를 희망한다. 그러므로 가격은 너무 높지 않게 책정해야 한다. 구매자들은 가끔 가격과 배송비를 합쳐서 보니 이 두 가지 가격 요소를 잘 고려해야 한다. 경쟁력 있는 가격을 설정해야 좋은 결과를 얻을 수 있다.

가격이 노출을 좌우한다. 구매자들은 다양한 방법으로 상품을 찾는다. 일반적으로 베스트 매치(Best Match)를 이용하는데, 이는 가격과 배송비를 동시에 고려하는 방법이다. 검색에서 잘 나타나기 위해서는 이 두 가지를 조화시켜야 한다. 가격을 잘 설정하고, 셀러 평가를 높게 유지하며 배송비를 적절하게 책정하면 많은 구매자들에게 상품이 노출된다.

경매에는 최저 낙찰가를 설정하라. 셀러들은 상품의 노출을 높이기 위해 가격을 낮게 설정하는 한편 판매 때 받아야 할 최저 낙찰가를 설정한다. 최저 낙찰가는 경매방식으로 판매할 경우에만 이용할 수 있지만 인기가 높거나 독특한 상품을 판매하는 데 적용하기 좋은 방법이며 이용하기도 간단하다.

평가받기 어려울 것이다. 파워 셀러, 톱 셀러로 잘나가는 사람들의 공통점은 마진이 남는 상품을 찾아내기 위해 온라인, 오프라인을 막론하고 동분서주하면서 개발했다는 것이다.

구매가격조사: 국내 온라인

네이버의 지식쇼핑이나 다음의 쇼핑하우는 상품 조달과 가격조사에 매우 유용한 사이트다. 이들 사이트에는 국내 오픈마켓(G마켓, 옥션, 11번가, 인터파크 등), 홈쇼핑

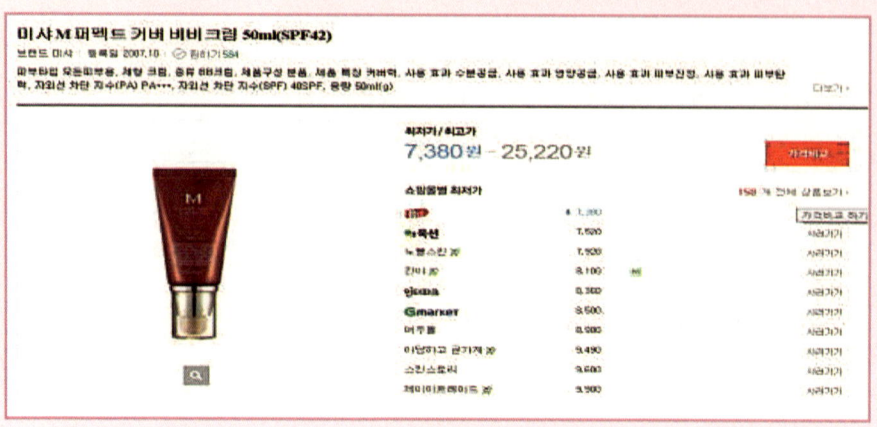

(롯데닷컴, GS SHOP, CJ mall 등), 백화점(롯데, 현대, 신세계 등), 소셜커머스(위메프, 티켓몬스터 등), 종합 쇼핑몰, 전문 쇼핑몰 등의 상품가격을 비교할 수 있어 이베이 판매자들이 상품을 조달하고 가격을 설정하는 데 매우 유익하게 참고할 수 있다.

하나의 예를 들어 보자. 네이버 지식쇼핑에서 미샤의 BB크림을 검색하면, 판매하는 인터넷 쇼핑몰에 따라 가격이 천차만별이다. 2014년 10월 기준, 50밀리리터짜리를 7,380원에 파는 쇼핑몰도 있고 25,220원에 파는 쇼핑몰도 있다. 흥미롭게도 전자는 11번가의 한 판매자였고 후자는 G마켓의 한 판매자였다. 대체로 백화점 쇼핑몰 등에 비해 오픈마켓과 화장품 전문 쇼핑몰에서 가격이 낮은 것으로 확인된다.

가장 낮은 가격으로 상품을 구매해서 이베이에 판매할 경우 수익이 생길까 궁금하지 않을 수 없다. 11번가에서 7,380원으로 구매한 경우를 따져 보자. 구매가격을 환산하면 6.9달러이다. 이번에는 이베이에서 셀러의 등록된 상품을 하나 찾아보았다. 개당 13.51달러의 가격을 제시하여 큰 인기를 끈 스토어 셀러가 보인다. 이미 450개의 미샤 BB크림을 판매한 것으로 나타났으며 배송은 트래킹 서비스 없이 무료로 해주고 있다.

　이 셀러는 얼마의 이윤을 남기고 있을까? 구매가격은 6.9달러로 환산된다. 판매액에서 이베이 수수료, 페이팔 수수료를 줄잡아 15%(2달러), 배송비를 1.75달러로 볼 때 이 셀러의 원가는 10.65달러이고 마진은 2.86달러이다. 마진율(판매가-원가)/판매가×100)을 계산하면 21.2%가 나온다. 그러나 상품 구입가격 6.9달러에 비교하면 41%에 달하니 그리 나쁘지 않은 비즈니스다. 이베이 검색을 좀 더 해보니 이 셀러에게도 어려움이 있을 것 같다. 동종제품을 10달러 수준까지 내려서 파는 경쟁자가 서서히 나타나고 있기 때문이다.

　물론 네이버 지식쇼핑이나 다음 쇼핑하우가 반드시 국내의 최저가격을 보여주는 것은 아니다. 상당수의 도매 사이트들이 네이버 등에 참여하지 않거나 가격정보를 제공하지 않는다. 특히 도매 사이트 가입자들에게만 거래되는 할인가격은 여기에 나타나지 않는다는 사실을 참고해야 한다.

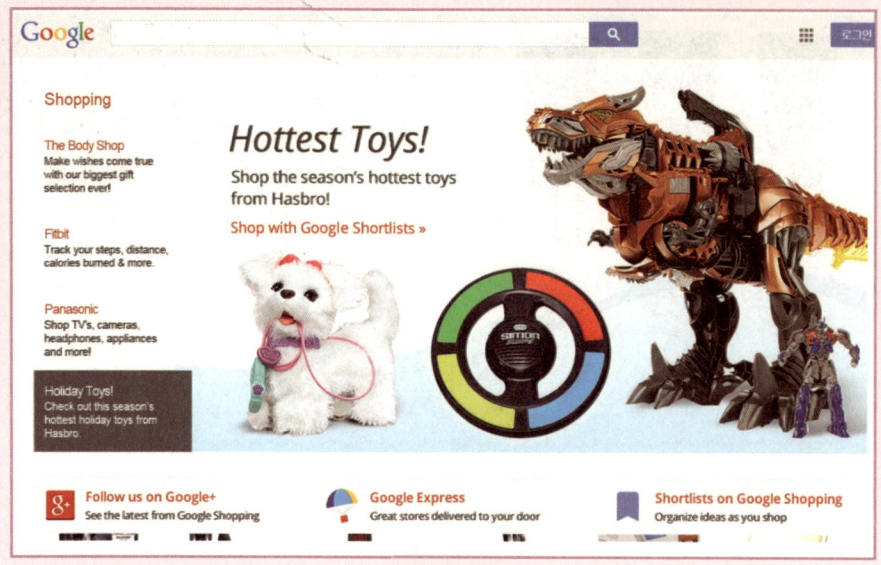

판매가격조사: 해외 온라인

구글 쇼핑

상품과 가격 조회는 상품을 팔아야 하는 해외시장에서도 가능하다. 먼저 구글 쇼핑을 보자. 국내에서는 주로 구글 코리아로 접속되기 때문에 구글 미국과 연계된 구글 쇼핑은 찾기가 쉽지 않지만 알고 보면 간단하다. 'www.google.com/shopping'으로 들어가면 된다. 쇼핑하려면 지메일(gmail) 계정이 여러 가지로 편리하다.

구글 쇼핑에서 역시 BB크림을 입력하고 검색해보자. 최고 20달러 범위 내로 설정한 결과가 아래의 화면이다. 구글 쇼핑은 네이버 지식쇼핑이나 다음 쇼핑하우와 마찬가지로 여러 부류의 쇼핑몰에서 팔고 있는 상품을 한꺼번에 보여 주는 것이 특징이다.

왼쪽 메뉴의 셀러(쇼핑몰)를 보면 타켓(Target), 드러그스토어(Drugstore.com) 등

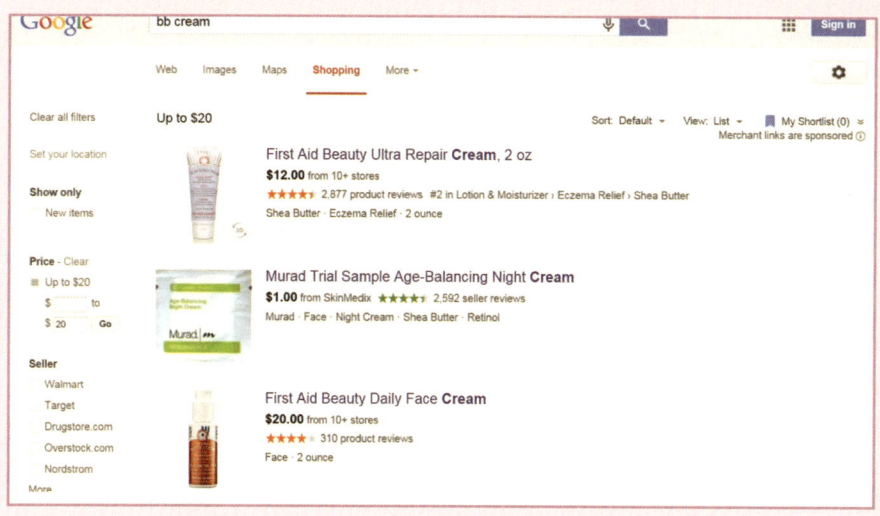

여러 쇼핑몰이 나타난다. 이 중 이베이도 보일 것이다.(화면에는 보이지 않지만 밑으로 내리면 있다.) 이베이로 들어가면 앞서 보았던 미샤 BB크림의 셀러로 연결된다. 구글 검색창에서 바로 'Missha BB Cream 50ml' 등의 키워드를 입력해서 찾아볼 수도 있다.

검색기준은 기준값(Default), 평가점수(Review score), 가격이 낮은 순(Price-low to high), 가격이 높은 순(Price-high to low)으로 되어 있는데, 여기에서 기본값이 어떤 순으로 나타나는지를 결정하는 논리는 (기업 비밀에 해당하는) 구글의 알고리즘이다. 소위 '검색 마케팅'이라는 새로운 용어가 등장하여 큰 관심을 끄는 이유가 여기에 있다. 기업의 홈페이지를 알리는 마케팅이라면 'www.google.com'이지만 상품, 특히 소비재 판매를 위한 마케팅이라면 'www.google.com/shopping'이라 할 수 있는데 국내 셀러들에게는 잘 알려지지 않은 아쉬움이 있다. 구글 쇼핑을 이용하여 온라인 시장에 어떤 상품이 어떤 가격으로 팔리며 구매자들의 평가가 어떤지를 살펴볼 수 있다.

더파인드

구글 쇼핑과 마찬가지로 유용한 사이트는 더파인드(www.thefind.com)이다. 구매 쿠폰을 제공하기로 유명한 사이트다. 쇼핑 서치 사이트인 더파인드의 검색란에 상품명을 입력하면 아마존을 비롯한 오픈마켓, 블루밍데일을 비롯한 백화점, 온라인 매장 등을 통해 판매되는 가격을 한눈에 확인할 수 있다. 지메일을 이용하면 회원 가입이 매우 간편하다. 더파인드에서 골프클럽을 살펴보자. 800~1,300달러대의 골프클럽을 검색한 결과, 4,530개의 온라인 스토어에서 22만 5천여 종을 팔고 있는 것으로 검색된다. 골프클럽이 쏟아져 나와 있다. 화면 오른쪽에 있는 'PRICES'에서 가격대를 이미지로 보여주고 있어 가격비교가 좀 더 쉬운 것이 흥미롭다.

이중에서 제일 오른쪽의 'Callaway Golf Womens Solaire Gems 13-Piece Complete Set' 849달러를 염두에 두고 카피하여 다시 검색해 보았다. 가격이 낮은 순으로 제일 먼저 나타나는 것은 689달러이고 가격이 가장 높은 것은 999달러로 나타났다. 신제품으로 구체적으로 명시한 것 중 가장 낮은 가격은 799달러이니 스토어에 따라 200달러의 가격 차이가 나타나고 있다. 더파인드는 여러모로 유용한 시장조사 툴이다.

CHAPTER
4

이베이에서의 검색 노하우

01
베스트 매치

구매자는 검색으로 찾는다

이베이는 세계에서 가장 큰 시장이고 백화점이며 상품 창고이다. 구매자들이 수많은 상품 가운데 자신이 원하는 상품을 찾는 방법이 바로 '검색' 이다. 구매자들은 이베이의 중심이 되는 검색창에 원하는 상품명, 브랜드 등을 입력하면서 온라인 쇼핑을 시작한다.

대개 구매자는 여러 페이지를 넘겨가며 보지 않고 처음 한두 페이지를 중점적으로 살펴본다. 마음에 드는 상품이 없으면 자신이 원하는 조건을 붙여 재검색을 하도록 한 것이 이베이의 전략이다.

구매자의 입장에서 검색창에 고급 만년필(Vintage Fountain Pen)을 검색했다. 무려 7,464개의 상품이 나왔으며 고정가방식으로 판매 중인 상품이 5,278개, 경매방식이 2,336개였다. 이 중 새 상품은 1,884개, 중고품은 4,714개로 중고품이 더 많았다. 그런 구분을 하지 않은 상품도 866개나 되었다.

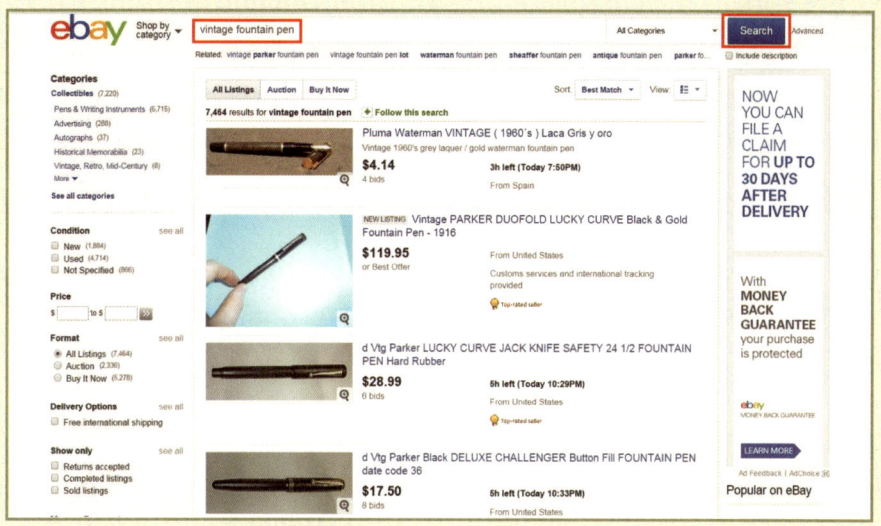

제일 위에 나타난 만년필은 경매마감이 3시간 정도 남은 4.14달러짜리였다. 바로 아래에는 이제 막 리스팅을 한 119.95달러짜리 만년필이었고 이후에도 끊임없이 나오고 있다.

이는 이베이가 기본값으로 정해 놓은 베스트 매치(Best Match)의 상품 분류방식으로 나온 결과이다. 화면 오른쪽 상단의 분류방식(Sort)에 'Best Match'가 있다. 소비자가 원하는 것에 제일 적합한 상품을 보여 주는 콘셉트로 설계된 검색 시스템이다.

'Best Match'를 클릭하면 이외에 마감시간 임박 순(Time ending soonest), 최근 리스팅된 순(Time newly listed), 가격과 배송비가 낮은 순(Price + Shipping lowest first), 가격과 배송비가 높은 순(Price + Shipping highest first), 가격이 높은 순(Price highest first) 등이 다양하게 있다.

화면 왼쪽의 옵션을 활용하면 상품을 좀 더 다양하게 검색할 수 있다. 새 상품이나 중고품을 나눠 볼 수 있고, 원하는 가격대를 입력하여 볼 수도 있다. 또 경매하는 상품만을 찾아볼 수도 있고 고정가 상품만 검색할 수도 있다.

베스트 매치에 주목하라

이베이의 구매자들은 대부분 베스트 매치의 방식으로 검색하면서 온라인 쇼핑을 하기 때문에 셀러의 입장에서는 베스트 매치가 무엇인지, 검색의 우선순위가 어떻게 나타나는지에 대한 이해가 필요하다.

베스트 매치는 '구매자가 원하는 최적의 상품을 믿을 수 있는 셀러에게 합리적으로 구매할 수 있도록 도와준다' 는 개념으로 설계된 검색 시스템이다. 구매자가 검색할 때 쓴 단어와 가장 잘 맞는 순으로 상품을 보여줘서 구매자들이 구매를 결정하도록 만드는 검색방식인 것이다. 셀러의 입장에서 보면 판매할 상품과 관련해 구매자들이 입력할 단어가 무엇인지를 이해하면서 리스팅을 한 상품이 검색창에서 잘 나타나도록 유도하는 것이 중요하다.

검색창에 나타나는 순서는 크게 네 가지에 의해 좌우된다. 구매자가 입력한 단어와의 연관성, 셀러들의 판매기록, 상품 자체의 인기, 거래마감(경매의 경우) 시간이다.

먼저 구매자가 찾는 키워드와 셀러가 상품을 올릴 때 사용한 제목(title) 간에 연관성이 높아야 한다. 또 이베이에서 잘 팔리는 상품, 리스팅이 잘된 상품, 신용도가 높은 셀러의 상품 등도 검색에서 잘 나타난다.

그렇다면 베스트 매치에서 나의 상품이 눈에 띄려면, 어떤 준비를 해야 할까? 베스트 매치에서 노출도(검색결과 우선순위) 결정 시 고려되는 항목들을 잘 준비하면, 노출도가 높아질 뿐만 아니라 구매자들이 신뢰감을 더 느껴 구매확률까지 높아진다. 그러므로 셀러들은 검색에서의 노출을 높이는 방법을 이해하고 적극적으로 활용해야 한다.

What does "Best Match" mean?

When we sort search results by Best Match, we evaluate listings and sellers to display the most relevant items from our best sellers first.

We focus on many of the factors that are most important to buyers, which may include:

- **Relevance** to the words you entered in the search box
- **Seller track record**, including sellers rated highly by other buyers
- **Popularity of an item**, including recent sales history (for fixed price items)
- **End time** (for auction-style listings)

How do I sort by other criteria?

You can use the **Sort by** drop-down menu at the top of your search results to sort in other ways.

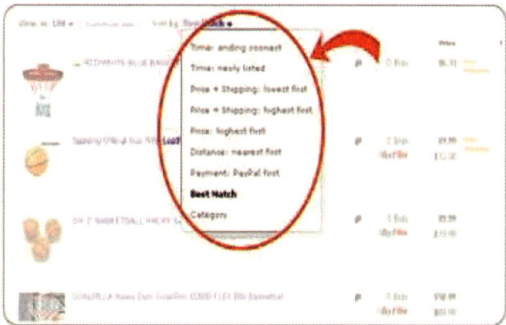

Depending on what you're looking for, you might want to sort your search results differently.

To find:	Sort by:
Listings ending soonest	Time: ending soonest
Lowest total price, including shipping costs	Price + Shipping: lowest first
Items located closest to your postal address	Distance: nearest first
Items grouped by the category in which the sellers listed them	Category

ADVICE TIPS

검색 노출도 높이는 법

1. 상품
카테고리: 상품에 맞는 카테고리로 설정한다.
가격: 최저가라도 노출이 잘된다는 보장은 없다. 해당 상품군의 평균 가격대, 즉 많은 셀러들이 판매하고 있는 적정 가격대를 감안하여 설정하는 것이 좋다.
타이틀: 상품의 특징을 잘 나타내면서 비슷한 상품이나 해당 상품군을 찾을 때 소비자들이 검색할 만한 키워드를 고려해 작성한다.
설명: 상품의 스펙(spec)이 정확히 작성되어야 하며 상품상태, 소재 등 최대한 많은 정보를 제공해야 노출에 유리하다. 만일 등록하려는 상품에 대해 이베이에서 카탈로그를 제공한다면, 그 카탈로그를 사용해야 다른 상품들과 함께 소비자의 검색결과에 노출된다.
할인기능 활용: 스토어 사용 셀러들은 판매가격의 할인을 통해 노출도를 올릴 수 있다.

2. 판매정책
배송: 무료배송을 제공하는 경우 노출도가 높아진다. 상품가격이 조금 더 높더라도, 무료배송을 제공하면 더 많이 노출된다. 또한 트래킹 서비스를 제공하는 것도 영향을 미친다.
교환 및 반품: 교환 및 반품정책에 대해 소비자가 이해하기 쉽도록 자세하게 설명한다.

3. 판매기록
이베이는 많이 판매되는 상품을 소비자에게 추천한다. 같은 상품이라도 판매실적이 많거나 소비자들이 더 많이 클릭하고 구매결정까지 내리는 비율이 높은 상품을 추천한다. 꾸준하게 잘 팔리는 스테디 상품이 있다면, Good Til canceled 방식으로 재고를 수시로 수정하면서 판매실적을 높게 유지해주는 것이 좋다.

4. 셀러의 신뢰도
셀러의 행동도 노출도에 영향을 미친다. 톱 셀러가 기본적으로 가장 높은 노출도를 얻는다. 미국에서는 1-day 핸들링 타임과 14일 이상 교환 등을 허용하는 리스팅은 'Top-rated plus'로 분류되어 최상의 노출을 얻게 된다.

02
'상세 검색'을 적극 활용하라

'이베이에서는 어떤 상품이 잘 팔리고 있는 것일까?', '어떤 브랜드의 상품이 인기를 끌까?', '또 잘 팔리는 상품의 가격은 어느 수준일까?'

이베이를 통해 상품을 팔고자 하는 셀러들에게는 가장 중요한 질문들이다. 이를 이해하면 어떤 아이템을 어떤 가격으로 팔아야 할지에 대한 단서를 찾을 수 있기 때문이다.

이베이에서는 상품명 등을 이용하는 단순한 키워드 검색보다는 좀 더 자세한 검색이 가능하도록 '상세 검색(Advanced Search)' 기능을 제공하고 있다. 특정 아이템에 대한 세부적인 검색이다. 셀러들은 '상세 검색'을 시장 조사의 창으로 활용한다. 물론 구매자들도 이용할 수 있다. 이 검색을 통해 팔고자 하는 상품과 연관된 다른 셀러들의 품질별, 가격별 판매량을 살펴보고 자신의 리스팅을 더 매력적으로 만들 수 있다.

'상세 검색'은 이베이 메인 화면의 오른쪽 상단 'Advanced'를 클릭한다. 클릭하면 다음 페이지와 같은 화면이 나타난다. 여기서 고급 만년필, 타이틀 중심,

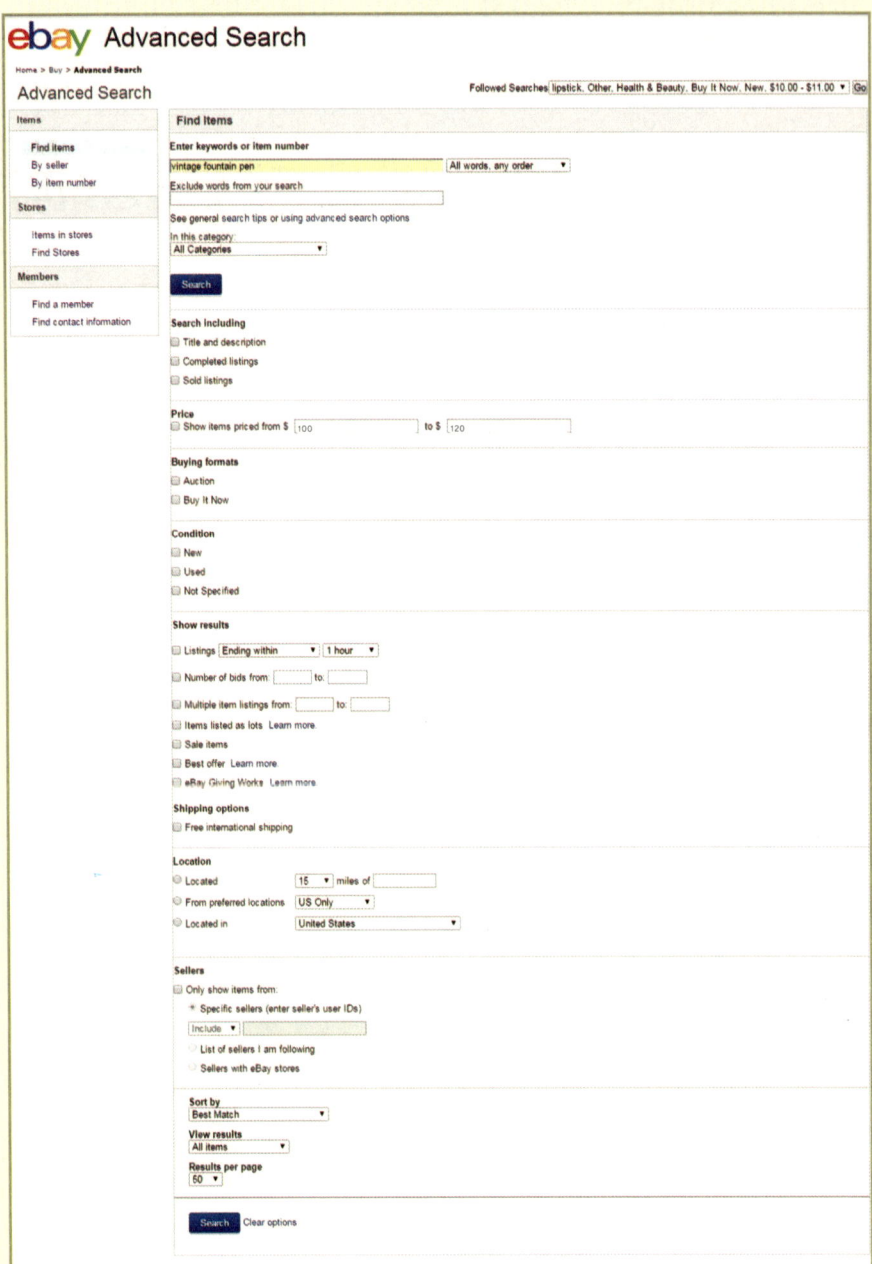

100~120달러의 가격대에서 고정가 판매, 미국에서 구매 등을 전제로 검색해봤다. 해당 키워드가 포함하고 있는 모든 제목의 상품을 찾아 어떻게 판매하고 있는지를 확인하기 위해서다.

이 '상세 검색'으로 검색은 더욱 다양해진다. 키워드를 입력하면서 제외시켜도 좋은 단어를 설정하여 검색범위를 좁힐 수 있다. 검색범위도 체크박스를 활용해 타이틀(제목) 부분, 상세 설명 부분, 거래 완료된 상품 등의 조건으로 세분화할 수 있다. 판매되는 가격대를 설정하여 검색할 수도 있다.

또한 상품 판매방식(경매, 고정가)을 지정해 검색해도 된다. 'Show results' 메뉴를 이용하여 엔딩(판매종료) 시간 설정, 입찰 수에 따른 검색, 리스팅된 수에 따른 검색, 많이 리스팅된 상품, 많이 팔린 상품, 흥정기능을 허용하는 상품, 판매되면 기부하는 상품 등 자신이 원하는 내용(조건)으로 검색해볼 수 있다.

국내에서 판매할 경우 국내의 다른 셀러들이 동종제품을 어떻게 판매하고 있는지 참고할 때가 있다. 이 경우에는 자신이 팔고자 하는 상품의 키워드를 입력하고 상품 출발지역을 한국(Korea, South)으로 설정해서 검색하면 된다. 세계 각국의 톱 셀러들을 분석하는 것도 도움이 되지만 판매환경이 거의 같은 한국에서 자신과 유사한 상품을 파는 셀러들이 어느 정도의 가격으로 어떤 상품을 팔고 있는지 검색하고 분석하면 참고가 많이 된다. 아울러 상품의 배열순서, 보이는 페이지의 길이 등을 설정하여 'Search'를 클릭하면 자신이 원하는 상품을 검색할 수 있다.

Using advanced search

In this article

- Finding items
- Finding eBay Stores and items in Stores
- Finding members
- Advanced search criteria
- Using search operators (Boolean logic)
- How automatic search expansion works

You can use advanced search to narrow your search to specific sellers, locations, price ranges, and more. You can also use it to find completed listings, eBay Stores, or other members. Once you've found a search you like, you can save it to use again.

Finding items

To find an item using advanced search:
1. Click the **Advanced** link at the top of the eBay home page.
   Tip: If you've already started searching and just want to narrow your search, click the **Advanced** link above your current search.
2. On the left side of the page, in the **Items** section, choose one of these options.

To find:	Select this:
Items for sale, based on criteria like price or item location	Find items
Vehicles, parts, and accessories on eBay Motors	On eBay Motors
Items for sale by a particular seller, if you know the seller's user ID	By seller
A specific listing, if you know the item number	By item number

Finding eBay Stores and items in Stores

After you've clicked the **Advanced** link, at the top of the eBay home page:

✓ To search items in eBay Stores, choose **Items in Stores** in the **Stores** section on the left side of the page. You can find items in Stores using specific criteria.

Finding members

After you've clicked the **Advanced** link, at the top of the eBay home page:

✓ To find an eBay member, click **Find a member** in the **Members** section on the left side of the page. You can find a member's Feedback Profile, any items that member is selling, and that member's eBay Store.

✓ To find the contact information for a member, click **Find contact information**. You can only get contact information for members if you are involved in a recent transaction with them.

Advanced search criteria

All words, any order	Searches for listing titles that contain **all** the words you entered (or variations of them), no matter what order they appear.
	For example, searching for "Sony DVD player" would find listings that had any of these titles: "DVD players Sony", "Sony DVD players", "Sony player for DVDs." **Note:** To find more matches, we automatically expand your search to include words with the same meaning as the ones you entered.
Any words, any order	Searches for listing titles that contain **any** of the words you entered that appear in **any** order.
	For example, searching for "Sony DVD player" would find listings that had any of these words in the titles: "DVD player," "Sony player," "Sony DVD," "DVD," "Sony," "player," and many others.
Exact words, exact order	Searches for listing titles that contain the **exact** words you entered, in the **exact** order you entered them.
	For example, searching for "Sony DVD player" would only find listings had the words "Sony DVD player" in the title, in that order. "**Sony DVD player** in box" or "**Sony DVD player** used" would be matches, but "Sony player DVD" would not.
Exact words, any order	Searches the listing titles for the **exact** words you entered, in **any** order.
	For example, searching for "Sony DVD player" would find titles that contained the exact words "Sony", "DVD" and "player" but in any order. "New **Sony** in box **DVD player**" or "**DVD player**, new **Sony**" would be matches, but "Sony DVD **players**" or "Sony **DVDs** player" would not.

03

거래 완료된 상품에서 힌트를 얻어라

거래가 완료된 상품에 대한 검색도 셀러들에게 유용하다. 어떤 상품이 어느 가격대로 거래가 이뤄졌는지를 알면 새로 판매할 상품의 가격 설정이 한결 용이하다.

다음은 '상세 검색'의 결과가 나온 다음, 'Completed listings(거래 완료된 상품)'을 클릭한 뒤 검색한 결과다.

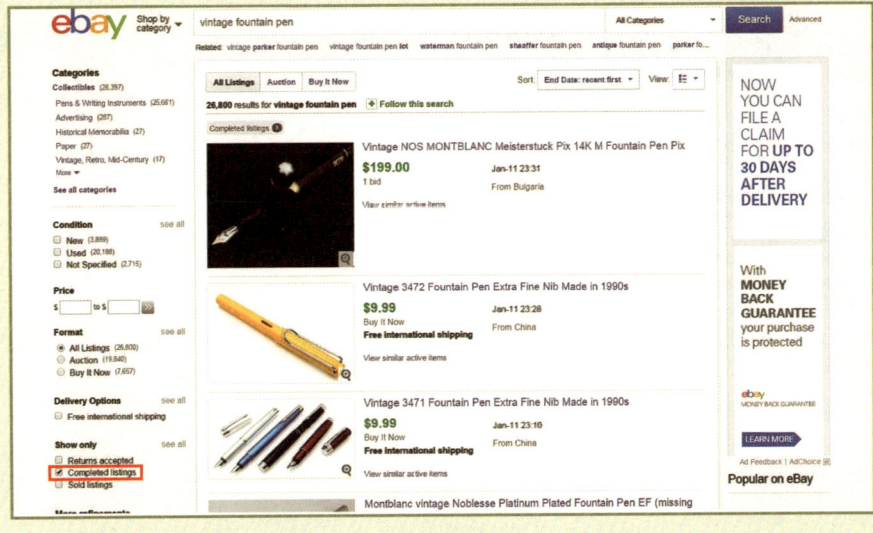

CHAPTER 4 이베이에서의 검색 노하우

최근 이 가격대로 거래된 26,800개의 상품이 나온다. 검색결과를 정렬하는 방법은 여러 가지다. 중고 만년필을 팔아야 할 입장이라면 여기에서 나타난 동종 상품의 가격과 상품설명을 이용하는 것이 더없이 편리하다. 셀러들에게 유용한 검색 중 하나라고 할 수 있다. 검색결과는 최근 90일 이내에 거래된 상품과 함께 30일 동안 거래가 되지 않은 상품을 동시에 보여준다.

How can I see how much an item sold for (search completed listings)?

In this article

How long completed listings are available
How to search for completed listings
What to do if the completed listings option isn't available

You can search listings on eBay even after those listings have ended. This is useful if you want to see what an item sold for, or look at listings that didn't sell to see why.

How long completed listings are available

Completed listings are available for items that have sold within the last 90 days and for items that didn't sell within the last 30 days. **Note:** Completed Motors vehicle listings are available for listings that have ended within the last 15 days.

How to search for completed listings

You can search for completed listings using advanced search.

> **To search for completed listings:**
> 1. Click the **Advanced** link at the top of the eBay home page.
> 2. In the **Enter keywords or item number** field, enter 2 or 3 words that describe the item. If you know the exact item number, enter it in this field.
> 3. Select the **Completed listings** option in the **Search including** section.
> 4. Click the **Search** button.

What to do if the completed listings option isn't available

Certain other advanced search options can't be selected at the same time as completed listings. If the **Completed listings** option is not available (grayed out), make sure **none** of the following options are selected:

- Search including > Title and description
- Show results > Listings ending within...
- Show results > Number of bids...

04 이베이의 인기 상품 파악하기

이베이에서 별도의 프로그램을 이용하지 않고 시장을 조사하는 데에는 한계가 있다. 그러나 이베이 사이트의 구조를 이해하면 인기 상품이 어떤 것인지 어느 정도는 파악할 수 있다.

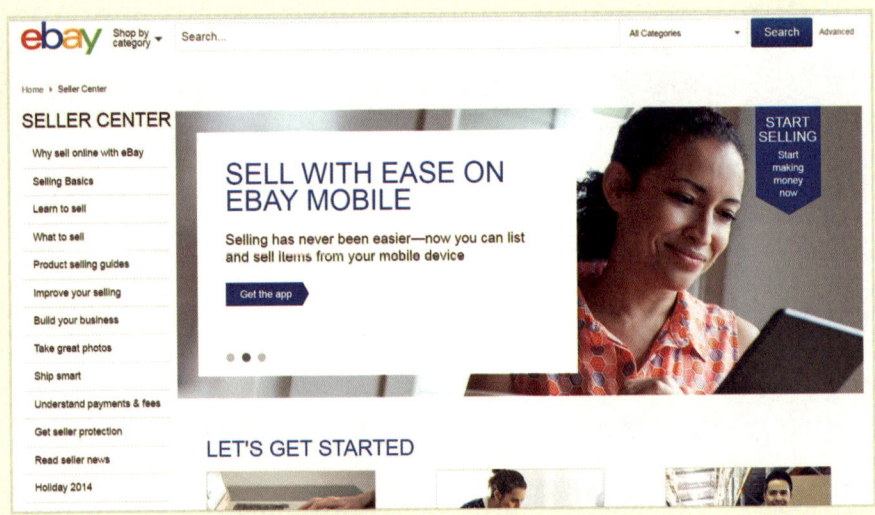

What's selling hot on eBay
Learn about the most popular items in eBay's marketplace to help you decide what to sell online.

Selling in Electronics	New**	Used**
Dell Laptop	$692	$645
PS4 Console	$497	$428
Samsung Smart TV	$510	$358
iPhone 5	$458	$355
GoPro Camera	$335	$306
Amplifier	$217	$106
iPod Nano 1st gen	$195	$63
Garmin GPS	$132	$82
Canon Camera	$323	$301

Selling in Fashion	New**	Used**
Breitling Watch	$4,682	$3,014
Michael Kors Handbag	$159	$146
TAG Heuer Watch	$793	$588
Nike Men's Sneakers	$99	$97
Christian Louboutin Heels	$550	$409
CHANEL Perfume	$64	$68
Christian Louboutin Handbag	$270	$212
Lilly Pulitzer Dress	$85	$75
Coach Handbag	$48	$37

Selling in Collectibles	New**
Warhammer 40k Ork	$213
Real Flight R/C Simulator G5.5	$120
American Girl Today Dolls	$168
Wallace Sterling Silver Grand Baroque Cocaktil Forks - 6	$210
Coins: US Mint Quarters Silver Proof Sets - 2010, 2011, 2012	$88
1995 New Orleans Jazz Fest Poster - Blue Dog, Rodriguez	$775
Clint Eastwood Music Pocket Watch	$153

Selling in Home & Garden	New**	Used**
KitchenAid Professional 5™ Plus Series 5 Quart Bowl-Lift Stand Mixer	$250	$173
Dyson DC41 Multi Floor Upright Bagless Vacuum	$330	$218
Patio Umbrella Offset 10' Hanging Umbrella Outdoor Market Umbrella	$78	$50
Zero Gravity Chairs Case Of (2) Black Lounge Patio Chairs Outdoor Yard Beach	$93	$80
Polaris 280 In Ground Pressure Side Automatic Pool Cleaner Sweep - F5 Scrubber	$418	$195
DuroMax XP4400 Portable Gas Powered Recoil Start Generator - RV Home Backup	$416	$215
Dyson DC34 Cordless Handheld Vacuum Cleaner	$80	$162

　인기가 높은 상품을 정리한 페이지가 있다. 로그인을 한 뒤 'My eBay' 화면 왼쪽 하단의 'Seller Center'를 클릭한다. 그다음 'Selling Basics', 'Items in Demand'를 차례대로 클릭하면 이베이에서 가장 많이 팔리는 상품의 예가 나온다. 4가지 카테고리와 함께 최근 거래가격을 정리한 표이다.

　이 표를 보면 셀러들 대부분은 당황할 수 있다. 조달이 불가능하거나 어려운 상품들, 그리고 향후 판매할 것과 무관한 상품들만 나열되어 크게 도움이 되지 않을 수 있기 때문이다. 이베이에는 셀러들의 이런 당혹스러움을 다소나마 풀어 주는 메뉴가 숨겨져 있다.

　이베이 메인 페이지에서 화면 하단 오른쪽에 나타나는 'Legal, Privacy & More'를 클릭하면 7가지 부류의 참고 페이지가 나타난다. 여기에서 'Buy'의 'Top products'는 카테고리별로 인기 상품을 보여 주는 페이지다.

'Top products'를 클릭하면, 이베이에서 인기 있는 카테고리와 관련 키워드가 나타난다. 그런데 모든 카테고리의 상품이 나타나지는 않는다.

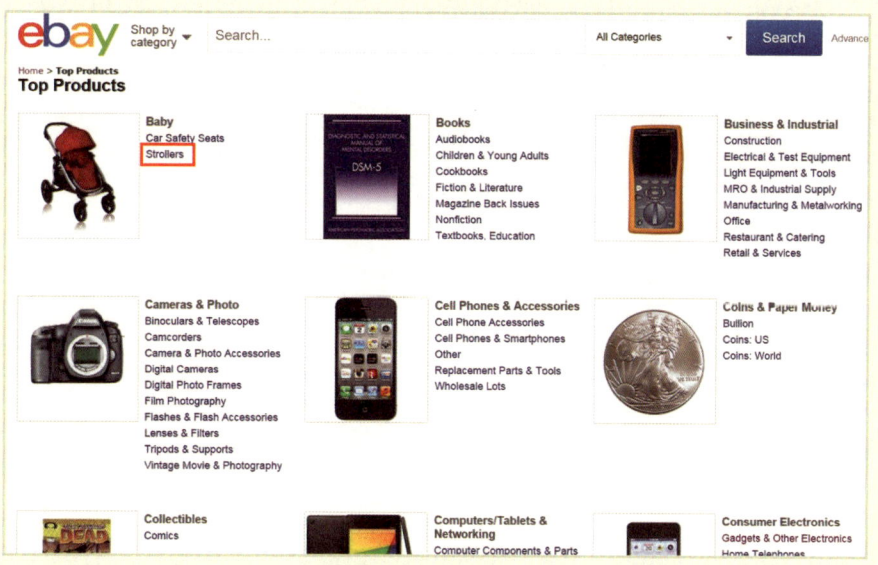

여기에서 유모차(Strollers)를 클릭하면 다양한 브랜드 제품이 뜬다. 다시 품목별로 클릭하면 세부적인 상품정보가 나온다. 간결하면서도 구매자들에게 꼭 필요한 정보를 모두 담았다.

'Top products'를 이용하면 카테고리별로 어떤 상품, 어떤 브랜드의 제품이 인기가 있으며 가격이 어떻게 형성되어 있는지, 그리고 판매할 상품의 설명에 대한 방향이 잡히는 경우가 있으므로 꼼꼼히 살펴볼 필요가 있다.

05
'이베이 쇼핑'을 활용한 검색

이베이코리아 공식 구매 대행 사이트인 이베이 쇼핑(ebay.auction.co.kr)을 이용하면 이베이의 판매동향을 한글로 볼 수 있다. 이 사이트는 한국에서 운영하고 있다. 이베이 셀러 활동을 하고자 하는 사람들이 이 사이트를 통해 구매를 대행하는 경우는 그리 많지 않다. 구매 대행사를 이용하면 수수료를 추가로 부담해야 하지만 간혹 배송료가 낮아 구매 대행이 금전적으로 득이 되는 경우가 있다. 또한 구매한 제품을 안전하게 배송받을 수 있다.

셀러가 이 사이트를 이용하면 이베이에서 판매되는 제품이 실시간으로 한국어로 나타나기 때문에 시장조사가 무척 편리하다. 구매 대행 사이트여서 이베이 판매가격, 셀러가 요구하는 배송비와 헨들링 차지(취급 수수료), 구매 대행 수수료를 원화로 표시해준다. 이베이를 통해 해외로 상품을 판매하려면 이베이에서 찾기 어려운 상품검색의 기능 일부를 쉽게 이용할 수 있고, 국내에서 상품을 조달할 때 이베이의 판매가격을 빨리 비교할 수 있는 장점이 있는 이베이 쇼핑을 살펴보면 효과가 있을 것이다.

CHAPTER
5

이제 리스팅이다

01 리스팅의 기본

매력적인 리스팅

판매할 상품이 정해지면 어떻게 하면 팔릴 것인가를 생각하면서 리스팅(상품 등록) 준비를 해야 한다. 카테고리 선정, 타이틀 작성, 판매방법과 가격, 상품설명, 배송방법과 비용, 사진 등을 미리 준비한 다음 리스팅에 들어가야 한다. 매력적인 리스팅은 치밀한 준비에서 탄생되는 것이다.

　이베이 구매자들은 맨 먼저 사고 싶은 물건의 카테고리를 정하고 상품명으로 검색한다. 검색된 상품을 중심으로 살 만한 물건의 사진과 설명, 그리고 가격을 보고 구매를 결정한다. 따라서 리스팅은 관련 카테고리 안에 있어야 한다.

　대개 적절한 카테고리는 하나이다. 상품이 여러 카테고리에 해당되어 2개의 카테고리를 선정하면 추가 수수료를 내야 한다. 노출을 잘 시키기 위해 관련도 없는 카테고리에 리스팅하는 것은 이베이의 정책에 어긋나서 수수료만 내고 삭제될 수도 있다.

구매자의 눈에 띄지 않는 상품은 팔리지 않는다. 타이틀(상품명)은 구매자들의 검색결과에 상품이 노출되도록 하는데 있어 효과가 가장 크다. 따라서 타이틀과 80자 분량의 상품설명이 구매자들에게 효과적으로 노출되면 판매가 된다.

타이틀에는 구매자들이 찾을 법한 브랜드명, 사이즈와 그 밖의 상품설명 등의 중요한 키워드를 포함시켜야 한다. 등록하는 상품에 대해 내가 구매자라면 어떤 단어로 검색할까를 생각해볼 필요가 있다. 구매자들은 '와우(wow)', '보세요(look)' 등의 단어로 검색을 하지 않으니 이러한 단어로 타이틀 공간을 낭비할 필요가 없다. 그 대신 구매자들에게 의미 있는 상품의 설명을 추가하는 것이 낫다. 키워드는 타이틀의 앞쪽에 둔다. 휴대전화를 이용하는 구매자의 검색에 잘 노출되기 때문이다.

일부 판매자들은 자세한 상품정보를 제공하고 노출을 늘리기 위해 서브 타이틀을 이용한다. 서브 타이틀은 별도의 수수료(리스팅당 0.5달러)를 부담해야 하는데, 구매자에게 좀 더 자세한 상품정보를 알리기 위한 좋은 수단이다. 서브 타이틀은 검색결과에 나타나기 때문에 구매자들에게 노출될 가능성이 훨씬 커진다.

상품에 대한 정확한 설명은 구매자들에게 확신을 준다. 사진과 상품설명이 서로 잘 연결되게 자세히 해야 한다. 브랜드, 스타일, 모델 번호는 꼭 넣어야 한다. 상품설명에 플래시 텍스트, 다양한 폰트와 컬러를 넣는 것은 피한다. 헌 것을 새 것처럼 소개해서도 안 된다.

상품의 스펙과 상태를 정확하게 알려야 한다. 일부 카테고리의 경우 상품 스펙을 선택하여 올리는 창을 이용할 수 있다. 그러나 상품의 세부적인 사항을 알려 주면 구매자가 찾아낼 가능성이 훨씬 커진다. 상품상태에 관한 설명은 카테고리별로 다양하다. 기본적으로 팔고자 하는 상품이 신제품인지, 중고품인지, 포장을 뜯어낸 것인지 새 것인지 등은 구매자가 구매여부를 결정하는 중요한 요소이므로 반드시 정확하게 알린다. 상품정보는 Q&A 코너를 통해서 알릴 수도 있다. 상품에 대한 정확한 설명은 구매자에게 자신이 원하는 것이라는 확신을 심어 준다.

책, 골프 클럽, CD, 비디오게임, 휴대전화 등은 이베이에서 카탈로그를 운영하고 있다. 판매할 상품이 이런 종류라면 이베이 카탈로그를 가져와 사진과 상품 명세를 활용해보자. 리스팅 시간을 줄이고 더 많은 구매자를 끌어들일 수 있다.

상품 사진도 중요하다. 구매자들은 실물이 아니라 이베이의 사진을 보고 구매를 결정한다. 그러므로 리스팅에 사진을 첨부해야 판매가 더 활발해진다. 잘 찍은 사진이 구매자를 끌어들인다. 규격에 맞는 사진을 사용하는 것이 좋고 사진 안에 글자를 넣지 않는 것이 원칙이다. 아울러 상품의 구성과 조합, 기능과 상태, 원산지, 브랜드뿐만 아니라 가격, 배송비용 및 배송일자 등의 판매정책도 구매 결정에 영향을 미친다.

이베이에서 구매자가 부담하는 비용은 크게 제품의 가격, 배송비, 취급 수수료(핸들링 차지) 등인데 판매자가 이를 정한다. 특히 배송비가 중요한 변수가 되기도 한다. 셀러는 구매자에게 배송비를 부담시킬 수 있다. 대신 판매히는 상품에 배송비가 추가되는 이유가 합리적이라는 점을 보여줘야 한다.

무료배송은 구매자가 매력을 느낄 수 있는 부분이다. 반면 단가가 낮은 상품, 가격경쟁이 심해 마진이 낮은 상품의 경우 배송비 부담이 판매자에게는 부담이 될 수 있다. 조달한 가격 그대로 상품을 싸게 팔더라도 배송비와 취급 수수료를 올려 받아 이익을 남기는 셀러도 있다.

초기에는 우체국이 편하지만 늘어나는 물량에 따라 늘어나는 배송비가 부담이 될 수 있다. 거래 규모가 커지면 해외배송 전문업체를 이용하면 된다. 물량에 따라 가격조정이 가능해서 조정되는 부분을 이용해 수익을 확보할 수도 있다.

셀러는 반품을 수용할지에 대한 정책을 정해야 한다. 보통 구매자들은 반품 수용 여부를 반드시 확인한다.

ADVICE TIPS

헌 옷 판매 리스팅을 위한 사전 준비

조사에서부터 출발

팔고자 하는 상품과 같거나 비슷한 옷을 이베이에서 찾아보면 가격과 인기가 어느 정도인지 알 수 있다. 가격을 어떻게 책정하는 것이 합리적인지, 유명 브랜드 또는 디자이너 제품의 가격이 어느 정도인지 등도 파악할 수 있다. 이베이에서 다른 셀러들이 상품설명, 가격을 어떻게 설정하는지에 대한 아이디어를 얻고 온라인 판매를 어떻게 해야 잘 할 수 있는지에 대한 모범사례를 찾아 연구할 필요가 있다. 조사는 'Advanced Search'을 클릭한 뒤 'Completed listings(팔린 상품)'를 보면 된다.

판매상품의 정돈

입던 옷을 팔기 위해서는 우선 옷을 세탁하여 정리하는 것이 중요하다. 헌 옷은 상품을 올리기 전에 세탁과 다림질이 되어 있어야 한다. 실크, 세무 또는 민감한 직물소재 제품의 경우는 드라이 클리닝을 한다. 구매자들은 헌 옷을 구입하더라도 새 옷과 같이 때와 냄새가 배어 있지 않고 바로 입을 것을 기대하기 마련이다. 물론 새 옷을 일부러 세탁할 필요는 없다.

사진 준비

좋은 사진의 상품이 잘 팔린다. 선명하고, 그림자 없이 채광이 잘 되어 있으며, 초점이 맞춰지게 찍는다. 디지털 카메라뿐만 아니라 휴대전화도 이용할 수 있으나 다음 사항에 유의해야 한다.

❶ 단색 배경에 상품을 놓는다. 짙은 옷은 흰색이나 연한 색을 배경으로, 연한 색이나 흰색의 옷은 짙은 색이나 검은색을 배경으로 하면 좋다.
  – 마루에 흰색 시트를 깔고 주름을 편 다음, 검은색 바지를 놓고 찍는 방법도 있다.

❷ 조명은 적절하게 써야 한다. 가능한 자연광을 쓰는 것이 좋다.
  – 집 안 햇볕이 드는 곳에서 램프를 이용하는 등 광원을 여러 개 쓰면 충분히 잘 분산

된 빛을 활용할 수 있다.
- 카메라 플래시(때론 햇빛도 포함) 등 직사광선은 피해야 한다. 직사광선은 색을 왜곡시키거나 사진에 빛 반사를 야기할 수 있다. 은은한 빛이 이베이에 올릴 사진에 좋다.

❸ 옷은 부위마다 최소 한 장의 사진을 찍어야 한다. 사진은 많을수록 좋다.
- 셔츠의 경우 앞면, 뒷면, 라벨 부위, 버튼이나 자수 부분의 특징에 대한 세밀사진 등 최소 4장의 사진이 필요하다.
- 안목이 있고, 까다로운 구매자의 입장에서 사진을 만들어야 한다. 가게에서 고객들이 옷을 살펴보는 방법을 상상해보는 것도 바람직하다. 고객이 자세하게 들여다 볼 부분의 사진을 포함하는 것이 좋다.

▲ 상품의 디테일을 보여주는 사진

리스팅을 마감하기 전에 리스팅이 어떻게 나타나는지를 프리뷰를 클릭해 미리 점검해야 한다. 수정할 사항이 생기기 마련이다. 이후 꾸준히 리스팅을 업그레이드해야 리스팅이 점점 돋보이게 된다.

신규 셀러의 한도

이베이에 판매계정을 만들었다고 해서 많은 상품을 한꺼번에 판매할 수 없다. 판매계정을 처음 개설하면 10개의 상품(세트는 1개로 취급)을 리스팅할 수 있게 해준다. 판매수량에 한도(limit)를 정해 놓고 있는 것이다. 제품 판매가 완료되면 한도가 되살아나며 거래실적과 구매자의 평가에 따라 한도를 확대해주고 있다. 셀러의 한도는 'My eBay'의 'Activity'에서 보여 주며 이베이가 어떻게 운영하는지는 해당란의 아래쪽을 클릭해 살펴볼 수 있다.

Monthly selling limits		Edit
You can sell up to 30 items or up to $1,500.00 per month, whichever comes first.		
Your October selling activity	Items	Amount
You have sold	1	$13.29
You have listed (active)	6	$114.60
You can list	23	$1,372.11
	Out of 30	Out of $1,500.00
How selling limits work	Request higher selling limits	Go to your Seller Dashboard

일부 극성스러운 셀러들이 대규모 물량을 이베이에 쏟아내 시장을 어지럽혀서 한도정책을 도입했다고 알려지고 있으나 이베이가 공식적으로 확인해준 내용은 아니다.

셀러 입장에서는 상품 10개를 어떻게 구성할 것인가에 대해 여러 가지를 고민할 필요가 있으나 정해진 정답은 없다.

보통 셀러는 특정한 산업군, 제품군을 정해놓고 해당 분야의 제품만을 취급하는 경우, 백화점처럼 상품 간에 관련성이 적은 상품을 올려 판매하는 경우 등 이렇게 두 형태로 나눠진다. 상품 구성이 생뚱맞다고 여겨질 정도로 동떨어져 보여도 팔리는 경우가 있다.

이 점이 오프라인 판매와 대조를 이룬다. 오프라인 업체들은 특정상품에 전문화가 된 경우가 대부분이다. 구매자가 아닌 기업과 기업 간의 거래이기 때문이다. 그래서 오프라인 판매에 익숙한 사람이 이베이를 통한 판매도 잘할 수 있다고 할 수 없다.

이베이에서 판매를 시작하는 시기에는 자신의 상품 조달능력에 맞춰 최선의 상품을 올리고 수익보다 한도를 늘리는 데 초점을 맞추는 것이 우선이라고 본다. 초반에는 수익보다 경험이 중요하기 때문이다.

현재 국내 톱 셀러들도 초반에는 한도를 늘리기 위해 마진 없이 판매한 것으로 파악되고 있으며 실제 거래가 활발해지면 한도는 그리 신경 쓰지 않아도 된다.

02 이베이에서 리스팅하기

이베이에서 상품을 파는 일은 대략 3단계를 거쳐 이뤄진다. 1단계에서는 판매를 준비한다. 판매할 상품을 서로 다른 각도에서 찍은 사진을 최소한 4장 이상 준비한다. 이베이에서는 사진 없이 판매상품을 올려놓는 것(리스팅)을 허용하지 않는다.

2단계에서는 상품명, 가격, 배송조건, 상품설명 등 판매와 관련된 사항을 미리 정한다. 배송비를 누가 부담할 것인지, 어떤 방식으로 할 것인지 미리 정하고 상품에 관한 체계적인 설명도 준비해야 리스팅이 쉬워진다. 배송과 반송이 편리한 국내 오픈마켓에서는 사진을 활용한 설명이 중심이지만 해외 오픈마켓에서는 자세한 글로 이뤄진 설명이 더욱 중요하다.

3단계는 리스팅이다. 리스팅은 'Sell'을 클릭한 다음, 팔고자 하는 상품의 카테고리를 정하고 상품명을 붙이는 것부터 시작된다. 리스팅을 하기 전에 이베이가 제공하는 셀러 체크리스트, 판매 팁, 셀러 수칙 등은 꼭 살펴봐야 한다. 정책적으로 판매가 금지된 마약류, 술, 성인용품 등이나 지적재산권을 침해하는 거래는 엄격히 제한되고 있다.

상품을 등록하는 방법은, 퀵 리스팅과 상급 리스팅이 있다. '퀵 리스팅'을 이용하면 이베이의 시스템이 정보를 차근차근 제공하므로 한두 번 이용해볼 필요는 있다. 모바일 어플을 이용할 때는 퀵 리스팅이 주로 쓰인다.

메뉴를 충분히 이해했다면 '상급 리스트'를 이용하는 것이 편리하다. 상급 리스트를 이용한 등록은 이베이 메뉴 'Sell'에서 시작한다.

이미 등록한 상품이 있는 경우 셀러가 동종제품을 편리하게 등록하는 방법이 있고, 거래 규모가 많은 사람들은 '셀링 매니저 프로(Selling Manager Pro)'라는 툴을 이용해 리스팅한다. 셀링 매니저 프로는 매월 이용료를 부담해야 하므로 판매를 시작하는 경우라면 Sell 메뉴만을 이용해도 쉽게 리스팅할 수 있다.

한 번 리스팅을 해놓고 동종제품을 여러 가지로 판매할 경우에는 배리에이션(variation) 방식'을 쓴다.

이제 여성용 모자를 한번 등록해보자.

카테고리 정하기

❶ 로그인을 한 다음, 상단의 'Sell'을 클릭한다. 다음과 같은 화면이 나오면 'List your item'을 클릭한다.

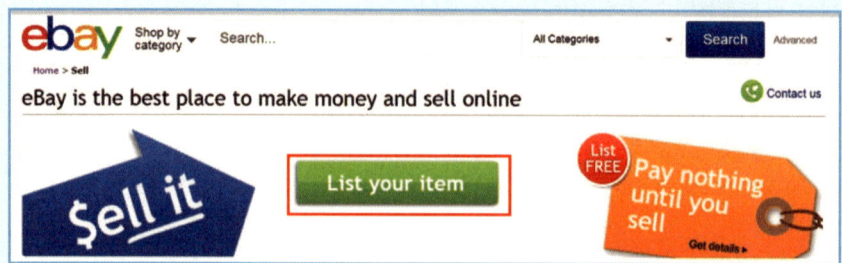

❷ 등록하려는 상품의 키워드를 입력한 후 'Get started'를 클릭한다. 상품명을 비롯한 키워드를 넣는 것은 먼저 상품의 카테고리를 정하기 위함이다. 키워드를 입력하면 이베이는 카테고리를 제안해준다. 등록에 앞서 팔고자 하는 상품을 검색창에서 찾아보면 카테고리, 가격대를 파악할 수 있으므로 리스팅을 하기 전에 한번 해볼 만하다.

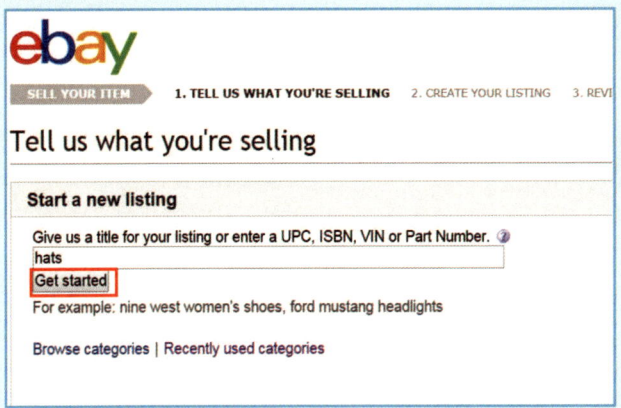

❸ 검색결과에 있는 카테고리 중 상품과 가장 잘 맞는 카테고리를 선택한 후 'Continue'를 클릭한다. 여성용 액세서리 카테고리가 선택되었다. 두 개의 카테고리를 클릭할 수도 있지만 이 경우 수수료가 두 배로 부과된다.

❹ 이것으로 카테고리 설정은 완료되었다. 이어서 'Variation' 등록 여부를 묻지만 단일상품 리스팅이므로 'No'를 클릭하면 리스팅 형태를 선택하라는 화면이 나온다. 'Keep it Simple'은 등록이 간단하지만 경매방식과 미국 판매만 가능하므로 전 세계시장에서 판매하기 위해서는 'More listing choices'를 클릭해 상품의 디테일을 자신이 선택할 수 있도록 한다.

상품 타이틀 입력하기

❶ 지금부터 본격적인 등록을 시작하게 된다. 우선 카테고리가 잘 설정되어 있는지 확인한다. 앞서 선택한 여성용 액세서리가 떠 있다. 타이틀(title)에는 상품의 이름뿐만 아니라 브랜드, 특징 등을 함께 넣어 준다.

타이틀은 이베이 검색의 기본값인 '베스트 매치' 검색의 노출을 좌우하므로 가급적 많은 키워드를 넣어야 한다. 최대 80자까지 입력할 수 있으므로 모두 꽉 채워서 적는 것이 좋다. 구글이나 더파인드 등에서도 검색결과를 크게 좌우한다.

다음은 이베이에서 휴대전화와 가죽 재킷의 예를 옮겨 놓은 것이다. 문법을 염두에 둔 문장보다 상품과 관련된 키워드의 나열이 주로 쓰인다.

- New Original Samsung Galaxy S SGH-T959V Charcoal Gray (T-Mobile) 4G Smartphone.
- Fashion Vintage Womens Slim Biker Motorcycle PU Soft Leather Zipper Jacket Coat.

❷ 타이틀 아래에 'Subtitle'이 있다. 서브 타이틀을 이용할 경우 검색에서 잘 나타나는 장점이 있으나 별도의 수수료를 부담해야 하므로 고가품이 아니면 이용하지 않아도 된다.

❸ 'Condition'에는 기본적으로 'New'와 'Used'가 있으며 상품에 따라 항목이 달리 설정된다. 모자의 경우 'New with tags', 'New without tags', 'New with defects', 'Pre-owned' 등 4가지에서 선택하기로 되어 있다. 판매하는 상품의 상태를 정확하게 해야 판매 후 문제가 되지 않는다. 여기에서는 'New without tags'를 택했다.

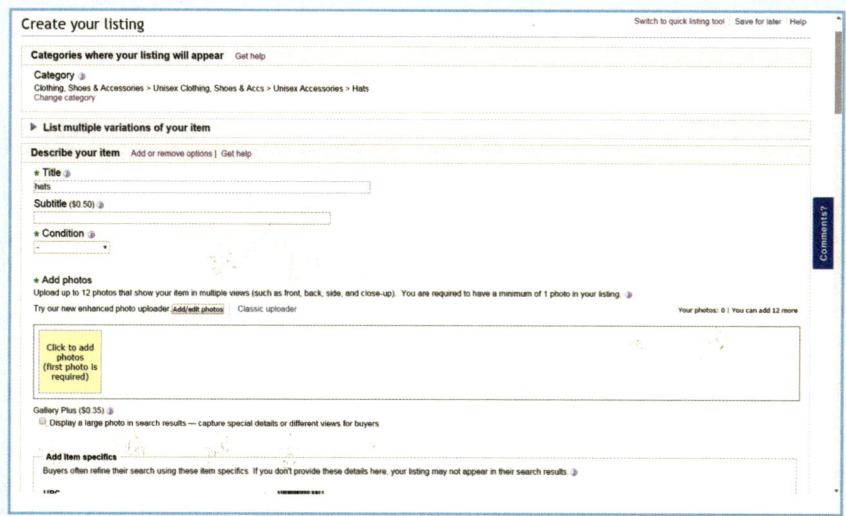

❹ 사진을 등록할 차례다. 'Add/edit photos'를 클릭한다. 클릭하면 사진을 불러오게 해주는 창이 등장한다. 창이 뜨면 컴퓨터에서 이미지를 선택하면 된다. 이 창 안에서 수정(밝기 조절, 대비 조절, 사이즈 조절, 사진 회전 등)이 가능하며 12장까지 넣을 수 있다.

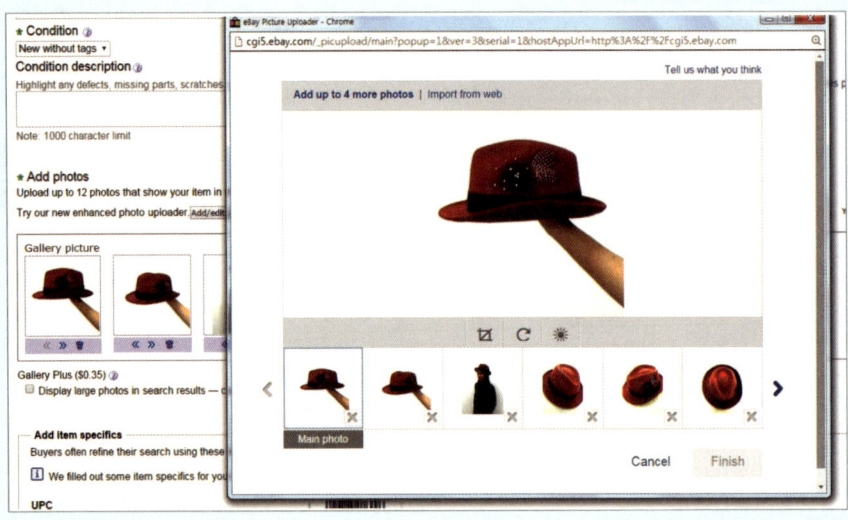

114

첫 번째 사진은 인터넷 검색, 이베이 검색 등에서 나타나는 중요한 사진으로 갤러리 픽처(Gallery Picture) 또는 썸 네일(Thumb Nail)이라 부르며 가로, 세로 길이가 같은 정사각형의 사진을 쓰는 것이 원칙이다. 정사각형 사진을 미리 준비할 수도 있고 올리면서 수정기능을 이용해서 올릴 수도 있다.

❺ 이제 자세한 상품설명을 넣어야 한다. UPC(Universal Products Code)는 상품의 관리를 위해 부여되는 코드이며 미국에서 쓰이는 바코드라고 생각하면 된다. 입력하지 않아도 된다. 그리고 사이즈(Size), 브랜드(Brand), 스타일(Style), 컬러(Color), 소재(Material), 원산지(Country/Region of Manufacture) 등을 입력한다. 모든 항목은 해당 항목을 선택하도록 되어 있다. 가장 적합한 것을 선택하되 필요한 경우에는 추가 입력도 할 수 있다. 이베이에서 제공하는 상품설명을 모두 선택하고, 다른 설명을 더 입력하고 싶으면 하단의 'Add your own item specific'을 클릭하면 된다

'상세 설명'에 대한 방법

1. 상품설명

❶ 사진이 등록되면 상품을 자세하게 설명해줄 차례다. 상품에 대한 설명 및 거래와 관련하여 구매자에게 알리는 정보를 입력하는 것이다. 상세 설명(Details)은 일정한 형식이 있는 것이 아니라 셀러가 원하는 대로 자유롭게 구성할 수 있으며 판매상품을 홍보하는 중요한 코너다. 동종제품을 판매하는 다른 셀러의 리스팅을 충분히 참고하고, A4 용지 한 장 정도를 미리 준비해 올리는 것이 편리하다.

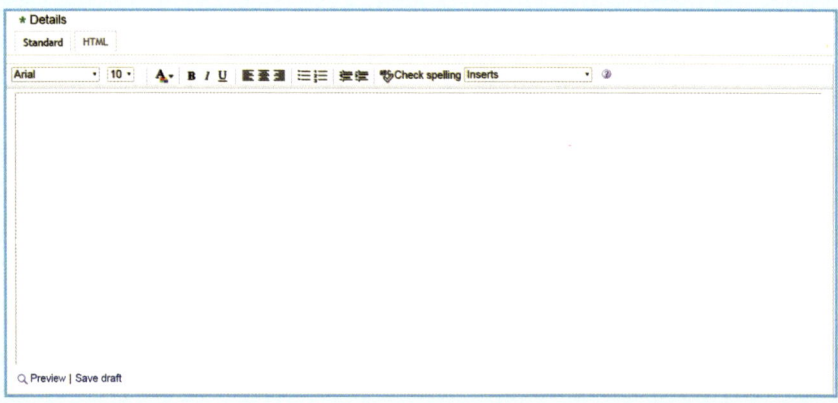

❷ 먼저 상품설명을 넣어 보자. 상품설명의 주안점은 상품에 따라 달라져야 한다. 요약식으로 할 수도 있고 문장으로 할 수도 있다. 앞에서 보여준 모자를 예로 들겠다. 동양화가 그려져 있음을 강조하는 내용으로 작성했다.

> **Fashionable Fedora with Painted Artwork, 100% Wool Red/Apple, Shining Gem.**
>
> This is a great hat, the Fedora made in the Korea and of 100% Wool Felt. It has a grosgrain ribbon going around the outer brim. High quality and great

looking hat!

A Korean artist in the genre of Oriental painting has created artwork on the one side of the fedora. 12-shining paste gems in the painting makes this hat even more special. This fedora is unique, the only fashionable fedora with Oriental Painting (by hand) in the world.

The item is new, but without tags. It have handled only for the artwork. The circumference is approximately 21 1/2" The Hat measures about 9 1/2" wide by 10" deep. It's about 4 1/2" tall. Please check your size before buying it.

If you choose, you will appreciate with this hat the meaning of the Oriental painting and you will be proud of the item. Please refer to other hats from this same collection.

❸ 다음은 리스팅 중인 화면이다.

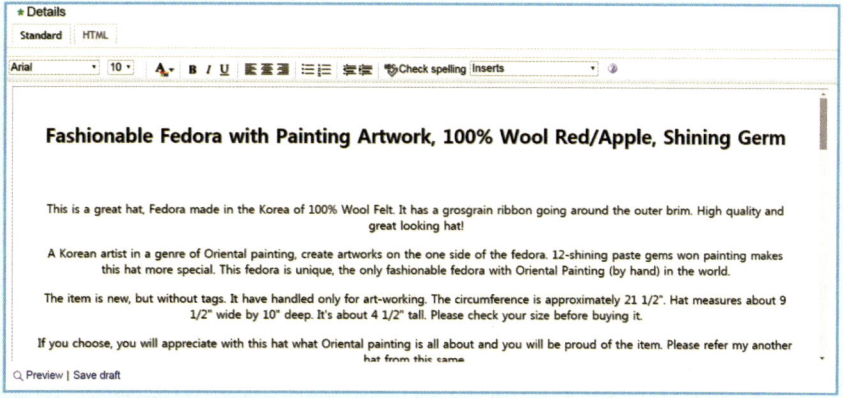

❹ 여기에 설명을 보완하는 사진을 게재할 수 있다. 다만 공식적인 사진 게재란과 달리 사진을 바로 올리지 못하고 이미지 호스팅을 통해 올릴 수 있다. 이미지 호스팅은 국내의 카페24, 미국의 포토버켓 등을 무료로 이용하면 된다. 이 책에서는 포토버켓을 이용했다. 무료로 계정을 만들어 이용할 수 있지만 이용

량이 많아지면 이용료를 부담해야 한다. 그래도 처음 시작하는 입장에서는 이용할 만하다. 구글 블로그를 이용해도 좋다. 위 그림은 포토버켓에 상품을 호스팅한 화면이다. 인터넷 주소를 쉽게 복사할 수 있는 구조다.

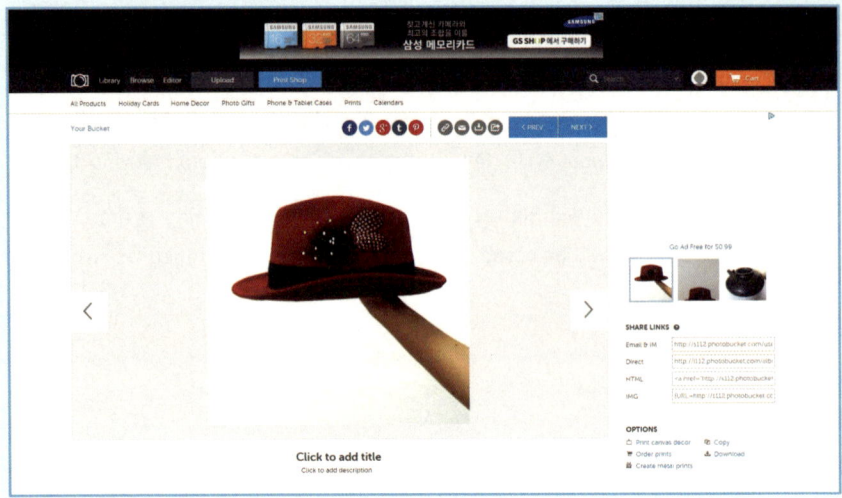

❺ 포토버켓에 보관해둔 사진을 이베이에 올리는 작업은 'Details'에서 시작하면 된다. 입력 방식을 'Standard'에서 'HTML'로 전환한 다음, 포토버켓의 HTML을 복사해 입력한다. 먼저 HTML로 전환한다.

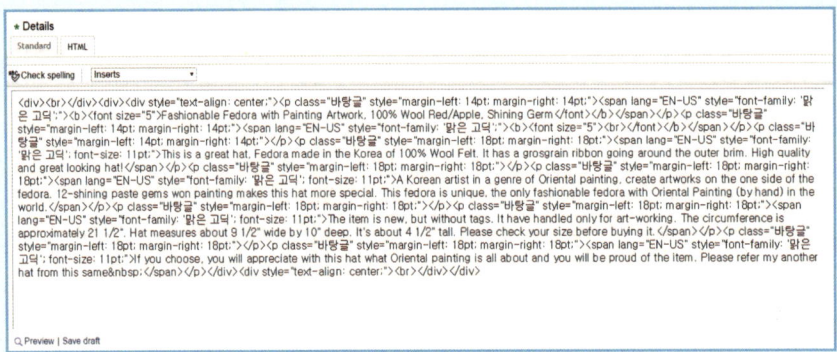

▲ 사진 입력 전의 모습

❻ 사진을 게재하기 위해 포토버켓에서 HTML을 복사하여 입력한다. 사진을 여러 장 올릴 경우에도 같은 방법이다.

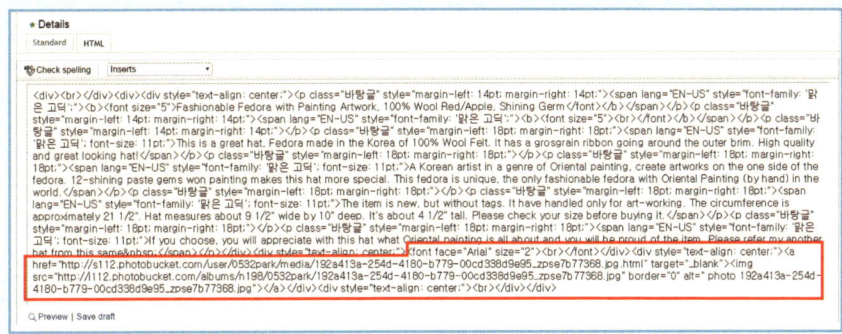

▲ 사진을 입력한 후의 달라진 모습

❼ 다시 'Standard'로 이동하면 이미지가 나타나는 것을 확인할 수 있다.

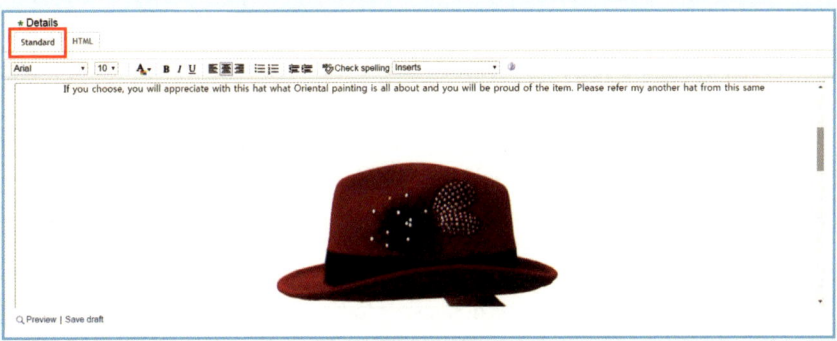

2. 판매정보 설명

❶ 셀러는 구매자에게 알려 주고 싶은 정보, 공지사항을 'Detail' 공간을 통해 소개한다. 구매자는 상품이 마음에 들 경우 어떤 셀러인가 궁금해하기 마련이다. 따라서 상품과 가격 이외의 궁금증을 풀어 주는 기회로 활용한다.

❷ 기본적인 사항은 결제조건, 배송수단과 비용, 반품 또는 환불 등을 비롯한 구매자에 대한 서비스 내용이다. 이베이에서는 이와 관련된 사항을 별도로 리스팅하게 되어 있지만 여기에서 주요 내용을 간추려서 보여 주는 것이 좋다.

Shipping & Handling
- Majority of orders are to be shipped within 1-2 business day via Post Airmail.
- Free Shipping available, It will usually take about 15 days after shipment.
- If you want Tracking Service : $3(Actual cost, takes about 15 days)
- Expedited Shipping by EMS(Korea Post, Express Mailing Service) : 20$ (takes 3-6 days)
- No Handling Charge.

International Shipments
- We will do our best to provide you with the quality eBay service, however once the item has left our warehouse we are no longer in control of the packages end point.

Payment Method
- We accept only Paypal payment.

Return & Refund
- If you are not satisfied with your purchase, we will refund any purchase within 14 days or do our best in order to help you find what you desire from our store.
- The amount (minus Shipping) will be refunded back to you in the same method you made your payment.

Feedback
- Your Satisfaction is our main goal and your feedback is very important to us (We will do our best for our Customers!).
- We want our customers to be 100% satisfied with their order. If you are not satisfied, please let us know before leaving any feedback.

❸ 셀러 자신에 대한 소개, 특히 판매와 서비스 원칙 등 구매자들에게 신뢰를 줄 만한 내용도 소개할 수 있다.

❹ 앞의 예문을 상품설명 및 사진과 함께 본 리스팅 결과는 다음과 같다.

Fashionable Fedora with Painting Artwork, 100% Wool Red/Apple, Shining Germ

This is a great hat, Fedora made in the Korea of 100% Wool Felt. It has a grosgrain ribbon going around the outer brim. High quality and great looking hat! A Korean artist in a genre of Oriental painting, create artworks on the one side of the fedora. 12-shining paste gems won painting makes this hat more special. This fedora is unique, the only fashionable fedora with Oriental Painting (by hand) in the world.
The item is new, but without tags. It have handled only for art-working. The circumference is approximately 21 1/2". Hat measures about 9 1/2" wide by 10" deep. It's about 4 1/2" tall. Please check your size before buying it.
If you choose, you will appreciate with this hat what Oriental painting is all about and you will be proud of the item. Please refer my another hat from this same

Shipping & Handling
· Majority of orders are to be shipped within 1-2 business day via Post Airmail
· Free Shipping available, It will usually take about 15 days after shipment
· If you want tracking Service : $3(Actual cost, taking about 15days)
· Expedited Shipping by EMS(Korea Post, Express Mailing Service) : 20$ (taking 3-6 days)
· No Handling Charge
International Shipments
· We will do our best to provide you with the quality eBay service, however once the item has left our warehouse we are no longer in control of the packages end point.

Payment Method
· We accept only paypal payment

Return & Refund
· If you are not satisfied with your purchase, we will refund any purchase within 14 days or do our best in order to help you find what you desire from our store.
· The amount (minus Shipping) will be refunded back to you the same method you made your payment. For any damaged or defective items we will be glad to exchange it for you.

Feedback
· Your Satisfaction is our main goal and your feedback is very important to us. (We will do our best for Customers!)
· We want our customers to be 100% satisfied with their order. If you are not satisfied, please let us know before leaving feedback.

판매방식과 가격 설정하기

❶ 판매방식은 'Auction(경매방식)'과 'Fixed price(고정가방식)', 두 가지 중 한 가지로 올릴 수 있다. 우선 경매를 통해 판매한다고 해보자.

'Starting price'는 경매 시작가격이다. 'Buy It Now price'를 지정해 놓으면 이 가격으로 구매하고자 하는 구매자가 나타났을 때 바로 낙찰되어 거래가 종료된다. 시작가격보다 30% 이상은 높아야 한다.

'Duration(경매기간)' 역시 선택할 수 있는데 1일, 3일, 5일, 7일, 10일 등이 있으나 1일짜리는 구매자 등급이 높을 때만 사용할 수 있다. 경매 시작가격을 14.95달러, 즉시 구매가격을 35.15달러로 설정하고 7일간 경매하는 경우로 입력했다.

❷ 경매 시작시간을 스케줄로 정하고 싶을 경우에는 상단의 'Add or remove options'을 클릭하면 다음과 같은 화면이 나오는데, 이때 'Scheduled start'를 선택하면 된다. 경매 시작스케줄을 입력하는 이유는 미국의 구매자들이 경매에 적극 참여하는 시간과 경매가 종료되는 시간을 알려주기 위함이다.

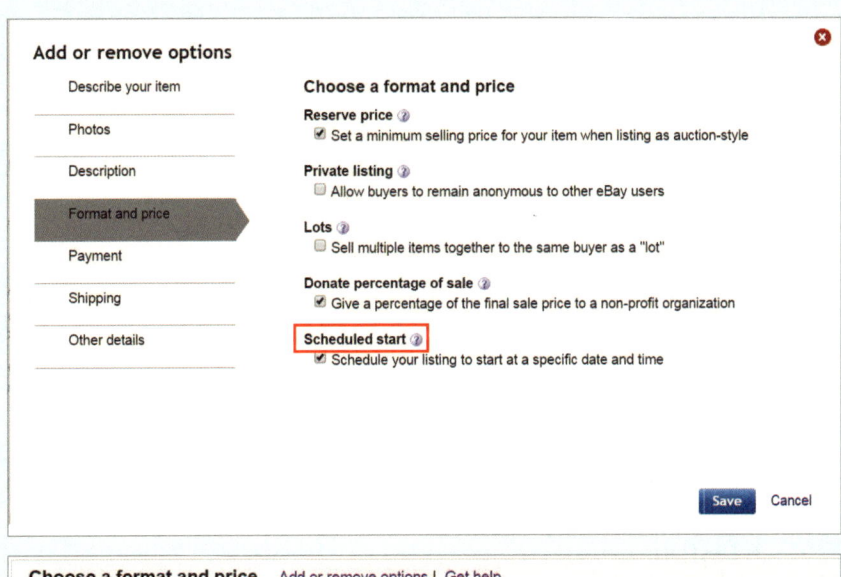

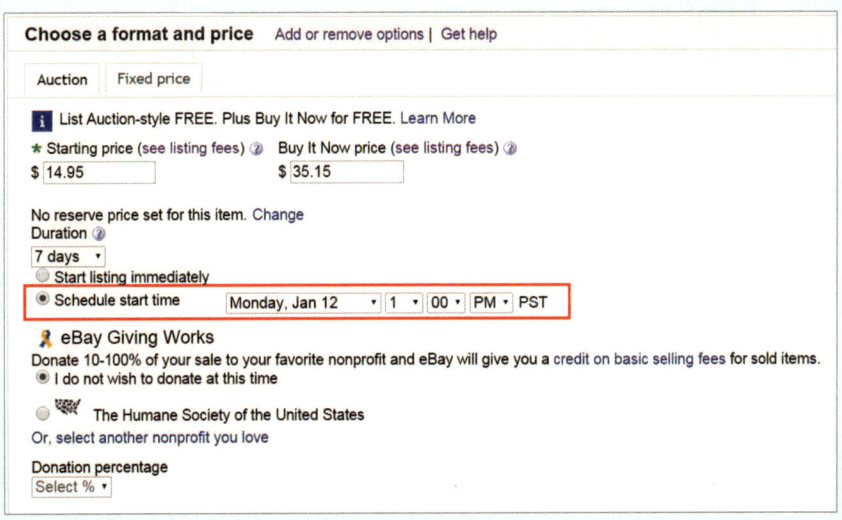

현지시각 오후 2~4시에 맞추는 것이 유리하다는 견해가 많다.

❸ 고정가방식은 가격과 물량을 직접 설정해서 입력하면 된다. 스케줄도 설정해 줄 수 있다. 'Best Offer(가격 흥정)'를 설정하면 구매자가 구매 희망가격을 제시할 수 있고, 셀러가 이를 수락하면 거래가 성사된다. 가격이 미흡할 경우 'Counter Offer'를 낼 수도 있다. 판매기간은 30일 이내에서 설정할 수 있으

며 판매될 때까지 유효(Good Til Cancelled)한 것으로 지정할 수 있다. 이 경우는 한 달이 지날 경우 등록 수수료를 새로 부담해야 하지만 만기가 되었을 때에도 삭제가 되지 않는 장점이 있다.

❹ 판매방식과 가격 설정이 끝나면 결제수단을 정하는 란이 나온다. 여기에서는 페이팔을 클릭한 뒤 바로 아래 자동으로 나타나는 셀러의 이메일 주소를 확인한다. 이메일 주소는 페이팔의 계좌번호에 해당되기 때문에 수정할 경우 정확하게 해야 한다.

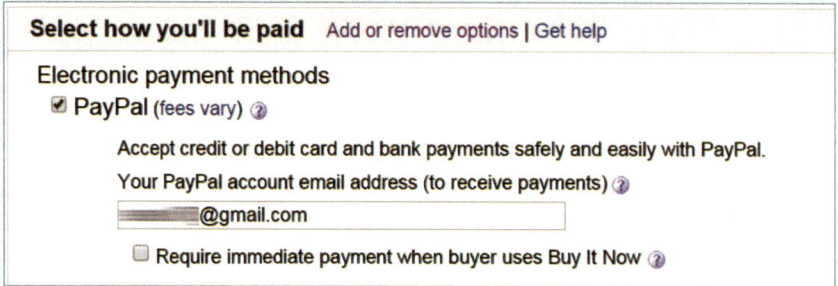

배송방식 정하기

❶ 배송은 상품의 품질 및 가격과 더불어 구매자들의 구매의사를 결정하는 데 매우 중요한 요인이다. 배송이 얼마나 신속한지, 또 배송비용이 어떤지는 구매자의 구매 결정여부를 크게 좌우한다. 따라서 셀러는 판매하는 상품과 시기를 고려하여 배송방식을 결정해야 한다.

❷ 처음 이베이를 통해 해외로 판매하기 위해서는 국제 배송의 여러 가지 옵션을 정해두고 상품에 따라 직접 선택하거나 구매자가 선택하도록 유도한다. 다음의 화면은 이베이 판매계정을 열고 처음 리스팅을 할 때 나타나는 배송조건 화면이다. 미국 내에서의 배송과 국제 배송으로 나눠져 있다. 미국뿐만 아니

라 세계 각국에 상품을 팔기 위해서는 국제 배송 항목을 활성화시켜야 한다.

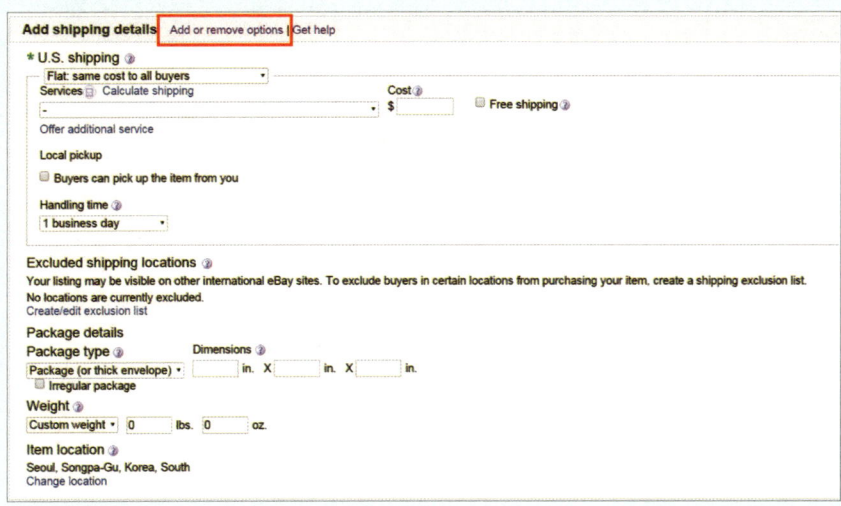

❸ 위 화면에서 'Add or remove options'을 클릭하면 다음과 같은 창이 뜬다. 여기에서 'Show international services and options'을 선택한 후 'Save'를 클릭하면 국제 배송이 활성화된다.

미국의 셀러들이 미국 내에서 판매할 경우에는 국제 배송을 활성화시키지 않아도 되지만 세계 각국으로 판매할 때에는 이를 활성화시켜야 하는 것으로 생각하면 이해가 쉽다. 다시 말해 'U.S shipping services'는 미국으로 상품을 팔 때, 'International shipping'은 미국 이외의 국가로 판매할 때 적용되는 배송수단과 요금 관련 항목이다.

❹ 미국 쪽 배송에서는 미국 어떤 주에서 구매를 하든지 구매자에게 동일한 배송비를 받겠다는 뜻인 'Flat'을 선택한다. 국내에서 우체국을 통해 발송할 경우 저렴한 소형 포장물 우편, 빠르지만 비싼 EMS 등 두 가지가 있다. 또 소형 포장물을 보내면서 트래킹 서비스를 제공해줄 수도 있다. 따라서 기본적으로 3가지의 배송방식을 정해 제시한다.

- 소형 포장물 우편(2kg 이내): Economy Shipping
- 소형 포장물 우편 + 트래킹 서비스: Standard Shipping
- EMS: Expedited Shipping

위의 개념으로는 미국 및 전 세계(Worldwide)를 대상으로 배송방식과 배송비를 설정하는데 문제점이 나타난다. 입력할 때 국내 우체국의 서비스를 잘 설명해주는 항목을 선택할 수 없다. 클릭만 허용할 뿐 직접 입력은 불가능하기 때문이다. 그래서 가장 유사한 항목을 선택해 입력한 뒤 '상품설명(Description)'에서 보완해 설명하는 것이 바람직하다.

❺ 다음 화면을 보면, 소형 포장물은 무료배송으로 하되 트래킹 서비스를 원할 경우 3달러를 받는 조건으로 했다. 또 EMS를 이용할 경우 실비를 반영하기로 했다. 판매지역에 따라 우체국에서 받는 요금은 다르지만 단일요금(Flat Rate)이 편하다.

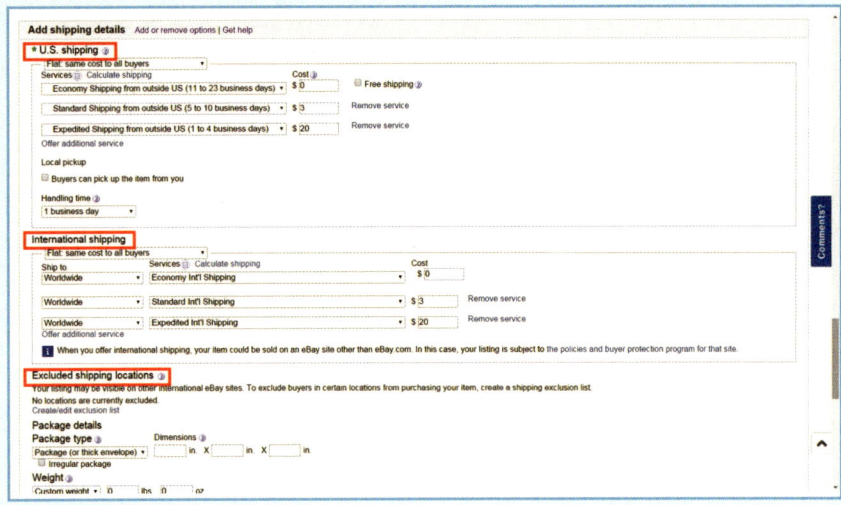

❻ 우체국의 서비스가 되지 않는 국가도 있다. EMS는 물론, 소형 포장물의 우편도 배송이 되지 않는 것이다. 국가별 상황은 우정사업본부 홈페이지를 통한 확인이 필요하다.

배송이 어려운 지역의 구매자가 상품을 구매할 경우를 방지하는 것이 필요한데 이때 'Excluded shipping locations' 을 이용한다. 특정 국가를 판매대상에서 제외하기 위해서는 'Create/edit exclusion list'를 클릭하여 분류된 지역에서 해당 국가를 찾아 체크한 뒤 적용(Apply)하면 된다.

❼ 포장의 종류, 크기와 무게를 표시해야 한다. 포장을 어떻게 해서 배송할지를 미리 정해 알맞은 포장형태를 클릭하고 가로, 세로, 높이를 인치(inch)로 표시한다. 무게는 파운드 또는 온스로 표기하도록 되어 있다. '1파운드 = 16온스 = 453그램', '1온스 = 약 28.3그램'으로 기억하면 편리하다.

❽ 아이템 로케이션(Item location)은 셀러의 주소에 따라 자동 표시되며 수정이 가능하다.

교환 및 환불

❶ 교환 및 환불에 대한 설정은 특별한 경우가 아니면 기본 설정을 변경하지 않아도 된다. 판매 후 교환을 원하지 않으면 'Add or remove options'을 클릭한다.
❷ 마지막에 이베이 리스팅 수수료가 나타난다. 이것을 확인하고 클릭하면 검토하는 단계로 넘어간다.

최종 확인

❶ 수수료를 확인했으면 위 화면 그림의 하단에 있는 'Preview your listing'을 클릭한다. 상품 리스팅을 미리 볼 수 있다. 꼼꼼히 살펴보고 필요한 사항은 보완하면 된다. 마지막으로 'List your item'을 클릭하면 등록이 완료되면서 등록을 환영하는 메시지가 나타난다.

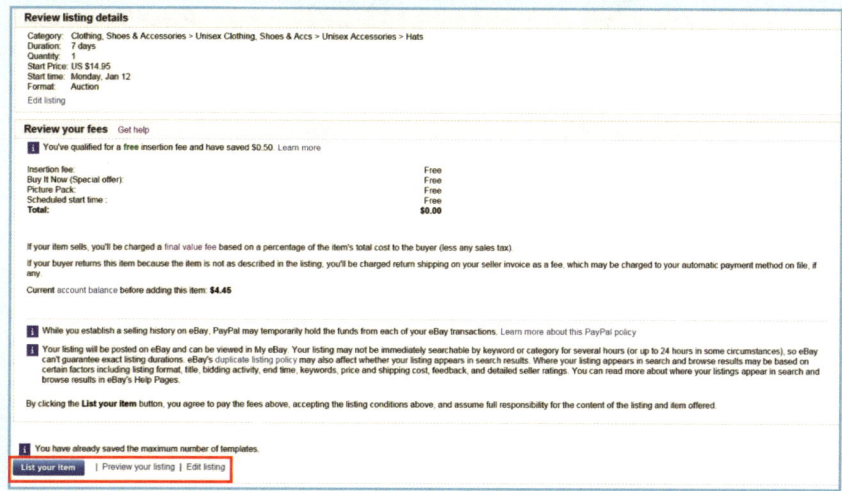

❷ 이베이에 상품을 등록하면 바로 보이는 경우도 있지만 일반적으로 약간의 시간이 걸린다. 몇 시간씩 걸리는 경우도 있다. 리스팅한 다음 'My eBay'의 'Sell'에서 'Active'를 클릭하여 등록된 상품이 보이는지 확인한다. 확인이 가능하면 징싱적으로 등록이 완료된 것이다.

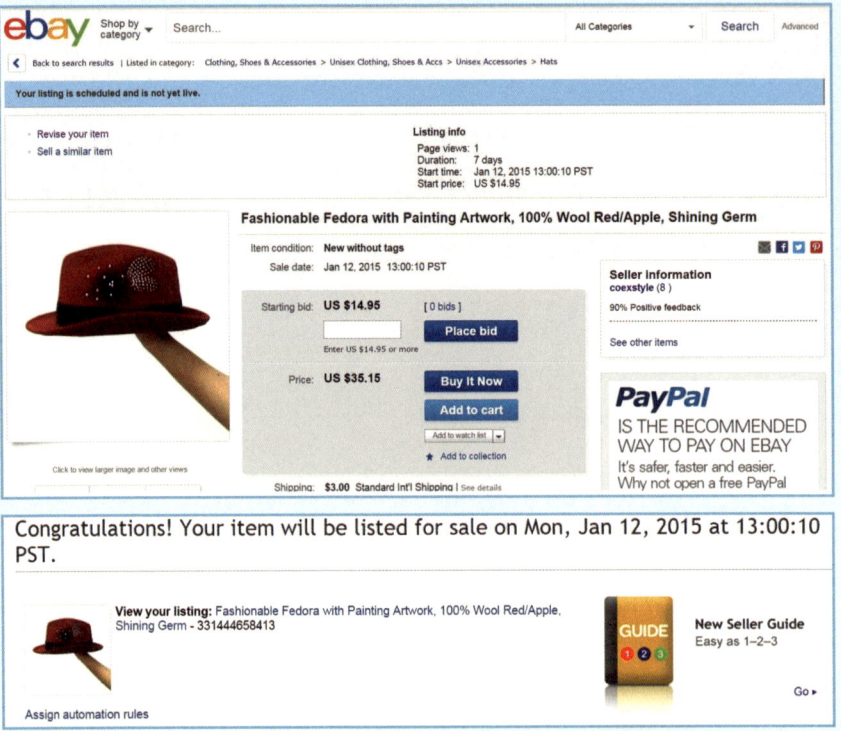

❸ 고정가 판매상품은 팔리기 전까지, 경매방식 판매는 첫 번째 응찰자가 들어오기 전까지 리스팅된 상품의 수정이 가능하다. 또 동종제품을 등록할 때 이용할 수도 있다. 수정을 위해서는 리스팅된 상품을 찾아서 'Revise your item'을, 동종제품을 등록할 때는 'Sell a similar item'을 클릭해 진행한다.

CHAPTER
6

남보다 뛰어난
나만의 리스팅 만들기

01

리스팅 업그레이드 노하우

좀 더 효과적인 카테고리

카테고리는 상품을 가장 잘 설명하는 것으로 정해야 해당 상품을 검색하는 구매자에게 바로 연결될 수 있다. 가끔 카테고리를 잘못 선정하면 이베이 관리자가 변경하는 경우도 있다.

카테고리를 선택할 때, 판매하려는 상품과 비슷한 상품을 검색창에서 찾아 참고해도 좋다. 드롭다운 메뉴(drop-down menu)를 이용해서 카테고리를 고르는 방법도 있다. 리스팅을 반복하는 경우에는 전에 올릴 때 사용한 카테고리를 쓰거나 이베이가 제공하는 카탈로그를 참고한다.

검색결과에서 카테고리, 서브 카테고리와 함께 카테고리의 경매 또는 페이지 뷰 카운터를 주목할 필요가 있다. 카테고리를 검색할 때에는 상품명을 자세하게 검색하는 것이 좋다. 판매할 물건이 'Fenton glass vase(펜튼 유리꽃병)'라면 이 단어를 그대로 쓰는 것이 'vase'로 검색하는 것보다 낫다.

검색창에서 'and', 'or', 'the' 등을 키워드로 사용할 때에는 주의가 필요하다. 이들 단어는 이베이 검색에서 로직용 키워드가 아니다. 상품명에 같은 글자가 있는지를 찾아낸다. 따라서 찾는 상품명이 'Truth or Dare(DVD)'의 경우처럼 단어를 포함하는 것을 찾는 데에만 사용한다.

카테고리명으로 검색하면 카테고리에 해당되는 제품이 찾아지는 것이 아니라 셀러가 그 이름을 상품명에 사용한 것들이 검색결과에 나타난다. 셀러가 상품을 등록하면서 사용한 카테고리는 다음에 쓸 수 있도록 저장된다.

만약 카테고리 리스트에서 좋은 카테고리를 선택할 수 없다면 키워드를 바꿔 검색을 새로 한다. 최근에 사용한 카테고리를 선택한 다음에는 옵션으로 두 번째 카테고리를 설정할 수도 있다.

상품이 이베이 카탈로그에 실린 제품과 관련된 경우에는 ISBN(도서), 제조업체 번호, 브랜드명 등 식별자(Identifier)를 이용하여 검색할 수도 있다. 만약 상품이 이베이의 카탈로그 제품과 일치하는 경우에는 리스팅을 하면서 이베이의 사진과 제품명세를 이용할 수도 있다. 만약 판매하는 제품을 찾을 수 없는 경우는 입력한 정보가 맞는지 확인한다. 상품에 따라서는 카탈로그에 없는 경우도 있으며 사용자가 해당 품목을 카탈로그 버튼에다 추가시킬 수 있다.

선택형 리스팅과 이베이 카탈로그

리스팅을 하면서 여러 사이즈와 색상이 있는 티셔츠처럼 그중에서 선택할 수 있도록 하는 경우에는 '선택형 리스팅'을 할 수 있다. 배리에이션 리스팅은 항상 고정가로 해야 한다. 선택형 리스팅은 개별 상품을 하나씩 리스팅하지 않기 때문에 시간과 비용이 절감되고 몇 개가 팔리고 남았는지를 쉽게 파악할 수 있다.

구매자들도 한 가지 리스팅에서 필요한 것을 골라 살 수 있어 편리하다. 현재 선택형 리스팅이 가능한 카테고리는 유아용품(Baby), 의류·신발 및 액세서리(Clothing, Shoes & Accessories), 공예품(Crafts), 건강 및 미용용품(Health & Beauty), 가정 및 정원용품(Home & Garden), 보석 및 시계(Jewelry & Watches), 애견용품(Pet Supplies), 운동용구(Sporting Goods) 등이다.

카테고리에서 설정할 수 있는 선택의 유형(Types of variations)은 사이즈(Size), 컬러(Color), 스타일(Style), 소재(Material) 등이 있고 추가로 별도의 설정도 가능하다. 선택형 리스팅이 가능한 상품을 리스팅하면 '선택형을 원하느냐'는 팝업창이 나타난다. 'Yes'를 클릭하고 리스팅하면 이베이 카탈로그에 상품명세를 올려야 한다. 즉, 선택형 리스팅을 하려면 이베이 카탈로그에 상품이 등록되어 있어야 가능한 것이다. 이베이 카탈로그에 상품을 올려놓은 후 선택형 리스팅에 들어간다.

이베이는 셀러들을 위해 사진, 상품설명, 상품명세가 담긴 카탈로그를 제공하고 있다. 셀러들은 이 카탈로그를 리스팅에 이용할 수 있으며 따로 사진을 준비하지 않아도 된다.

상품을 여러 카테고리에 올릴 때 이베이 상품명세 및 저장된 사진을 이용할 수 있다. 이베이 상품명세를 이용하면 구매자들에게 더욱 잘 노출된다. 구매자들은 중요한 상품정보를 빨리 알 수 있을 때 구매에 적극적이다. 상품을 리스팅하면서 이베이 카탈로그로부터 명세가 첨부되면 구매자의 검색에서부터 구매에 이르는 과정이 훨씬 빨라진다.

셀러들이 리스팅하면서 올린 사진을 이베이가 카탈로그에 쓰는 경우가 있다. 셀러가 이 프로그램에 참여하지 않을 경우를 제외하면 리스팅한 사진이 이베이 카탈로그용으로 채택될 가능성이 생기는 것이다. 그러나 사진 선택은 이베이의 몫이며 참여 여부만 셀러가 정할 수 있다. 셀러는 'My eBay'에서 'Account'를 클릭한 뒤, 화면 왼쪽의 'Site Preferences link', 'Selling Preferences', 'Show link(Share your content)', 'Edit link(Consider photos)' 등을 순서대로 클릭한다. 그리고 'Opting out or Opting in(공유 또는 공유)' 중에서 고르면 사진 공유에 대한 입장이 반영된다.

끌리는 타이틀 만들기

상품에 대한 타이틀을 잘 써서 명확하고 끌리는 인상을 남겨야 한다. 팔려는 상품을 명확하고 정확하게 알려주는 설명 키워드를 쓰는 것이 중요하다. 최대 80자를 이용할 수 있으며 다 쓸 필요는 없으나 최대한 이용하는 것이 좋다. 브랜드명, 작가 또는 디자이너 이름뿐만 아니라 사이즈, 색상, 컨디션, 모델 번호 등의 상품 설명도 넣어야 한다.

카테고리에 이름이 나왔어도 타이틀에는 상품이 무엇인지 다시 정확하게 쓴다. 문법은 그리 중요하지 않으나 철자가 틀려서는 안 된다. 대문자만으로 써도 안 된다. 동의어를 반복해서 쓰거나 복수형 쓰는 것은 검색에 도움이 되지 않고 구매자들의 호감을 떨어뜨릴 수 있다. 약자(Acronyms)를 남용하지 않는 것이 좋으며 쉼표, 마침표, 별표 등은 쓰지 않는다. 'WOW!', 'Look!' 등의 단어는 검색에 쓰이지 않으므로 기입하지 않는다.

상품에 관해 거짓 정보를 올려서는 안 되며 웹사이트 주소, 이메일 주소, 전화번호를 올리는 것은 이베이 정책상 금지되고 있다. 음란한 용어, '불법'의 뜻을 가진 'Prohibited', 'Banned', 'Illegal', 'Outlawed' 등의 단어를 광고에 역이용해서도 안 된다.

상품의 적법성에 대한 의심을 자아내게 하는 수식어는 사용하지 않는다. 리스팅하는 상품을 제조하거나 생산하는 회사가 사용하는 특정 브랜드 이외의 브랜드를 임의로 사용해서도 안 된다.

이베이는 이를 키워드 스팸으로 지칭하여 엄격히 금지하고 있다. 이처럼 금지된 용어 등을 사용한 리스팅은 자동적으로 삭제되지만 등록 수수료는 부과된다.

'상품설명', 제대로 쓰기

'상품설명'은 상품에 대한 많은 정보를 제공하는 기회이다. 완전한 문장과 올바른 문법을 사용하고 비슷한 내용은 묶어서 문단으로 구성한다. 상품에 대한 추가적인 사항 등 구매자에게 가장 중요한 사항을 먼저 쓰는 것이 좋다.

사이즈, 형태, 색상, 사용연수, 제조일자, 회사(아티스트 또는 작가), 주목할 만한 특징과 마크 등을 포함시킨다. 새 상품인지 중고품인지 또 보증기간이 살아있는지 등의 상태를 명확하게 밝히고 하자내역이나 수리사항도 언급해야 한다. 함께 보낼 액세서리가 있는지, 포장은 어떤 상태인지 알리는 것도 중요하다.

상품설명은 읽힐 수 있도록 써야 한다. 문단을 짧게 나누되 상품에 얽힌 이야기나 왜 이 상품이 좋은지를 포함하는 것이 좋다. 요즘은 많은 셀러들이 창의적이고 인간적인 설명을 하는 추세다.

사실대로 써야 한다. 사진은 사진 리스팅란에 올려야 하고 설명란에 사진을 꼭 쓸 필요는 없다. 판매하려는 상품과 관련이 없는 정보는 배제한다. 대문자로 쓰기, 다양한 색깔과 폰트, HTML 등을 쓴 리스팅은 휴대전화에서 읽히지 않을 수 있다. 또한 부정적인 말, 금지되거나 제한되는 내용, 이메일 등은 쓰지 않는다. 다른 판매 사이트, 생산업체의 홈페이지 등을 고스란히 복사하여 사용해서도 안 된다. 설명이 너무 길게 장황하거나 글씨체가 너무 작으면 구매자들이 읽기 어렵다. 허가를 받지 않았다면 상표권이 있는 로고를 무단으로 사용하지 않는다.

상품설명의 예

Example 1

Apple iPhone 5(Latest Model) - 16GB - White & Silver Smartphone

A slim and stylish design makes the Apple iPhone 5 lightweight and easy to carry around.

- Phone is 4 months old and in great condition.
- Rechargeable Li-Ion Battery.
- Comes with charger and screen protector.
- Up to 480 minutes of talk time.
- 4-inch Retina display with a resolution of 1136 x 640 pixels.
- Packed with great features!

Example 2

Portal 2 XBOX 360 - Original, Never Opened

- Portal 2 is a great first-person action game! Test your ability to think and act creatively as you use the wormhole creating portal gun to produce your own path through otherwise sealed surfaces and across the open spaces of the game. Oh, yeah!
- Game comes in the original box with instructions.
- Break the laws of physics in ways you never thought possible.
- The item is new and was a gift - I'm selling it because I already have it!

    Please see my other videogames by clicking View seller's other items. Thanks for your interest!

상품 스펙

'상품 스펙'은 판매하고자 하는 상품의 기본적인 특징을 말한다. 브랜드, 사이즈, 타입, 컬러, 스타일 등이 이에 해당된다. 상품설명의 상단에 나타나며 일정한 구성으로 구매자가 상품을 쉽게 파악할 수 있도록 도와줘서 구매여부를 빨리 결정하도록 유도해준다. 상품의 카테고리에 따라 다소 다르게 운영되는데, 구매자가 상품을 쉽게 찾고 충분한 정보를 얻게 해주기 위해서다.

리스팅할 때 판매하는 상품에 대한 스펙란을 보면서 완성하면 된다. 상품 스펙은 판매하고 있는 상품을 설명하는 것에만 사용해야 하며 판매조건, 배송조건 등의 다른 정보를 게재해서는 안 된다. 이러한 정보들은 상세 설명에서 반영한다.

리스팅에 추가하기 위해서는 판매자 양식(Sell your Item Form) 중 상품 스펙 더하기(Add item specifics)에 상품의 디테일 내용을 넣으면 된다. 만약 상품 스펙이 채워지면 내용이 맞는지를 확인하고 수정한 다음, 'Sign'을 클릭하면 입력이 이뤄진다. 만약 플라스틱 제품이라는 점을 알리고자 할 경우, 재질(Material) 코너를 만들고 여기에 플라스틱이라고 명기하면 된다. 또 상품 스펙에서 적용하지 않아도 되는 항목이 있으면 해당항 옆의 삭제(remove)를 이용해 없앨 수도 있다.

셀러는 개별 리스팅에 따라 상품 스펙을 추가하거나 편집해 이용할 수 있다. 이는 'My eBay'에서 이뤄진다. 'All selling link'에서 수정하고자 하는 리스팅을 찾아내 'Edit individually'을 클릭하는 것으로 시작한다.

리스팅을 하나씩 수정할 때에는 수정하고 저장한 다음에 'Next'로 이동하면 된다. 여러 가지 리스팅을 한꺼번에 수정할 수도 있는데, 이때는 'My eBay'의 리스팅 목록에서 수정할 리스팅들을 찾아내 수정한다. 터보리스터(Turbo Lister) 프로그램으로 상품의 스펙을 수정할 수도 있다.

리스팅을 하면서 상품 스펙을 잘 선택하면 구매자의 검색에 유리하다. 이베이에서 검색결과가 나온 화면 왼쪽에 위치한 'Refine search'는 구매자들에게 인기 있는 스펙을 토대로 세밀한 검색을 할 수 있도록 해준다.

표기할 때 주의사항

'팔 상품이 새 것인가?', '중고품인가?', '또 원래의 태그, 포장·매뉴얼을 가지고 있는가?'

이러한 상품의 상태는 구매자가 구매를 결정하는 데 중요한 요인이다. 따라서 상품을 리스팅할 때 상품의 상태를 명시하여 받을 상품을 정확하게 알 수 있도록 해야 한다. 셀러의 입장에서도 판매정책을 위반하지 않기 위해 상품상태를 정확하게 명시하는 것이 중요하다.

이는 대부분의 카테고리에 공통적으로 적용된다. 리스팅하면서 상품상태를 명시하기 위해서는 리스팅에서 나타난 'Condition' 메뉴에서 골라 표기하면 된다. 메뉴는 상품의 카테고리에 따라 다르다. 예컨대 의류의 경우는 태그 있는 신상품(New with tags), 태그를 뗀 신상품(New without tags), 하자가 있는 신상품(New with defects) 및 중고품(Pre-owned) 등으로 나눠진다.

상품이 새 것이 아니면 상품의 상태에 대한 설명을 해당란(Condition description field)에 덧붙인다. 하자가 있는지, 빠진 부품이 있는지, 스크래치 혹은 낡은 부분이 있는지 등을 최대 1,000자까지 설명할 수 있다. 긁힌 자국, 기능적인 문제, 잃어버린 부품, 냄새 등의 하자가 있다면 밝혀야 한다. 해당란은 제품의 상태를 알리는 데 사용해야 하며 제품에 대한 설명을 넣지 않는다.

상품상태를 명시한 리스팅은 구매자들의 구매결정에 도움이 된다. 상품상태는 리스팅의 상단에, 세부적인 설명은 상품 스펙란에 나타난다. 구매자들이 상품을 찾을 때 상품상태에 근거해서 자세한 찾기를 하는 경우가 있다. 그래서 상품을 리스팅할 때 'Condition' 메뉴를 이용하여 적절하게 표시해야 한다.

이베이 판매에서 '새 것'이란 제조업체, 유통업체 또는 소매상에서 판매하는 원래의 상태를 의미한다. 새로 꾸며졌거나 어떤 목적으로든 쓰인 것이어서는 안 된다. 하자나 손상이 있어도 안 된다. 수제품의 경우에는 이전에 사용한 적이 없어야 한다.

셀러는 상품상태란을 이용하여 상품의 상태, 사용기간, 상품의 내력 등을 설명할 수 있다. 여기에는 상품의 상태에 대한 어떤 사항을 입력해도 되는데 다음과 같은 사항을 참고할 필요가 있다.

- 상품에 결점이 있는가?
- 상품의 포장은 소매상 판매시점의 오리지널인가? 아니면 제조업체에 출고될 때의 포장인가?
- 포장을 뜯은 적이 있나? 아니면 뜯기 전인가?
- 매뉴얼, 액세서리가 포함되어 있나?
- 수리가 되었다면 검사를 받았나? 깨끗한가?
- 구매했을 때 보증기간이 얼마 동안 유효한가?
- 유통기간은 언제까지인가?
- 스토어 태그가 붙어 있는가?(의류, 신발, 액세서리 등)
- 보증서가 있는가?(보석, 시계 등)
- 상품의 작동은 잘 작동하는가? 아니면 수리가 필요한가?

판매방식 고르기

리스팅은 성공적인 판매의 핵심이다. 경매방식이든 고정가격방식이든 최상의 형식을 선택하는 것이 판매의 수익을 높게 한다.

먼저 경매방식은 아이템에 대한 경매를 붙여서 가장 높은 입찰자에게 판매하는 것이다. 대기를 싫어하는 구매자에게는 즉시 구매(Buy It Now) 가격이나 수수료를 감안한 예약 가격을 제안할 수도 있다.

경매방식의 리스팅 기간은 1일, 3일, 5일, 7일, 10일이 될 수 있다. 새로 판매에 나설 경우라면 경매방식부터 시작하는 것이 좋다. 카테고리에 따라 50~100개까지 무료 경매방식 리스팅이 허용되며 아이템이 판매되기 전까지는 어떠한 수수료도 지불하지 않는다.

고정가 판매(Fixed price)로 리스팅을 하면 구매자들의 즉시 구매가 가능하다.

판매방식	특징	비고
고정가격방식 (Fixed Price)	- 고정된 가격으로 즉시 판매	- 3, 5, 7, 10, 30일로 등록 - Good Till Cancelled 이용도 가능하며 30일 단위로 수수료 부과
가격 흥정방식 (Best Offer)	- 고정된 가격으로 즉시 판매하면서 구매자가 구매할 가격을 제시받음 - 제시된 가격이 낮을 경우 셀러는 다른 가격을 제시할 수 있음(Counter Offer)	- 고정가격방식으로 등록된 상품의 기간이 그대로 적용됨
경매방식 (Auction)	- 일정 기간 상품을 등록하여 입찰가격 중 최고가에 낙찰됨 - 즉시 구매가격을 경매방식과 동시에 설정 가능함	- 1, 3, 5, 7, 10일 중 선택 - 1일 경매는 피드백 10점이 필요 - 10일 경매는 0.4%의 추가 수수료 부담
즉시 구매 가능 경매 (Buy It Now)	- 경매에 즉시 구매가를 설정할 수 있음	- 경매기간에 적용
최저낙찰가 설정 경매 (Reserve Price)	- 경매방식에 적용되며 셀러가 너무 낮은 가격에 낙찰되는 것을 방지하기 위해 최저가격을 설정해 놓고 이에 미달하는 경우 낙찰되지 않음	- 200달러 미만의 상품은 2달러, 200달러 초과는 낙찰 금액의 1% 수수료 부과

고정가격 리스팅은 30일까지 지속되며 '취소 전까지 유효'로도 등록이 가능하다. 그룹으로 묶어서 하나의 리스팅으로 만들 여러 개 아이템이 있는 경우, 아이템의 가치를 알고 있거나 구매 시 반드시 지불해야 할 정확한 가격을 아는 경우, 재고가 많은 경우, 아이템을 10일 이상 구매자들에게 내놓고 싶은 경우 등은 고정가격방식이 바람직하다.

배송방법과 비용

배송을 어떻게 해줄 것인가를 이코노미(Economy), 표준(Standard), 특급(Expedited shipping) 등으로 명시해야 한다. 국내 셀러가 국제 배송을 하는 입장에서 이코노미는 소형 포장물, 표준은 '소형 포장물 + 트래킹 서비스', 특급은 EMS(국제 특급) 방식의 배송을 의미하는 것이 일반적이다.

만약 페덱스(FedEx), DHL 등의 특송회사를 이용하거나 명칭이 없는 배송 서비스를 해준다면 운송회사를 밝히고 어떤 서비스를 해주는 것인지를 확실하게 할 필요가 있다. 아울러 예상되는 배송기간을 명시한다. 이 기간은 발송까지 필요한 핸들링 기간, 배송회사의 운송기간을 포함해 계산되어야 한다.

구매자는 상품을 빨리 받기를 원하기 때문에 구매자가 대금을 결제한 순간부터 하루 이내 배송이 최선이다. 가능하면 구매자가 결제한 날에 배송한다. 이베이의 구매자들은 핸들링 기간이 3일을 초과할 경우 불만이 크게 높아지는 것으로 나타나고 있다. 가격경쟁력이 있는 상품이라면 핸들링 비용을 청구할 수도 있다.

트래킹 서비스가 있을 경우 배송 후 트래킹 번호가 통보됨을 미리 알려준다. 트래킹 정보를 올리면 구매자가 상품을 받지 못했다는 클레임을 막거나 해결할 수 있다. 750달러 이상의 상품배송에는 수신자의 사인을 받는 것이 좋다.

무료배송이나 다수 구매에 대한 할인은 구매자들의 구매를 촉진하는 효과가 있다. 무료배송을 제공하려면 상품을 리스팅할 때 'Free shipping'에 체크하면 된다. 구매자는 '가격+배송'을 기준으로 상품을 찾아 볼 수 있어 무료배송이나 배송비가 저렴한 경우 검색에서 유리하다.

무료배송을 이용하면 구매자로부터 평가받을 때, 배송 및 핸들링 비용에 대한 부분은 자동적으로 5-star가 된다. 무료배송에다 신속한 배송까지 해준다면 구매자들은 더욱 고마워할 것이다. 따라서 신속한 배송에 대한 옵션을 제공하는 것도 좋은 방안이다.

배송비용이 합리적이라는 것을 설명할 필요도 있다. 배송비용을 어떻게 계산할 것인지 모르는 경우는 우체국 홈페이지 또는 UPS, 페덱스 홈페이지 등을 참고할 수 있다. 특히 해외 구매자에게 정확한 견적을 알려야 하며 그 노력이 해외 구매자들의 구매의욕을 향상시킨다.

판매정책을 제대로 설명하기

배송뿐만 아니라 반품과 환불정책, 결제형태 등의 판매조건을 분명히 명시해야 한다. 판매조건은 찾기 쉽고 이해하기 쉽게 해야 구매자들의 구매의사에 도움이 된다. 반품 때의 수수료, 세금이 있다면 이 사실도 포함해야 한다.

반품과 환불은 좀 더 간편하고 효율적인 방법으로, 귀찮게 따지지 않는 반품(Hassle-free returns)원칙을 채택하는 것이 구매자들에게 호감을 주는데 이를 채택하지 않더라도 다음의 사항을 고려하는 것이 판매에 유리하다.

- 반품기간을 충분히 설정한다. 도착 후 14일까지 고려할 필요가 있다.

- 반품비용을 부담하고 반품 수수료는 면제한다.
- 구매자에게 환불이나 교환 중에서 선택할 수 있게 한다. 교환은 재고가 많아 색상, 사이즈가 다양할 경우에 유리하다. 그렇지 못한 경우는 환불을 해준다.
- 환불은 상품 반송이 완료된 이후에 진행한다. 구매자와 커뮤니케이션을 통해 해결이 되지 않으면 'Report a Buyer'를 통해 관련 내용을 제출한다.

구매자에게는 페이팔을 통한 결제가 편리하므로 페이팔 결제로 유도한다. 즉시 구매를 포함한 경매는 즉시 결제를 요청할 필요가 있다. 1천 달러 이하의 고정가 판매는 배송비용을 명시하고 결제수단은 페이팔로 명시하는 것이 좋다. 즉시 구매를 클릭한 구매자에게는 대금을 즉시 결제하라는 요청이 자동으로 보내진다.

거래 후 2일 이내에 대금결제가 이루어지지 않을 경우에는 대금미결제 케이스가 자동적으로 제기되도록 'Unpaid Item Assistant'에서 설정한다. 대금결제방식을 설명하면서 구매자가 얼마 동안 대금지급을 지연하면 미결제 케이스가 열리는지를 포함하는 것도 방법이다.

구매자는 상품을 구매하기 전이나 후에 질문이 있기 마련이다. 리스팅을 하면서 자세한 정보를 제공하거나 때론 자동응답기를 쓰고 구매자가 질문을 보내면 즉시 답변하는 것이 바람직하다. 특정 구매자는 차단 도구(Blocking Buyers)를 이용해 구매자를 관리할 수도 있다. 이를 이용하면 대금을 결제하지 않는 구매자, 이베이의 정책을 어긴 구매자 등이 구매하는 행위를 막을 수 있다.

사진 이용하기

리스팅할 때 사진을 포함시키는 것은 판매를 위해 필수적이다. 구매자에게 상품에 대한 정확한 정보를 줄 수 있으며 판매하는 상품이 다른 판매자들의 리스팅과 어떻게 다른지를 알려줄 수 있다.

리스팅에는 최소 1개의 사진이 필요하며 최대 12장까지 올릴 수 있다. 첫 번째 사진은 리스팅의 상단 좌측에, 구매자가 검색했을 때에는 상품 이름 옆에 나타나는데 '갤러리 포토', '썸 네일'이라고 부른다. 나머지 11장은 갤러리 포토 아래쪽으로 작게 나타나지만 클릭하면 크게 보인다. 다양한 각도에서 찍은 많은 사진을 포함해야 하며 하자가 있다면 사진으로 보여 주는 것이 좋다.

이베이는 사진 복사본을 보관하는 기능이 있는데 리스팅이 완료된 이후 90일 동안 남아 있어 제품을 다시 팔려고 하거나 비슷한 제품을 판매할 때 이용할 수 있다. 검색결과에서 좀 더 큰 사진이 나오도록 하기 위해서는 갤러리 플러스라는 업그레이드된 프로그램을 이용한다.

이베이의 카탈로그 사진은 신상품에 한해 활용할 수 있으며 신상품이 아닌 경우는 실제 상태를 보여 주는 사진을 써야 한다. 중고품을 리스팅하면서 카탈로그 사진을 쓰면 안 된다.

이베이에는 컴퓨터에 저장되어 있는 사진뿐만 아니라 다른 웹사이트(호스팅) 사진을 이용할 수도 있다. 사진을 올리면 사진은 자동으로 업로드창에 최적화되며 이베이에 저장된다.

구매자들에게 상품을 잘 보여 주기 위해서는 사진의 가로, 세로 중 긴 쪽이 1600픽셀 이상인 것이 좋다. 작은 사진을 1600픽셀로 만들 필요는 없으며 최소 500픽셀 이상이면 된다. 사진 파일의 형태는 JPEG, PNG, TIFF, BMP, GIF 등 모두 가능하다.

만약 사진이 JPEG 파일인 경우는 0~99 평가기준으로 90 이상의 퀄리티가 되어야 올린 사진을 이베이의 시스템이 자동으로 최적화를 시켜준다. 테두리는 없어야 하고 사진 안에 사진의 권한을 표시하는 워터마크 이외에 글자를 올리는 것은 허용되지 않는다.

사진을 올리기 전에 사진의 파일명을 바꾸어 놓는 것이 좋다. 사진이 어떤 것인지 기억하기 쉬울 뿐만 아니라 다시 사용할 때 찾는 것도 쉽다.

이베이에서 워터마크는 사진의 권한표시를 위해서만 허용된다. 워터마크가 이미지를 손상해서도, 마케팅 수단으로 이용되어서도 안 된다. 워터마크는 사진 크기의 5% 이내 로, 투명도는 50% 이상이어야 한다. 링크를 이용한 워터마크의 사용은 허용되지 않는다.

워터마크는 사진에 추가가 허용되는 유일한 텍스트이다. 워터마크를 생성시키려면 리스팅 양식의 'Describe'에서 'Add or remove options'를 클릭해 워터마크 추가 또는 제거를 설정하면 된다.

유저 ID, 카메라 아이콘 중 하나를 선택하거나 한꺼번에 두 개를 선택할 수도 있는데 ID의 길이는 24자로 제한된다. 워터마크 옵션을 변경하면 변경 이후에 올린 사진에 한해서 적용된다. 사진을 바꾸면 이전에 올린 워터마크가 추가되거나 제거되지 않는다. 퀵 리스팅 툴을 이용하여 올린 사진에는 워터마크를 사용할 수 없다.

02 이베이의 업그레이드 툴

이베이는 리스팅을 돋보이게 만들어주는 업그레이드 툴을 개발했다. 대신 별도의 수수료가 붙는다. 수수료는 리스팅할 때 부과되며 판매되지 않았다고 환급되지 않는다. 상품의 속성, 가격과 물량 등을 고려해 이용할 경우 판매가 늘어나는 효과가 있다.

1 굵은 서체(Bold title): 제목을 크게 하는 기능으로, 소비자들의 눈에 더 띄게 하는 동시에 검색결과에서 노출효과가 크다.

> Bold title ($2.00)
> ☑ Attract buyers to your listing with a title that appears in **bold**.
> 🔍 How your listing will look in search results

2 갤러리 플러스(Gallery Plus): 갤러리 사진을 크게 보여줘 검색결과에서 구매자들이 많이 보게 해주는 서비스다.

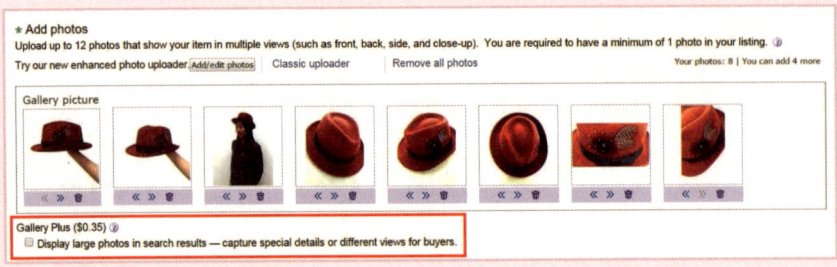

3 서브 타이틀(Subtitle): 타이틀 아래에 상세한 설명과 주목받을 만한 정보를 추가할 경우 검색결과에서 우선적으로 나타나도록 반영된다.

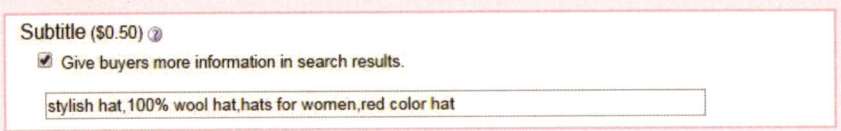

4 리스팅 디자이너(Listing Designer): 리스팅 화면(바탕과 프레임)을 여러 가지 테마로 꾸며 주는 도구이다.

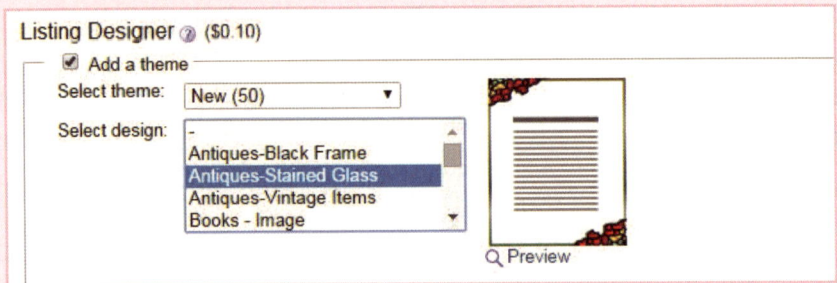

5 밸류 팩(Value Pack): 갤러리 플러스, 서브 타이틀, 리스팅 디자이너 등을 한꺼번에 이용할 경우 개별로 이용하는 것보다 저렴하게 리스팅을 업그레이드할 수 있다.

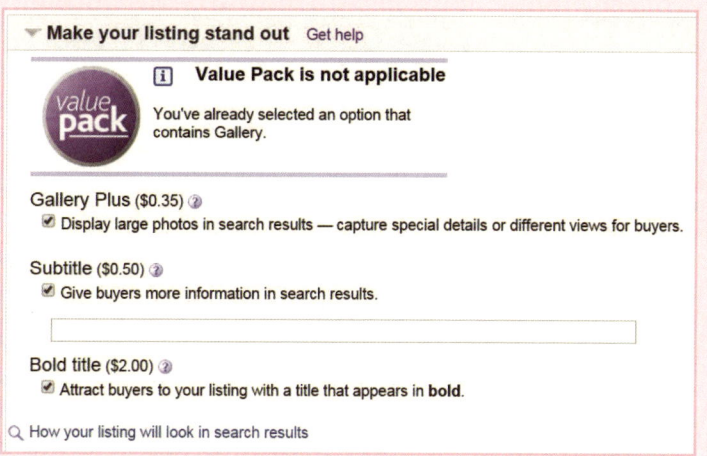

6 스케줄링(Scheduling) : 편리한 시간에 리스팅을 해두고 원하는 시각에 판매를 시작할 수 있게 해준다. 경매의 경우 미국 구매자들의 경매참여가 활발한 시간 (현지 기준 오후 2~3시)에 경매가 종료되도록 경매시간을 맞춰 놓을 수 있다.

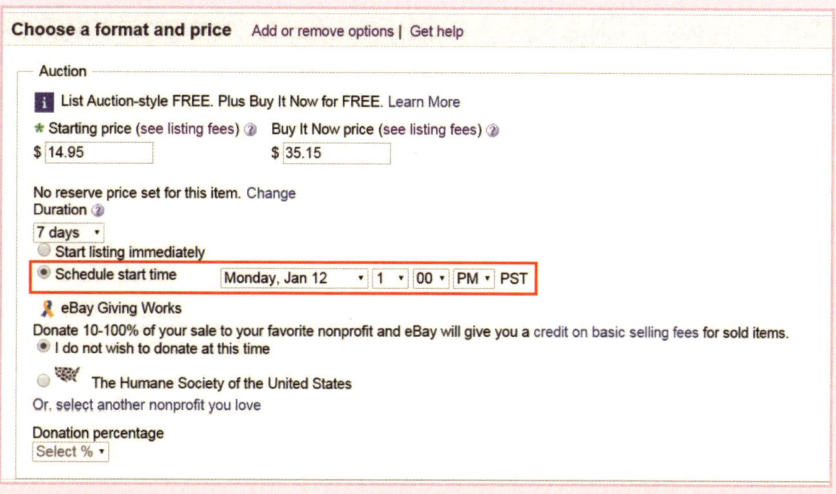

7 복수 카테고리 사용(Multi-category listing) : 두 개 이상의 카테고리에 리스팅하게 하여 더 많은 구매자들에게 노출시키면서 판매기회를 늘려 준다.

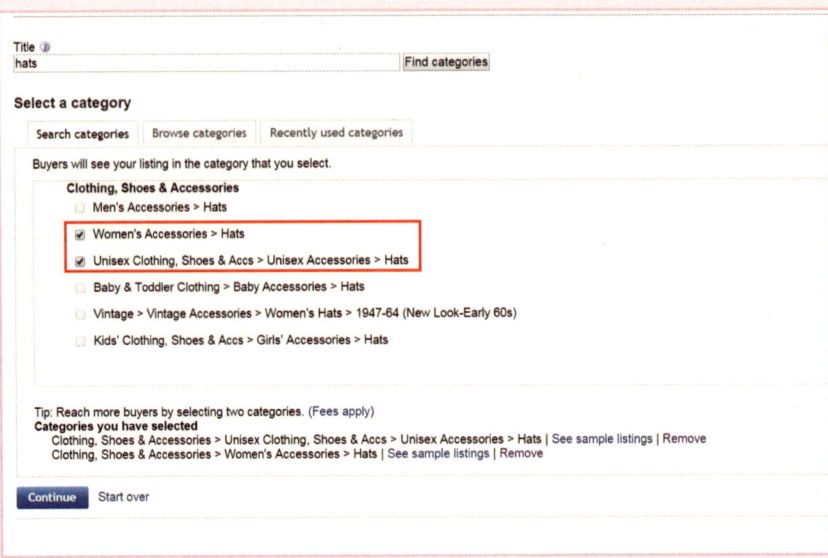

⑧ **해외 검색 노출**(International site visibility)：미국의 이베이뿐만 아니라 다른 나라에서 운영되는 이베이에서도 검색결과로 해당 상품을 뜨게 만들어줘서 다른 나라의 구매자까지 끌어들인다. 이베이코리아에 따르면 현재 미국 이베이에 등록한 상품은 캐나다, 호주, 영국에서 자동 노출되고 있다. 따라서 이베이에 등록하려면 이들 나라에 대한 배송도 함께 고려되어야 한다.

리스팅 업그레이드는 수수료를 추가적으로 부담해야 하므로 채택 여부는 상품의 가치와 비교하여 결정하는 것이 바람직하다. 예를 들어, 특정 서적의 최신판을 리스팅했다면 이 상품에 대해 차별적인 판촉활동을 할 수 있다. 또 『오즈의 마법사』 최신판은 15달러에 판매되지만 최초 발간본은 1,500달러에 리스팅도 가능하니 이때 리스팅 업그레이드를 적극 고려할 수 있을 것이다.

03 노출이 잘되게 하기 위한 방법

이베이에서의 판매는 노출이 좌우한다. 리스팅한 상품이 구매자들의 베스트 매치 검색에서 좋은 자리에 나타나도록 하는 것이 판매의 관건이다. 리스팅한 상품에 관심을 가진 구매자에게 노출되도록 하기 위해서는 리스팅을 할 때 검색을 염두해야 한다. 키워드를 활용한 타이틀, 경쟁력 있는 가격과 상품 스펙을 이용하는 것 등이 이에 해당된다. 베스트 매치에서 가장 좋게 나타날 수 있는 최선의 해법을 찾고 멋진 조합을 만들어 구매자를 끌어들여야 한다.

다음은 리스팅을 하면서 검색노출을 높이기 위해 고려할 요인들이다. 이런 요인들이 고려된 리스팅은 이베이 검색뿐만 아니라 다른 검색에서도 잘 나타나게 된다.

1 키워드를 사용하라(Use Keywords): 판매상품과 밀접한 관련이 있는 키워드 3~5개를 고른다. 그리고 그 상품을 찾을 때 검색엔진에서 사용할 키워드를 정한 다음, 리스팅 타이틀과 상품설명에 적절하게 사용한다.

2 식별장치를 넣어라(Include Unique Identifiers) : 올린 상품이 이베이, 구글, 야후 등에서도 잘 띄게 만들기 위해서는 UPC(Universal Product Codes), EAN(European Article Numbers), ISBN(International Standard Book Numbers)과 같은 독특한 식별장치를 리스팅에 포함시켜야 한다. 상품의 브랜드명, 제조업체의 부품번호 등을 상품 스펙에 넣는 것이 좋다. 다만 우리나라 제품에 적용하기에는 한계가 있다.

3 타이틀에 유의하라(Take Care with Titles) : 리스팅에 있어 타이틀은 검색에 따른 노출을 좌우하는 핵심적인 요인이다. 가장 중요한 키워드와 구절을 타이틀에 포함시켜야 한다. 타이틀은 80자를 이용할 수 있는 데 최대한 이용한다.

4 상품설명을 최대한 이용하라(Get the Most Out of Your Item Description) : 상품설명은 리스팅이 검색엔진에 의해 잘 찾아지도록 해주는 중요한 수단이다. 상품설명의 일차적인 목적은 상품을 설명하는 것이지만 구매자에게 상품을 파는 것이 더 중요하다. 상품설명을 최대한 이용하는 방안은 다음과 같다.

- 좋은 내용을 담아라(Create Good Content). 상품을 최대한 자세하게 설명해야 한다. 상품설명에 보통 약 200개 단어가 포함되는데, 이 중 5~7%는 가장 중요한 키워드 구절이어야 한다. 200개 단어의 문장이면 키워드가 10~14번 들어갈 수 있을 것이다. 검색엔진은 페이지당 정보의 일정량만 읽기 때문에 상품설명과 관련성이 없는 정보를 많이 넣지 않는다.
- 키워드 스팸은 안 된다(Avoid Keyword Spamming). 상품설명란에 키워드를 남용하면 효과적인 내용 전달에 오히려 마이너스가 된다. 특히 키워드 스팸은 이베이 정책에 어긋날 뿐만 아니라 구매자를 짜증나게 만들 수 있다.
- 히든 텍스트는 소용이 없다(Avoid Hidden Text). 보이지 않는 카피(히든 텍스트)

는 검색엔진이 읽을 수 없기 때문에 아무 소용이 없다.

- **상품설명에 폰트 이용이 가능하다**(Vary Font Strength). 첫 글자는 13~14급이 최대이며 대문자로 하는 것이 좋다.
- **링크를 이용하라**(Include Links). 상품명세에 다른 상품이나 별도로 운영하는 이베이 스토어를 연결시키는 것도 좋은 방법이다. 연결어는 연결되는 곳과 관련이 있어야 한다. 막연한 'Click here'보다 'Visit my Store', 'See other items' 등이 좋다.
- **태그를 이용하라**(Use Image Alt Tags). 태그는 리스팅할 때 사용하는 이미지와 연관된 키워드다. HTML을 이용하는 경우 태그는 필수이다. 상품을 설명하거나 콘텐츠와 일치하는 키워드 및 키워드 구절을 최적화하는 기회로 활용할 수 있기 때문이다.

04 테라픽을 이용한 리스팅 향상

'리스팅을 어떻게 하는 것이 좋을까?', '리스팅을 잘 하려면 어떻게 해야 하나?' 온라인 마케터들의 가장 큰 고민이라고 할 수 있다. 이베이든 아마존이든 구매자가 리스팅을 살펴보게 되는 요인은 크게 카테고리, 타이틀, 가격, 이미지, 셀러 평가, 상품 식별성 등이다.

카테고리와 타이틀은 구매자에 대한 노출과 검색에서의 노출을 좌우한다. 가격은 셀러의 마진과 직결되면서 판매 가능성을 좌우하는 요인이다. 좋은 이미지는 구매자들의 클릭을 높일 수 있다. 또 셀러의 평판과 상품의 식별성은 구매자와의 거래를 원만하게 해준다.

이베이와 아마존에서는 셀러들의 리스팅을 이러한 기준으로 분석하여 셀러에게 개선책을 제시하는 테라픽(Terapeak)이라는 툴을 유료(월 29.95달러, 연간 이용 시 월 14.99달러)로 제공하고 있다. 이용료를 부담해야 하지만 셀러에게는 매우 유용한 툴이다.

다음 그림은 특정 리스팅(전동 칫솔)을 테라픽으로 분석한 결과로 6가지 기준에

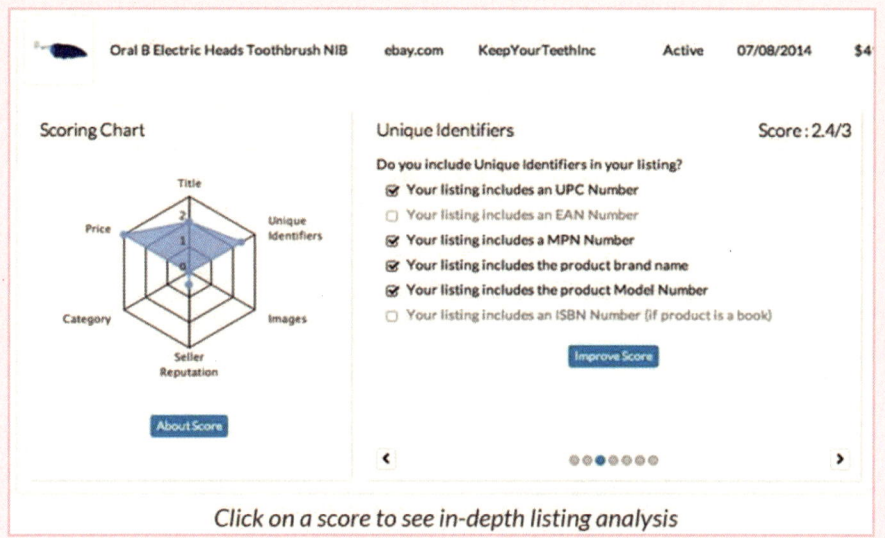

따른 점수를 보여 준다. 가격은 좋은 편이나 타이틀은 3점 만점에 2점으로 개선할 필요가 있다. 이에 대한 해결방법으로 테라픽은 키워드를 추가하라는 메시지와 함께 추가할 만한 키워드를 보여 준다. 구체적으로 타이틀은 최대 15개의 단어에 키워드는 4개 이상이 들어가야 노출이 많이 될 것이라는 분석을 내놓고 있다.

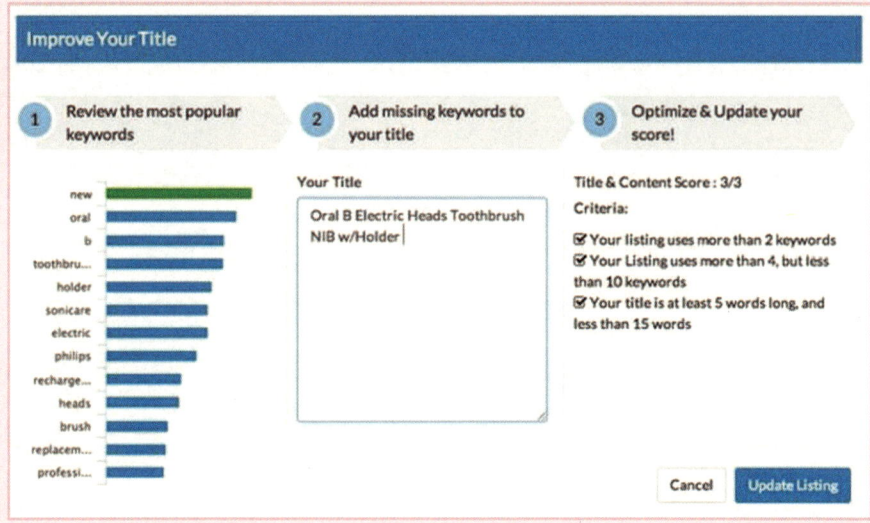

CHAPTER 6 남보다 뛰어난 나만의 리스팅 만들기

테라픽은 이베이, 아마존, 야후 재팬 등을 통한 거래분석을 바탕으로 온라인 마케터들에게 정보를 제공하고 있다. 연간 24억 건, 680억 달러에 이르는 방대한 거래내역을 분석하여 마케터들이 사업을 확대하면서 수익도 늘리고 아울러 고객 만족도까지 높일 수 있는 정보를 제공하고 있으며 현재 130만 명 이상이 이용하는 도구다. 테라픽를 이용하면 다음과 같은 유용한 점이 생긴다.

첫째, 가격 설정에 도움이 된다. 이베이에 연동된 테라픽은 과거 1년간의 거래를 토대로 한 가격 트렌드를 보여주므로 판매하려는 상품의 평균 가격, 경매 시작가격, 최종 낙찰가격 등을 살펴볼 수 있다.

둘째, 많이 팔리는 상품을 알 수 있어 앞으로 판매할 상품에 대한 힌트를 얻게 된다. 인기가 높은 상품뿐만 아니라 리스팅된 상품이 얼마나 팔렸는지에 대한 판매 성공률을 알 수 있다. 다음은 DVD를 검색한 결과이다. 〈인어공주〉, 〈다운튼 애비〉, 〈홈랜드〉 등이 상위에 올랐으며 전월 대비 증가도 확인할 수 있다.

셋째, 다른 셀러들의 노하우를 알 수 있다. 이베이에서 상품을 많이 파는 톱 셀러들의 성과와 리스팅 전략에 대한 통계분석을 토대로 그들이 어떤 상품을 판매했으며, 어떤 전략을 썼는지를 알게 된다. 또 가격, 키워드, 리스팅 업그레이드

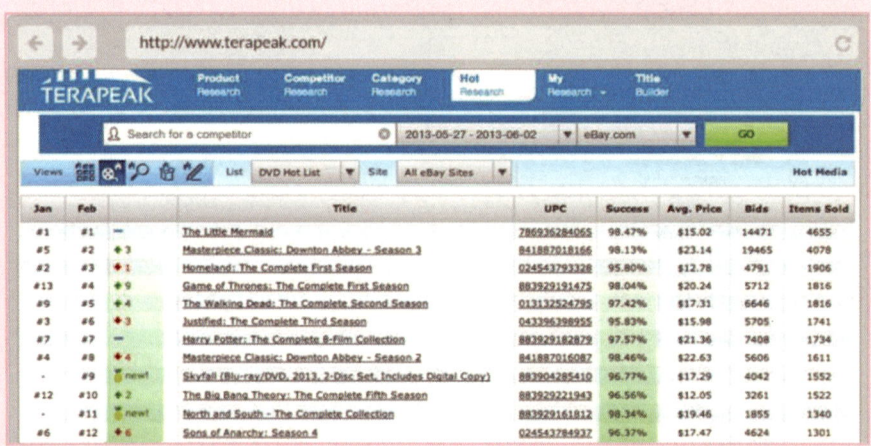

등 측면에서 특징이 무엇인지도 알게 된다.

　마지막으로 리스팅을 위한 정보를 제공받을 수 있다. 타이틀 빌더를 이용하면 등록할 상품별로 효과적인 키워드는 무엇이며 이를 어떻게 조합할 것인가를 알게 된다. 구매자들이 많이 사용하는 키워드를 리스팅에 포함하는 것이 중요한데 테라픽은 셀러들에게 타이틀을 어떻게 쓸 것인가를 자세하게 알려 준다.

　아이폰(iPhone) 관련 제품을 등록하면서 많이 쓰인 키워드는 Apple, Case, For, 16GB(기가바이트), Black, Cover, New 등으로 나타났다. 참고로 여기에 'For'라는 단어가 유달리 많은 것은 아이폰의 액세서리를 판매할 때 아이폰의 지적재산권을 지켜 주면서 리스팅하기 위해 필요해서 그렇다(참고: 12장 참고).

CHAPTER
7

리스팅 사진 준비하기

01
오픈마켓에 적합한 사진이란?

온라인 쇼핑에서 사진은 매우 중요하다. 사진이 선명하고 산뜻할 경우 구매자들의 시선을 더 많이 끌 수 있을 뿐만 아니라 구매를 유도하기가 쉽다. 따라서 사진을 많이 찍어서 그중에 좋은 것을 골라 올릴 필요가 있다.

사진을 게재하는 일차적인 목표는 구매자를 끌어들이는 것이지만 또 다른 중요한 기능이 있다. 바로 제품의 세부적인 사항을 보여주는 것이다. 특히 중고품으로 흠짐이 있거나 오염이 되었다면 크게 찍은 사진을 미리 보여 주는 것이 구매자의 신뢰를 얻을 수 있다.

이베이에 사진을 올리는 창은 두 군데다. 사진을 싣는 창이 하나 있고, 추가로 상품을 설명하는 칸에 올릴 수 있다. 이베이를 통해 상품을 팔기 위해서는 최소 1장 이상의 사진이 필요하고 최대 12장까지 올릴 수 있다.

찍은 사진뿐만 아니라 웹사이트 등에 올려져 있거나 이베이 카탈로그가 제공하는 사진 등을 이용할 수 있다. 이베이는 사진 사용에 대해 엄격한 정책을 운영하고 있어 이를 따르지 않으면 리스팅이 취소될 수 있다. 국내 오픈마켓에서는 사진에 텍스트를 삽입해도 되지만 해외 오픈마켓에서는 사진과 텍스트는 철저히 분리해야 한다.

　글로벌 셀러의 입장에서도 분리하는 것이 유리하다. 많은 구매자들이 검색에 의해 구매할 상품을 찾는데 현재의 검색은 텍스트만을 인식할 뿐 사진을 찾지 못한다. 사진에 넣은 텍스트가 구글 검색 등에서 나타날 확률은 전무하다.

　옆의 사진은 국내 오픈마켓에서 주로 쓰이는 형태로 전체 길이(820×11,300픽셀) 5분의 1가량을 잘라본 것이다. 하나의 이미지에 사진과 텍스트를 넣었다. 훌륭하고 내용도 잘 짜여졌다. 많은 공을 들여 훌륭하게 만들어진 이 사진은 안타깝게도 글로벌 셀링에서는 적합하지 않다.

　사진은 사진대로, 텍스트는 텍스트대로 따로 준비되어야 한다. 사진도 한 장씩 준비되어야 이베이 사진창에 올릴 수 있다. 웹호스팅을 통해 HTML 방식으로 게재하는 설명란에 들어가도 최대 2~3장의 사진까지만 붙일 수 있다. 이렇게 긴 사진이 인터넷 환경이 다른 세계 각국의 검색방법으로 제대로 나타날지 의문이다. 스마트폰 이용이 확

CHAPTER 7 리스팅 사진 준비하기　　161

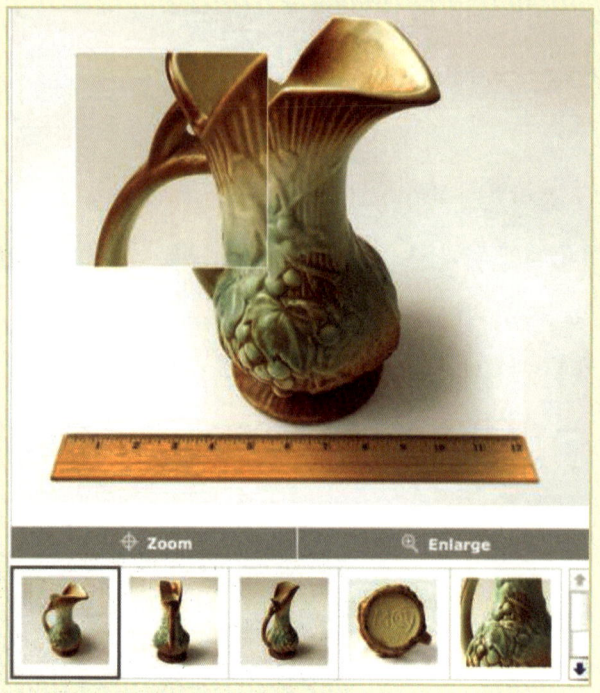

대된다는 점을 고려하면 더욱 그러하다.

이 점에서 이베이가 제시한 좋은 상품 사진의 예를 보자. 전체를 보여 주는 사진과 좌우, 전후, 바닥, 디테일 사진이 차례로 실려 있다. 앞 페이지의 사진이 판매회사의 브로슈어 같은 느낌이라면 이 사진은 '사진으로 말하는 상품설명'이란 표현이 어울릴 것 같다. 바로 해외 오픈마켓과 해외 구매자들이 요구하는 사진이다.

02 리스팅용 사진 촬영은 이렇게 하라

이베이가 제공하는 'SHOW MORE SELL MORE(Top tips for taking great photos)'를 간추린 것이다.

사진 찍을 때 유의사항

❶ 사진에 테두리, 액자 등의 경계를 표시하는 것은 허용되지 않는다. 우표, 종이 제품 등 일부에 한해 가장자리에 하자 유무를 보여줄 때만 허용된다.

❷ 사진의 지적재산권을 나타내기 위한 워터마크는 허용되나 사진 크기 5% 이내의 것만 허용된다. 불투명도가 50%를 넘어서지 않아야 하며 상품을 침해해서도 안 된다. 워터마크는 이베이에서 리스팅하면서 생성시킬 수 있다.

❸ 사진에 글자와 무늬를 넣는 것은 허용되지 않는다. 상품설명은 사진에 포함시켜서는 안 되며 타이틀도 상품설명란을 이용해야 한다.

정확하고 자세하게 찍어라

카메라나 휴대전화로 사진을 찍기 전에 점검할 것이 있다. 우선 렌즈를 깨끗하게 하고 카메라의 해상도를 가장 높게 설정한다. 플래시는 끄고 카메라가 움직이지 않도록 해야 한다. 다음은 리스팅을 위한 사진을 준비할 때 고려할 사항들이다.

❶ 상품에 시선을 집중시키기 위해서는 단순한 배경이 좋다. 무늬가 없는 흰색이나 단색을 이용하면 되는데 보석류처럼 상품이 반짝거리거나 반사되는 경우는 검은색 배경이 더 좋을 수 있다.

❷ 플래시를 끄고 그림자와 반사를 방지하기 위해 분산된 빛을 이용한다. 그림자가 있거나 반사가 된 사진은 매력이 떨어진다. 이를 방지하기 위해 플래시 사용을 피하고 빛 분산이 잘된 곳에서 촬영한다. 빛의 분산을 만들기 위해 조명 앞에 흰색 스크린, 반투명 유리 등을 설치하거나 조명을 멀리 설치하고 벽이나 천장에서 반사되는 빛을 이용하기도 한다. 상품 전체에 빛을 고루 비춰 주는 조명 박스(미니 스튜디오)를 만들어 쓰는 것도 좋다.

❸ 삼각대를 이용하면 사진이 흔들리지 않고 선명하게 나올 수 있다. 삼각대가 없다면 사진기를 평평한 곳에 올려놓고 자동셔터를 이용하면 된다.

❹ 해상도가 높은 사진이 좋다. 이베이에서는 사진을 자세히 보는 줌(Zoom) 기능을 제공한다. 7메가바이트의 사진까지 올릴 수 있으니 파일의 크기를 중대형으로 한 다음, 사진을 선명하게 찍으면 줌이나 확대기능을 활용할 기회가 생긴다. 사진을 확대하면 모자이크한 것처럼 나타나는 블록현상도 막을 수 있다.

❺ 상품은 사진에 꽉 차도록 찍는다. 사진에 크게 들어가야 구매자가 상품의 이모저모를 자세히 살펴볼 수 있다. 사진 가운데에 상품을 두고 사진 크기의 80~90%가 되도록 한다. 새 상품을 판매할 경우 상품의 포장이나 태그는 그대로 둬야 구매자들의 신뢰를 얻을 수 있다.

❻ 여러 각도로 찍다가 필요에 따라 주요 부분을 확대해서 찍어야 하는 경우도 있다. 그리고 하자가 있다면 명확하게 찍어서 보여줘야 한다.

❼ 크기를 알 수 있도록 해준다. 상품의 크기가 명확하지 않다면 동전, 자 등을 상품 옆에 두고 촬영해 상품의 사이즈를 알 수 있게 한다. 실제로 사이즈 때문에 반품하는 사례가 많다.

❽ 본래의 색 그대로 보여준다. 조명이 다르면 사진의 색도 달라진다. 백열전구는 노란 색조가, 형광등은 푸른 색조가 더 나게 한다. 디지털 카메라의 경우 자동 화이트 밸런스 기능을 이용하면 햇빛에서 찍은 사진처럼 자연스러운 색조가 나온다.

❾ 세부적인 부분은 확대하여 촬영한다. 카메라의 매크로 기능이나 클로즈업 기능을 이용하여 찍는다. 이 경우 삼각대를 이용하면 흔들리지 않고 선명하게 나온다. 사진을 너무 가까이에서 찍거나 멀리서 찍으면 초점이 잘 맞지 않으므로 초점에 신경 쓴다.

❿ 소품은 쓰지 않는다. 소품과 같이 찍으면 파는 물건이 무엇인지 헷갈릴 수 있다. 옷이나 액세서리는 마네킹 등에 입혀 놓거나 손가락에 낀 경우에 더 잘 나오므로 활용해도 좋다.

⓫ 카메라가 아닌 스마트폰으로 사진을 찍는 경우가 늘고 있다. 요즘은 스마트폰의 카메라로 찍어도 화질 등에서 그리 문제가 되지 않는다. 스마트폰의 카메라로 찍을 경우 플래시는 끄고 고정한 상태에서 찍는다. 배경을 단순하게 하고

초점은 자동으로 맞추게 한다. 카메라 애플리케이션(예를 들면, Camera FV-5)을 이용하면 좀 더 자세한 사진을 찍을 수 있고, 편집도 할 수 있다.

❷ 모바일 쇼핑을 하는 구매자가 크게 늘고 있으므로 이러한 구매자에 맞춰 사진 호스팅을 활용한다. 이베이에 호스팅된 최대 12개의 사진은 스마트폰에서 볼 수 있지만 상품설명란의 사진은 스마트폰에 제대로 나타나지 않는다. 이베이 사진란의 사진이 모바일 플랫폼에서 잘 보인다.

⓭ 사진 파일 이름에는 상품명, 디테일을 고려한 명칭으로 정하는 것이 편리하다. 이는 상품을 리스팅할 때 사진 배열 순서를 정하는 데도 효과적이다.

▲ black_sku_01_pair.jpg　　▲ black_sku_02_side.jpg　　▲ black_sku_03_bottom.jpg

A D V I C E　T I P S

패션제품을 판매할 때 필요한 사진 센스

1. **착용 상태를 보여준다.** 옷을 바닥에 놓거나 옷걸이에 거는 것보다 모델, 드레스폼, 마네킹 등에 입혀서 보여주는 것이 좋다. 여러 각도에서 사진을 찍을 때 패턴, 트림, 단추, 재질에 관한 세부사진을 포함한다.

◀ 입은 상태를 보여주기 위해 드레스폼을 사용

2. **해진 곳도 보여준다.** 헤지거나 찢어진 곳 등 상품을 정확하게 보여줘 구매자가 나중에 불만을 갖지 않도록 한다.

3. **신발은 다양한 각도에서 찍어라.** 구매자는 신발의 바닥까지 보기를 원한다.

4. **핸드백의 내부와 외부를 함께 보여라.** 내부와 외부뿐만 아니라 앞과 바닥, 안쪽의 태그, 라이닝까지 보여 준다. 핸드백 치수 가이드를 이용하여 사이즈도 알려준다.

5. **태그와 라벨을 포함하라.** 옷에 부착된 라벨과 태그의 사진을 올린다. 상품이 포장되어 있다면 그 상태의 사진도 보여주는 것이 좋다.

03
포토스케이프와 포토버켓 활용법

셀러들에게 유용한 이미지 편집 관련 프로그램은 무료가 많다. 그중 하나가 바로 '포토스케이프'이다. 사용하기가 편리하게 되어 있는데 1~2시간 쓰다보면 이미지 편집작업을 할 수 있다. 포토스케이프는 이미지 편집과 관련해 여러 가지 기능이 있으나 일부 기능만 이용해도 리스팅이 가능하다.

'사진 편집'이 가장 중요한데, 이 중에서도 '사진 자르기'가 가장 많이 쓰인다. 이베이의 사진 관련 정책을 보면, 테두리나 여백 등은 필요 없다. 또한 밝기나 색상 조절 등은 꼭 필요한 경우가 아니면 사용하지 않는 것이 좋다. 실물이 사진과 다르다고 불만을 나타내는 구매자가 생기기 때문이다.

이베이의 리스팅에는 최대 12장의 사진을 올릴 수 있지만 '상품설명'에 사진을 올릴 공간은 주지 않는다. 그래서 '상품설명'에 사진을 올리기 위해서는 외부 웹호스팅을 이용해 인터넷에 있는 이미지를 가져와 화면에 나타나게 한다.

국내의 웹호스팅을 이용할 수 있지만 글로벌 셀러들은 옥티바, 포토버켓 등 미국의 웹호스팅을 많이 이용하고 있다. 특히 포토버켓은 일정 용량까지 무료로 이

용할 수 있어 셀러들에게 인기가 높다. 포토버켓은 사진이나 비디오를 공유하는 사이트로, 홈페이지(www.photobucket.com)에 계정을 만들어 이미지를 올려놓고 이베이 리스팅에 활용할 수 있다.

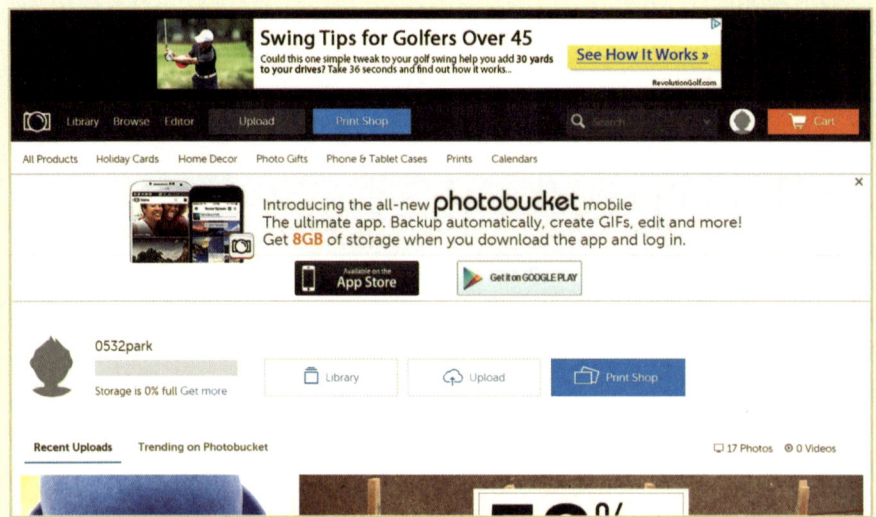

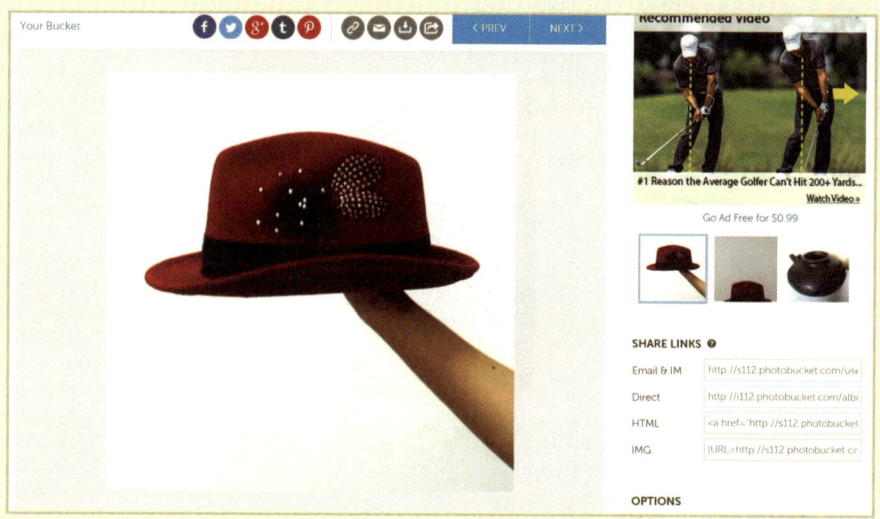

포토버켓은 공유가 편리하다는 장점이 있다. 계정(마이 앨범)에서 사진을 클릭하면 다양한 방법으로 공유할 수 있다.

포토버켓의 사진을 이베이에 올리는 방법은 5장에서 이미 살펴봤다. 이제 포토버켓에 있는 사진을 이베이 사진창에 올려보자.

❶ 포토버켓에 저장된 사진을 올리기 위해서는 'Add photos'의 'Add/edit photos'를 클릭한다.

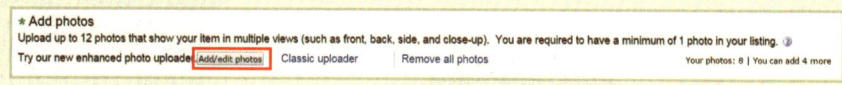

❷ 창이 뜨면 'Import from web'을 클릭한다.

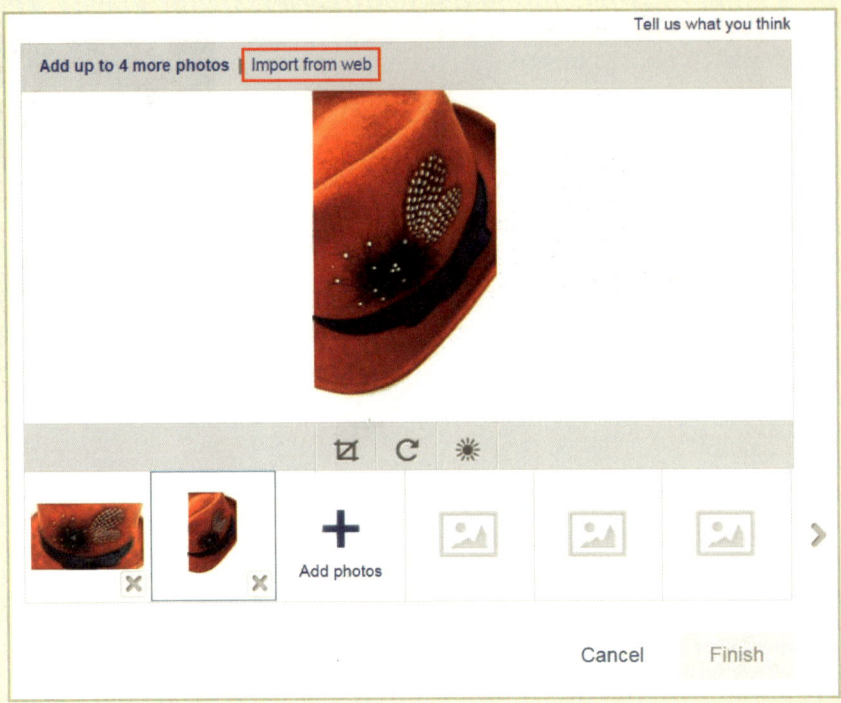

❸ 사이트 주소를 복사하여 웹 주소를 입력하라는 칸에 붙여넣는다. 포토버켓의 경우 이미지를 선택한 후 왼쪽의 'Direct'를 클릭하면 자동으로 복사가 된다. 그리고 이를 붙여주면 완료된다.

❹ 몇 초 정도 지나면 사진이 저장되는 것을 볼 수 있다. 확인한 후 'import'를 클릭하면 정상적으로 사진이 저장된다.

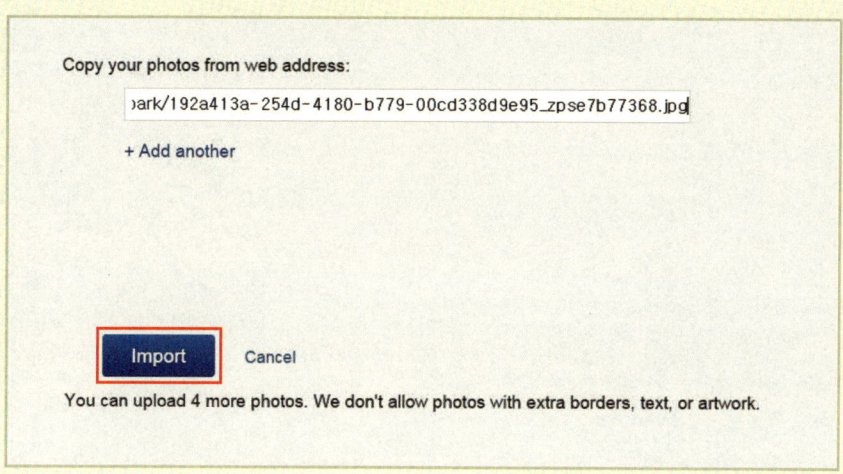

❺ 사진을 바꾸기 위해서는 'My Page'에서 'Revise'를 선택하고 리스팅에서 없앨 사진을 삭제한 다음, 새 사진을 올리면 된다. 만약 웹 주소에서 복사한 사진을 교체하려면 리스팅할 때 웹 주소에서 다운받은 사진을 사용하고, 이를 교체하려면 새로운 웹 주소를 사용해야 한다.

CHAPTER
8

배송에 대한 모든 것

01 배송의 종류

소형 포장물 우편

해외 배송은 주로 항공으로 이뤄지는데 보낼 때에는 우체국을 이용하면 된다. 국제 택배나 페덱스 등의 국제 특송도 있지만 가격 면에서 부담스럽다. 물론 거래 규모가 커지면 이들 업체들과 특약을 맺어 운송비를 절감하면 되지만 초반에는 우체국이 좋다.

주로 소형 포장물 우편(이하 '소형 포장물')과 EMS(Express Mail Service, 우체국 국제 특송)가 이용된다. 이들 서비스에 대한 내용은 우정사업본부 홈페이지에 자세히 나와 있다.

'소형 포장물'은 내용물이 소포 우편물과 같지만 일정한 조건에 따르면 취급을 간편하게 할 수 있도록 통상우편물의 한 종류로 정한 것이다. 주로 작고 가벼운 상품이나 선물 등을 보낼 때 쓰인다.

국내 이베이 판매자들의 판매상품 중 90% 정도가 소형 포장물로 배송되고 있다. 운송비가 저렴하고 편리하기 때문이다. 500그램 기준으로 보면 가장 가까운 나라는 2,950원, 먼 나라는 4,490원이고 가격 대비 배송이 빠르게 이뤄진다. 여기에 구매자에게 배달되기까지의 상품위치를 추적하는 등기 서비스(트래킹 서비스)를 추가하려면 2,500원만 더 부담하면 된다.

항공 소포와 비교하면 저렴하고, 무거운 우편 자루에 넣지 않기 때문에 운송 도중 충격과 압박 등으로 손상될 우려가 적으며 포장도 비교적 간단하다. 개인적인 통신문의 성질을 갖는 서류를 동봉할 수도 있다.

소형 포장물은 2킬로그램 이내에서만 이용할 수 있다. 포장박스의 크기는 '길이 + 폭 + 높이 = 90센티미터', 용량은 600밀리리터 이내로 제한된다.

소형 포장물 요금

중량	지역별 요금(원)			
	1지역	2지역	3지역	4지역
100g까지	1,170	1,770	1,880	2,120
250g까지	2,120	2,950	3,770	4,490
500g까지	2,950	4,720	6,500	6,860
1000g까지	5,320	7,100	10,650	12,770
1500g까지	7,100	10,650	15,970	18,330
2000g까지	8,270	14,200	21,300	23,670

• 화물 추적 등기 서비스 적용 시 2,500원 추가

EMS

EMS는 편지, 서류, 소포 등을 가장 빠르고 안전하게 외국으로 배달해주는 국제 우편 서비스로써 공신력, 신속성을 동시에 갖추고 있다. 도착 국가에서 통관검사를 거칠 필요가 없는 우편물(서류)의 경우 서울에서 오전(11시 기준)에 부치면 동경,

홍콩, 싱가포르 등 가까운 곳은 1~2일, 기타 100여 개 국가는 2~5일 이내에 배달된다. 지방에서는 하루가 더 소요된다.

소형 포장물이나 항공 소포와 비교하면 5~9일이 빠르다. 미국, 캐나다 등 북미지역에는 소형 포장물이 9~14일 소요되는 반면 EMS는 3~4일이면 완료된다.

EMS을 통해 발송한 화물은 트래킹 서비스가 가능하다. 미국, 일본, 영국을 비롯한 60여 개국으로 발송한 화물의 위치를 국제적으로 연결된 컴퓨터망을 통해 즉시 조회가 가능하며, 우체국에 팩스나 이메일을 보내 조회결과를 알 수 있다.

그러나 EMS는 소액 상품을 판매하면서 이용하기에는 요금이 비싼 것이 단점이다. 500그램짜리를 기준으로 볼 때 아주 가까운 나라가 17,100원이고 먼 나라는 26,500원이다. 따라서 EMS는 다소 고액인 상품을 배송할 때 적합하다고 할 수 있으며 대개 100달러 이상일 때 고려할 만하다. EMS로 보낼 수 있는 최고 무게 30킬로그램 상품을 가장 먼 지역으로 배송할 경우 비용은 232,700원이 된다. EMS 화물을 탁송해주는 업체를 이용하면 우체국보다 할인된 요금을 받을 수 있는데, EMS 취급 우체국이 멀리 떨어져 있는 경우에 편리하다.

중량 (kg)	EMS 요금									
	1지역	2지역	3지역	4지역	특정 1지역 일본	특정 2지역 홍콩 싱가포르	특정 3지역 중국	특정 4지역 호주	특정 5지역 미국	특정 6지역 영국 스페인 프랑스
~0.5	17,100	17,600	23,200	26,500	16,600	16,800	16,800	19,900	25,600	23,100
~0.75	18,400	19,400	26,500	30,000	17,400	17,700	17,800	23,200	30,200	26,400
~1	19,700	21,300	29,900	33,600	18,300	18,600	18,800	26,500	34,900	29,800
~1.25	21,300	24,100	34,400	38,200	19,400	19,900	20,000	30,900	39,800	34,300
~1.5	22,900	26,900	39,000	42,900	20,500	21,200	21,300	35,300	44,700	38,800
~1.75	24,400	29,600	43,600	47,500	21,900	22,600	22,700	39,200	50,200	43,300
~2	26,000	32,300	48,200	52,200	23,300	24,100	24,200	43,200	55,700	47,900
~2.5	27,900	35,200	51,600	59,300	24,600	25,700	25,700	50,000	59,800	51,200

중량 (kg)	EMS 요금									
	1 지역	2 지역	3 지역	4 지역	특정 1지역 일본	특정 2지역 홍콩 싱가포르	특정 3지역 중국	특정 4지역 호주	특정 5지역 미국	특정 6지역 영국 스페인 프랑스
~3	29,900	38,200	54,800	66,600	25,800	27,300	27,100	53,000	63,800	54,500
~3.5	31,800	41,000	58,300	73,800	27,100	29,000	28,600	55,900	67,900	57,800
~4	33,600	43,900	61,500	80,900	28,300	30,600	30,000	58,700	72,000	61,100
~4.5	35,500	46,800	64,800	88,200	29,500	32,200	31,600	61,600	76,100	64,500
~5	37,400	49,700	68,100	95,400	30,700	33,800	33,100	64,500	80,100	67,700
~5.5	39,200	52,500	71,500	102,600	32,000	35,500	34,500	67,400	84,200	71,000
~6	41,100	55,400	74,800	109,700	33,200	37,100	36,000	70,200	88,300	74,200
~6.5	43,000	58,400	78,100	116,900	34,400	38,800	37,400	73,200	92,400	77,700
~7	45,000	61,200	81,400	124,200	35,600	40,400	38,900	76,100	96,400	80,900
~7.5	46,800	64,100	84,700	131,400	36,700	42,000	40,400	78,800	100,500	84,200
~8	48,600	67,000	88,100	138,500	38,000	43,700	41,800	81,700	104,600	87,400
~8.5	50,500	69,700	91,400	145,700	39,200	45,300	43,300	84,600	108,700	90,900
~9	52,400	72,600	94,700	152,900	40,500	46,900	44,700	87,400	112,700	94,100
~9.5	54,300	75,500	98,000	160,200	41,700	48,500	46,300	90,400	116,800	97,400
~10	56,200	78,500	101,400	167,300	42,900	50,100	47,800	93,300	120,900	100,700
~11	60,000	84,200	108,000	181,800	45,400	53,400	50,700	99,000	129,000	107,300
~12	63,700	89,900	114,700	196,000	47,800	56,700	53,600	104,800	137,200	113,900
~13	67,500	95,800	121,300	210,500	50,100	60,000	56,400	110,600	145,400	120,400
~14	71,200	101,500	127,900	224,900	52,600	63,200	59,300	116,300	153,600	127,100
~15	75,000	107,300	134,500	239,300	55,100	66,500	62,400	122,100	161,700	133,600
~16	78,700	112,900	141,100	253,600	57,500	69,700	65,300	127,700	169,900	140,300
~17	82,600	118,700	147,800	268,100	60,000	73,100	68,200	133,600	178,000	146,900
~18	86,200	124,500	154,400	282,400	62,400	76,300	71,100	139,300	186,200	153,500
~19	90,000	130,200	161,100	296,900	64,800	79,500	74,000	145,000	194,300	160,100
~20	93,900	136,100	167,700	311,200	67,300	82,800	77,100	150,900	202,500	166,600
~21	97,600	141,800	174,400	325,600	69,700	86,000	80,000	156,600	210,600	173,300
~22	101,400	147,500	181,000	340,000	72,100	89,400	82,900	162,400	218,700	179,800
~23	105,200	153,200	187,700	354,500	74,600	92,600	85,800	168,100	226,900	186,500
~24	108,900	159,000	194,300	368,700	77,000	95,900	88,700	173,800	235,100	193,000
~25	112,100	163,600	201,000	383,300	79,300	98,900	91,400	179,500	243,800	199,700
~26	114,800	167,200	207,600	397,900	81,500	101,700	93,800	185,000	253,200	206,300
~27	117,400	170,800	214,200	412,600	83,800	104,500	96,000	190,600	262,500	212,800
~28	120,100	174,300	220,900	427,100	85,900	107,300	98,300	196,000	271,800	219,500
~29	122,800	177,900	227,500	441,700	88,200	110,000	100,600	201,700	281,100	226,000
~30	125,400	181,300	234,200	456,400	90,400	112,800	103,000	218,100	290,500	232,700

지역	EMS	항공 소포, 소형 포장물
일본, 홍콩 등 극동 지역	1~2일	5~7일
태국, 싱가포르 등 동남아지역	2~3일	6~8일
호주, 뉴질랜드 등 태평양지역	3~4일	7~9일
미국, 캐나다 등 북미지역	3~4일	9~14일
독일, 프랑스 등 유럽지역	3~5일	7~14일
인도, 사우디 등 중동지역	3~4일	9~10일
아프리카, 중남미지역	3~5일	10~14일

EMS 프리미엄과 케이패킷

EMS보다 더 빠른 배송으로 EMS 프리미엄이 있는데 우체국과 국제 특송업체가 연계된 서비스다. 또 인터넷으로 신청하면 우체국에서 방문하여 대신 발송해주는 케이패킷(K-Packet) 서비스도 있다. 한 달에 2킬로그램 이하의 국제 우편물을 50건 이상 발송하는 고객만이 이용할 수 있는 이 서비스의 요금은 소형 포장물과 EMS 요금의 중간 정도이며 소형 포장물과 비교하면 배송이 빠르고 상품 추적이 가능한 장점이 있다. 판매가 일정 수준에 도달하면 고려해볼 필요가 있다.

케이패킷 우편 요금표 2013년 8월 1일부터 적용

중량	지역별 요금			
	1지역	2지역	3지역	4지역
100g까지	4,170	4,680	4,870	5,070
250g까지	5,610	6,310	6,990	7,700
500g까지	8,560	9,160	10,810	11,150
1,000g까지	12,920	14,460	16,580	18,120
1,500g까지	16,810	20,470	24,880	27,320
2,000g까지	19,140	26,470	32,320	35,570

• 지역별 국가명은 국제 우편 요금의 페이지 참고

02
국제 배송의 처음과 끝

배송비에 대한 고민

해외 수출이 국내에서의 판매와 차이점 중 하나는 배송기간이 길고 운임이 비싸다는 것이다. 온라인 판매, 특히 1회당 상품 1~2개를 사는 경우가 대부분인 글로벌 쇼핑몰에 모여드는 구매자들은 품질이나 가격뿐만 아니라 배송비와 배송기간에도 매우 민감하다. 이베이의 많은 셀러들이 무료배송을 내세운 마케팅을 통해 판매를 늘리고 있다는 점이 이를 말해준다.

2~3달러 상품을 구매하면서 배송비 20~30달러를 부담해야 한다면 이 상품을 구매할 사람은 많지 않다. 7달러 상품에 8달러의 배송비를 받는 경우와 같은 상품의 가격을 15달러로 하고 배송비는 무료라는 경우를 비교하면 어떨까? 후자의 경우가 상품의 내재 가치를 높다고 착각하게 만드는 요인이 있어 더 많은 구매자를 끌어 모을 가능성 있다는 것이 마케팅 논리다.

어떤 구매자는 배송비가 비싸더라도 상품을 1주일 이내에 받기를 바라는 반면 또 다른 구매자는 배송비가 절감된다면 2~3주일은 기다릴 수 있다고 한다. 양말 한 켤레를 판매하면서 23,200원짜리 EMS로 보낼 수도 있고 1,880원의 소형 포장물로 해결할 수도 있다. 극단적으로 말해 상품은 원가로 거저 주더라도 배송비에서 이익을 남기는 경우가 비일비재한 것이 글로벌 온라인 쇼핑 시장이다.

온라인 판매에서 배송은 판매와 이익을 늘릴 수 있는 핵심 요소 중 하나라고 할 수 있다.

판매 확인과 발송하기

'Activity'에서 'Sold'를 클릭하면 판매된 상품내역이 나타난다. 판매상품과 판매날짜(Sale Date) 오른쪽에 ✓와 $ 표시 두 가지가 나타나면 결제가 정상적으로 완료된 것이다. 이것이 확인되면 바로 상품을 발송해야 한다. ✓만 나타나는 경우는 결제가 되지 않은 경우다. 결제가 이뤄져 $가 나타날 때 발송한다. 배송해 줄 주소는 해당 상품의 'More actions'의 'View order detail/Shipp ing detail'에서 구매자의 이름과 같이 확인한다.

가장 일반적인 배송방법인 소형 포장물로 배송할 경우, 판매자와 구매자의 주소를 출력한 후 택배봉투 또는 박스에 붙인다. 해외배송은 국내에서 소포나 택배를 보낼 때 포장하는 것보다 안전하고 꼼꼼하게 해야 한다. 주소를 박스 위에 손으로 쓰는 것은 프로의 자세가 아니다. 판매량이 많은 경우에는 'Shipping Detail'에 나타난 주소 정보를 엑셀에 다운받은 뒤 라벨로 출력한다.

판매자의 주소 라벨은 좌측 상단, 구매자의 주소 라벨은 우측 하단에 배치시킨다. 또 상품의 종류, 가격, 용도 등의 내용을 기재한 세관표지를 부착하고, 'Small

Packet(소형 포장물)' 이라고 기재하여 우체국에 접수하면 된다.

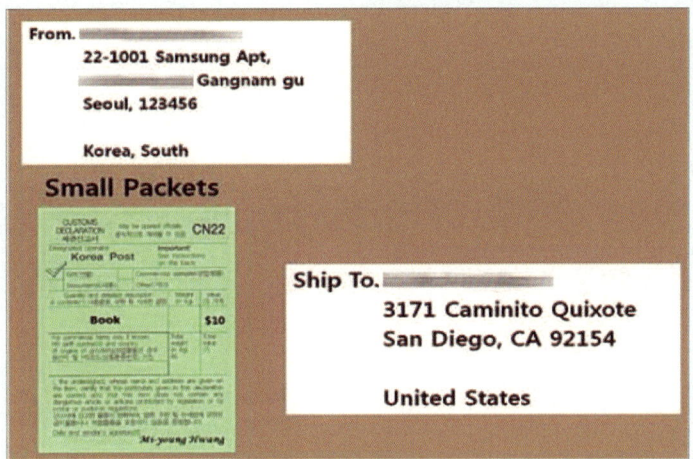

사진 : 이베이코리아

EMS를 이용할 경우 EMS 전용송장에 판매자와 구매자의 주소, 상품정보를 직접 기입한 후 박스에 붙이고 접수한다.

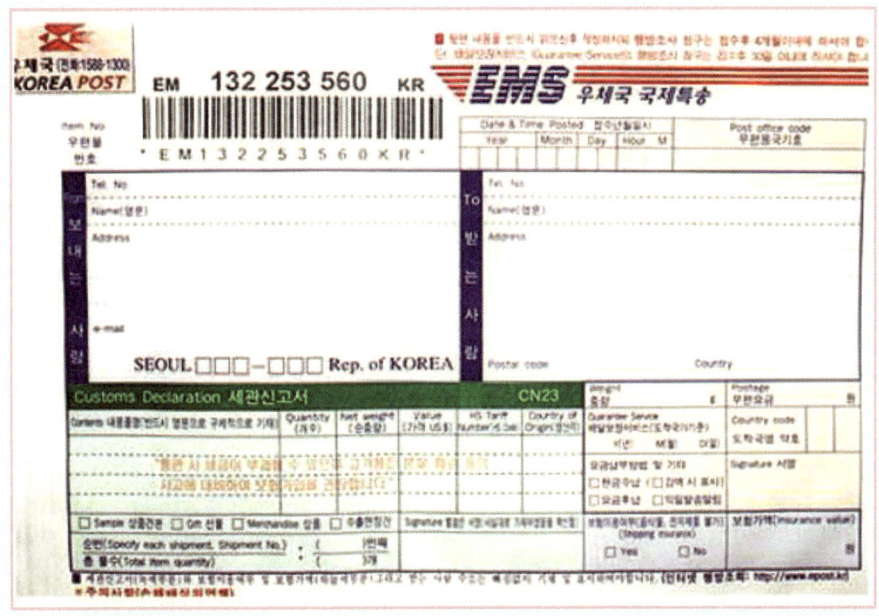

CHAPTER 8 배송에 대한 모든 것

EMS로 보낼 경우 세관공무원이 참고할 수 있도록 세관표지 CN22 또는 CN23을 제출해야 한다. 소형 포장물로 보내고 화물 추적 서비스를 이용하면 'RR+9자리 숫자+KR' 형태의 바코드가, EMS로 보낸 상품은 'EE+9자리 숫자+KR' 형태의 바코드가 부여된다. 배송과정 중 화물이 어디에 있는지 추적할 경우에 이용하면 된다.

소형 포장물 내용품의 가격이 300SDR(약 450,000원) 이하인 경우에는 송장이 필요 없으며 기재요령이 간단한 CN22를 붙이면 된다. 이 금액을 넘으면 CN23를 작성해야 하며 세관공무원이 참고할 수 있도록 상업송장 등의 무역 관련 서류를 봉투에 넣어 우편물 표면에 첨부해야 통관이 이뤄진다. 세관표지용지는 우체국에서 넉넉하게 받아두어 소형 포장물을 발송할 때 쓰거나 양식 파일을 이용해 필요할 때 출력해서 우체국으로 가져가면 된다.

우편물에 세관표지는 반드시 붙여야 하고 주소 기재면 좌측 상단이나 발송인 주소·성명 기재란 아래에 'Petit paquet' 또는 'Small Packet' 이라고 표시해야 한다.

소형 포장물을 봉할 때 내용품 검사를 위해 쉽게 개폐할 수 있도록 하는 것이 원칙이나 풀이나 테이프 등으로도 가능하다. 소형 포장물의 내부 또는 외부에 개봉한 송장을 첨부할 수 있다.

발송 통보

발송을 완료된 상품은 'More actions'의 'Mark as shipped'를 클릭하여 발송 완료표시를 해주는 것이 좋다. 'Item Shipped' 아이콘에 박스 모양이 표시되면 제대로 된 것이다.

국내 온라인 마켓에서 상품을 구매할 때 송장번호를 조회하는 것처럼 해외 구매자들도 상품을 언제 받을 수 있는지를 확인하기 위해 등기번호를 제공하는 배송방식을 선호한다. 등기번호가 있으면 발송이 완료된 상품의 'More actions' 의 'Add tracking number' 를 클릭하여 'Tracking number' 에 등기번호를, 배송회사(Carrier)에는 우체국(Korea Post)을 입력하면 된다. 소형 포장물 배송의 경우에도 2,500원의 추가 비용을 부담하면 등기번호가 나온다.

트래킹 서비스

'소형 포장물을 보낼 때 트래킹 서비스(화물 추적)를 이용해야 하나? 안 해도 괜찮을까?'

특히 판매가격과 이익이 적은 경우에 2,500원의 추가 지출은 적잖은 고민거리다. 이에 대한 명쾌한 해답은 없다. 그러나 이베이 셀러라면 상품을 리스팅하기 전에 반드시 이 부분까지 고려해야 한다.

7,000원(원가+트래킹 서비스한 불포함한 배송비) 상품 100개를 각각 1만 원에 판매한다고 하자. 개당 3,000원의 이익이 생기고, 다 팔면 총 30만 원이 남는다. 하지만 여기에 트래킹 서비스를 제공한다면 개당 500원, 다 팔아도 수익은 5만 원에 그친다. 트래킹 서비스를 제공하는 비용이 과중한 경우다.

원가 37,500원짜리 상품 100개를 5만 원에 트래킹 서비스 없이 파는 경우를 보자. 상품을 모두 팔았을 때 125만 원의 높은 수익이 기대된다. 그러나 100명의 구매자 중 10명(10%)이 상품을 받지 못했다며 클레임을 제기한다면 수익은 75만 원으로 떨어진다.

이를 피하기 위해 트래킹 서비스를 제공하면 어떻게 될까? 상품의 원가는 트래킹 서비스 비용(2,500원)을 포함해 4만 원이 되어 상품 하나를 팔면 1만 원, 100개를 팔면 100만 원의 이익이 남는다. 이 경우는 구매자가 상품을 받지 못했다는 이유로 환불을 요구할 가능성이 거의 없다.

각각의 경우를 비교해보니, 트래킹 서비스를 제공하지 않는 것이 수익 면에서 반드시 낫다고 할 수 없다. 따라서 상품을 리스팅할 때에는 판매가격 대비 트래킹 서비스 비용의 비중, 클레임 발생 가능성 등을 염두에 둔 판매전략이 필요하다. 그리고 트래킹 서비스 제공에 따른 비용을 판매가격 인상을 통해 충당할 수 있는지를 고려해봐야 한다.

트래킹 서비스는 비용이 들지만 소비자를 안심시키는 효과뿐만 아니라 판매자에게도 새로운 효과를 얻는 기회가 된다. 트래킹 서비스를 제공하는 판매자를 우대하는 이베이 정책에 수혜를 입을 수 있다. 특히 판매자의 한도를 산정할 때 트래킹 서비스를 제공하는지 본다. 처음 시작하는 판매자의 한도를 늘려줄 때 10개에서 30~50개로 늘려주지만 트래킹 서비스를 고정적으로 제공한다면 30~100개로 늘려준다.

또 구매자의 엉뚱한 주장으로부터 판매자가 보호받을 수 있다. 상품을 받지 못했다는 구매자가 나타나면 트래킹 서비스를 통해 해결하면 된다.

우선 해당 상품의 등기번호(이베이 판매란에 등록)를 기록하여 우정사업본부 홈페이지를 이용하면 배송상황을 알 수 있다. 해외로 나간 날짜와 비행기 편명 정보는 물론 구매자가 있는 나라의 우체국으로 배송된 날짜까지 나온다.

현지 도착 이후에는 우리나라 우체국과 제휴한 외국의 우체국 홈페이지에서 확인하면 된다. 외국의 우체국 홈페이지는 영어로 된 경우가 많아도 등기번호를 넣고 검색할 수 있다. 스페인어, 불어, 중국어 사이트의 경우도 약간의 센스를 발휘하면 검색할 수 있으며 검색결과를 이미지 파일로 캡처하여 보내주면 된다. 이것이 어렵다면 우체국에 이메일이나 팩스로 상품의 행방조회를 의뢰하여 그 결과를 알려줄 수 있다.

트래킹 서비스를 제공하는 소형 포장물이나 EMS가 배송과정에서 분실되는 일은 거의 없다. 대신 도착국의 세관에서 통관에 묶인 경우는 종종 발생한다. 우체국은 접수일 기준으로 60일 이내에 상품을 찾지 못할 경우 건당 최고 52,500원까지 '가격+왕복 배송비' 기준으로 배상해준다. 그렇다고 구매자에게 60일을 기다리라고 할 수는 없다. 배송과정에서 무엇이 잘못되었는지 정확히 파악되지 않는 경우라면 그 전에 환불이나 재배송을 해주는 것이 구매자의 클레임을 예방하는 좋은 방법이다.

03
포장은 첫인상이다

포장이 의외로 경쟁력을 크게 좌우하는 요소이다. 그래서 포장에 정성이 담겨야 한다.

꼼꼼한 포장은 구매자에 대한 서비스다. 기다린 상품에 대한 첫인상이며 판매자의 신뢰도를 크게 좌우하는 요인이다. 제대로 된 포장은 구매자로부터 긍정적인 피드백을 받을 수 있다. 반대로 포장이 부실하여 배송 중에 상품이 상하거나 분실되면 부정적인 피드백을 받을 가능성이 클 뿐만 아니라 클레임도 피할 수 없게 된다. 포장은 받는 구매자의 입장에서 해야 한다.

한 가지 주의할 점은 파손되기 쉬운 상품의 포장이다. 이럴 경우 단단한 박스와 충격을 방지하기 위한 포장완충재를 충분히 이용해야 한다.

판매를 위한 리스팅을 하면서 정성껏 포장을 하겠다는 것을 미리 밝혀 두면 효과적이다. 다음은 한 셀러가 제시한 예문이다.

판매자는 판매상품의 사이즈에 맞는 박스, 안전봉투 또는 택배봉투를 준비한다. 간단한 상품은 박스 대신 무게가 가벼워 배송비용이 싼 안전봉투나 택배봉

> All the items will be carefully packed with very safe material. Return If the item you receive is in any way damaged or defective, we will make a refund to your Paypal account upon the return of the item. Returns are accepted for refund or equal exchange within 14 days.

투를 이용한다. 안전봉투는 내부에 공기비닐포장지(뽁뽁이)가 들어 있어 충격으로부터 내용물을 보호해준다. 가볍고 내구성이 뛰어나며 방수기능도 있다. 충격이 걱정될 경우 포장완충재를 넣으면 된다. 포장완충재는 주변에서 쉽게 구입할 수 있다.

▲ 안전봉투와 택배봉투

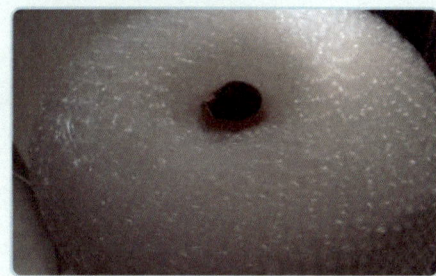 

▲ 뽁뽁이와 폼포미

국내에서 생산된 봉투는 봉합부분에 강력한 접착 스티커가 부착되어 있어 별도의 테이핑을 하지 않아도 된다. 크기는 다양한데 대개 CD용, 비디오테이프용 등이 소형 사이즈이고 A5, B5, A4, B4, A3 등이 중대형 사이즈이다.

종이 박스도 많이 이용된다. 무게가 좀 더 나가는 단점이 있으나 파손될 우려가 있다면 박스 포장을 우선적으로 고려해야 한다. 우체국에서 소형 포장물 발송이 가능한 무게가 2킬로그램 이내이며 박스 사이즈에도 제한이 있다는 점에 유의한다. 포장된 형태를 사진으로 미리 보여 주는 것도 리스팅의 좋은 전략 중 하나다.

▲ 종이 박스

소형 포장물의 우편료는 무게에 따라 가산되므로 그램(g) 단위까지 측정할 수 있는 전자저울을 이용하면 배송비 절감이 가능하다.

CHAPTER
9

수수료와
판매대금 찾기

01 이베이 수수료

등록 수수료

이베이를 통해 판매할 때 부담해야 하는 수수료는 크게 이베이 수수료, 페이팔 수수료 등 두 가지다. 두 가지 수수료를 합치면 판매액의 10~15%에 달한다. 차이가 나는 이유는 이베이와 페이팔의 수수료가 상품 카테고리, 판매방식, 특수기능 이용여부 및 거래금액 등에 따라 차별화를 뒀기 때문이다. 수수료 체계를 알고 있으면 이베이를 통한 판매에서 수익을 얻는 방식이 달라지므로 이에 대한 이해가 필요하다.

이베이 수수료는 기본적으로 상품을 등록할 때 부담하는 등록 수수료와 상품이 팔린 경우 내는 판매 수수료 등 두 가지로 나뉜다. 오프라인으로 점포를 열 경우 임대료, 인테리어비, 관리비 등을 부담해야 하는데 온라인에서 이에 상응하는 비용인 셈이다.

이베이의 등록 수수료는 판매량에 관계없이 리스팅 1개당 부과되며 카테고

Standard selling fees

In this article

How fees are calculated
Basic fees
Optional advanced listing upgrade fees
Supplemental service fees
Examples
Other terms

> The Fees schedule includes this page and the below links for Motors vehicles, Real Estate, select Business & Industrial categories, Stores subscribers, and Classified Ads.
> Fees are different for:
> - Motors vehicles
> - Real Estate
> - Select Business & Industrial categories
> - Stores subscribers
> - Classified Ads
>
> In addition to the fees on this page, other fees may apply, including:
> - PayPal fees
> - Seller tool fees
>
> Estimate your fees for a specific listing:
> - Fee calculator

How fees are calculated

Basic fees	
Insertion fee	When you list an item on eBay, you may be charged a listing (or insertion) fee. If applicable, you're charged one insertion fee per listing, per category, regardless of the quantity of items.
Final value fee	If the item sells, you're charged a final value fee. Final value fees are calculated based on the total amount of the sale and are charged per item. The **total amount of the sale** is the final price of the item, shipping charges, and any other amounts you may charge the buyer. Sales tax is not included.
Optional advanced listing upgrade and supplemental service fees	
Advanced listing upgrade fees	If you add advanced listing upgrades to your listing, fees apply. Not all listing upgrades are available with every listing tool.
Supplemental service fees	If you use supplemental services, charges associated with these services may be included on your seller invoice as fees.

The selling format (auction-style or fixed price) and category you select determines fee amounts. Learn more about selecting a selling format.

Basic fees

What you get for free

- Insertion fees for your first 50 or 100 listings per calendar month, depending on listing format and category, are free (exclusions apply). Learn more about monthly free-insertion-fee listings.
- Buy It Now is free for all auction-style listings (exclusions apply).
- Up to 12 pictures per listing are free with eBay picture hosting, including zoom and enlarge features.

Basic fees for auction-style and fixed price listings (except select categories)

	Insertion fee (per listing, for any duration, including Good 'Til Cancelled*)	Final value fee (per item)
Your first 50 listings (per month)	Free (exclusions apply)	10% of the total amount of the sale
All additional listings over 50 (per month)	• $0.05 for fixed price Books, DVDs & Movies, Music, and Video Games listings • $0.30 for auction-style and fixed price listings in all other categories	Maximum fee is $750

Basic fees for auction-style and fixed price listings in select categories

	Insertion fee (per listing, for any duration, including Good 'Til Cancelled*)	Final value fee (per item)
Your first 100 listings (per month)	• Auction-style listings: Free • Fixed price listings: $0.30	10% of the total amount of the sale
All additional listings over 100 (per month)	$0.30	Maximum fee is $750

Select categories eligible for 100 free-insertion-fee auction-style listings per month ($0.30 insertion fee for fixed price listings):

- Antiques
- Art
- Baby
- Clothing, Shoes & Accessories
- Coins & Paper Money
- Collectibles
- Dolls & Bears
- Entertainment Memorabilia
- Health & Beauty
- Jewelry & Watches
- Pottery & Glass
- Sports Mem, Cards & Fan Shop
- Stamps
- Toys & Hobbies

* Good 'Til Cancelled listings renew automatically every 30 days until all of the items sell, you end the listing, or we end your listing. Insertion fees and advanced listing upgrade fees are charged every 30-day period. Good 'Til Cancelled listings count toward your monthly free-insertion-fee listing allotment. Fee amounts are based on the terms in effect when the listing goes live and when it renews.

Fees may apply if you end your auction-style listing early.

Optional advanced listing upgrade fees

Advanced listing upgrade fees for auction-style and fixed price listings.

- Fees are charged per listing or per category, if multiple categories are selected.
- If you set up automatic relisting for your item, we charge insertion fees and advanced listing upgrade fees each time the item is relisted. If you're using Selling Manager automation rules, insertion fees and advanced listing upgrade fees also apply each time the item is relisted.

경매 및 고정가 판매		
	등록 수수료 (등록당, 기간은 구분 없으며 GTC도 포함)	판매 수수료 (상품당)
100개 이내 리스팅 (월간 기준)	– 경매: 무료 – 고정가: 0.3달러	판매액의 10% (최고 250달러)
100개 초과 리스팅 (월간 기준)	– 0.3달러	

- 앤틱, 예술품, 유아용품, 의류·신발 및 액세서리, 동전과 지폐, 수집품, 인형과 곰인형, 엔터테인먼트 수집품, 건강미용품, 보석과 시계, 도자기 및 유리제품, 스포츠 회원권 카드 및 팬숍, 우표, 완구취미용품 등의 카테고리 해당.
- GTC: Good Till Cancelled(취소 전까지 유효한 리스팅은 매 30일마다 자동적으로 갱신되면서 등록 수수료가 적용된다는 의미).

경매 및 고정가 판매		
	등록 수수료 (등록당, 기간은 구분 없으며 GTC도 포함)	판매 수수료 (상품당)
50개 이내 리스팅 (월간 기준)	– 무료(예외 적용 있음)	판매액의 10% (최고 250달러)
50개 초과 리스팅 (월간 기준)	– 0.05달러: 책, DVD, 영화, 음악, 비디오게임 – 0.3달러: 다른 모든 카테고리의 경매, 고정가 리스팅에 적용.	

- 위 표에서 언급한 카테고리 외의 카테고리 해당임.

리를 1개 선택하는 기준으로 적용된다. 판매 수수료는 상품대금뿐만 아니라 구매자에게 청구하는 배송료, 핸들링 차지 등을 포함한 금액의 10%가 부과된다(월 최고 250달러까지). 판매세가 있으면 판매 수수료 부과대상에서는 제외한다.

이 외에도 리스팅을 좀 더 효과적으로 하려고 이베이의 고급 기능을 이용하면 별도의 수수료를 부담해야 한다. 이는 판매자의 선택에 따라 좌우되는 옵션이다.

자동차, 부동산, 비즈니스 및 산업용과 이베이 스토어, 안내광고방식의 리스팅은 별도의 수수료 체계를 가지고 있다.

먼저 등록 수수료는 기본적으로 0.3달러이다. 그러나 월간 기준(매월 1일부터 말일까지) 50~100개 이내의 등록 수수료는 카테고리 및 판매방식에 따라 면제가 된다. 먼저 유아용품, 의류·신발 및 액세서리, 건강미용품 등 14개 카테고리의 경우 월 100개 이내의 경매 리스팅은 등록 수수료가 면제다.

이들 카테고리를 제외한 상품 대부분은 경매, 고정가 판매를 불문하고 월간 기준 50개 이내의 리스팅은 무료이고 50개를 넘어가면 0.3달러를 내야 한다. 책, DVD, 영화, 음악, 비디오게임 등의 상품은 0.05달러로 등록 수수료가 훨씬 저렴하다. 등록 수수료는 리스팅을 할 때마다 적용되는 (동일한) 수수료이며 판매량이나 가격과 상관이 없으나 두 개 카테고리에 올릴 경우는 이중으로 부과된다.

만약 판매될 때까지 유효(Good Till Cancelled) 등으로 했는데 팔리지 않아 다시 리스팅한 경우에는 등록 수수료를 내야 하지만 3번째부터는 면제된다. 등록한 상품이 팔리지 않거나 구매자가 대금을 지불하지 않아 등록을 다시 하여 팔 경우 판다면 등록 수수료는 돌려받을 수 있다.

경매에 대한 수수료 면제는 같은 제품을 이중으로 올리는 경우에는 적용되지 않는다. 경매에서 즉시 구매가격을 올리는 것은 별도의 수수료를 내지 않아도 된다. GTC 등록을 한 상품이 30일 이내에 팔리지 않고 자동연장이 되면 새로운 등록과 마찬가지로 등록 수수료를 부담해야 한다.

스토어 형태에서의 수수료 체계는 일반 셀러와 크게 다르다. 스토어는 온라인 점포의 크기에 따라 베이직(Basic), 프리미엄(Premium), 앵커(Anchor) 등이 있는데, 각각 베이직 15.95달러, 프리미엄 49.94달러, 앵커 179.95달러의 월간 수수료가 적용된다. 등록 수수료는 150~2,500건까지 면제된다.

EVERYDAY RATE PLANS

	STANDARD FEES	EBAY STORES Significant savings with an eBay Stores subscription		
	Everyday rates without a subscription	Basic Store	Premium Store	Anchor Store
Subscription Rates Per month, with yearly subscription Monthly	If you list more than 50 items a month, explore an eBay Stores subscription for considerable savings.	$15.95 $19.95	$49.95 $59.95	$179.95 $199.95
Insertion Fees Number of Free Listings per Month [1] (exclusions apply) [2]	Select Collectibles and Fashion Categories [3] — UP TO 100 FREE (Auction-style listings only)	All other Categories [3] — UP TO 50 FREE	UP TO 150 FREE	UP TO 500 FREE	UP TO 2,500 FREE
Insertion fee per listing after monthly free allotment Auction-style Fixed price [4]	30¢ 30¢	25¢ 20¢	15¢ 10¢	10¢ 5¢
Final Value Fees Percentage charged on total amount of the sale. Maximum fee $250 (exclusions apply) [2] Top Rated Plus listings get a 20% discount on item's final sale price (not including shipping)	10%	4% Select Computers/Tablets & Networking, Video Game Consoles 6% Select Consumer Electronics, Select Cameras & Photos, Coins & Paper Money, Stamps 7% Musical Instruments & Gear (except Pro Audio Equipment) 8% Select Motors Parts & Accessories and Automotive Tools & Supplies 9% Clothing, Shoes & Accessories, Collectibles, Home & Garden, Select Camera & Photo Accessories, Select Cell Phone Accessories, Jewelry & Watches, Sporting Goods, Toys & Hobbies, Health & Beauty, Select Business & Industrial, All Other Categories (exclusions apply) [2]			
VISIT OUR FEE CENTER ▶	GET MORE DETAILS Standard Selling Fees ▶	GET MORE DETAILS eBay Stores Fees ▶		

GET THE STORE THAT WORKS FOR YOU

Compare the options below. Or use our eBay Stores savings illustrator tool to figure out which is the most cost-effective Store package for you.

CHAPTER 9 수수료와 판매대금 찾기

판매 수수료

판매자는 구매자가 상품 구매를 결정하면 이베이에 판매 수수료를 낸다. 상품이 팔리지 않으면 부담하지 않으며 경매에서 발생하는 후순위에 대한 판매(Second Chance Offer)도 팔린 것으로 간주된다. 판매 수수료는 상품 판매에 부과된 총금액을 기준으로 한다. 상품의 가격, 배송경비 및 구매자에게 부과한 기타 비용(예: 핸들링 차지) 등이 여기에 포함된다.

배송경비는 구매자가 선택한 배송서비스를 기준으로 산출된다. 구매자가 상품 구매를 결정했지만 아직 거래가 완료되지 않는 경우라도 판매 수수료는 부담해야 한다. 그러나 구매자와 거래 취소에 합의한 경우, 구매자가 대금을 지불하지 않는 경우, 구매자에게 100% 환불한 경우는 판매 수수료를 돌려받을 수 있다.

스토어로 운영하면 낮은 판매 수수료가 적용된다. 스토어의 판매 수수료는 판매 금액의 4~9%인데 일부 컴퓨터, 태블릿 등이 4%, 동전과 지폐 그리고 가전제품과 카메라 등은 6%, 악기는 7%, 자동차 부품과 자동차용 공구(eBay Motors)는 8%, 기타 카테고리는 9% 등으로 책정되어 있다.

리스팅 업그레이드 수수료

이베이가 제공하는 리스팅 업그레이드 툴을 이용하여 리스팅의 모양과 특색을 살릴 수 있다. 리스팅 업그레이드(Advanced Listing Upgrades)는 상품의 카테고리, 판매방식 및 리스팅 툴에 따라 선택적으로 사용할 수 있는데 이를 이용하기 위해서는 별도의 수수료를 부담해야 한다. 수수료는 판매방식과 리스팅 기간에 따라 결정된다.

경매방식에서 업그레이드 툴을 이용하는 것은 10일 이내이며 기간 구분 없이 동일한 수수료가 적용된다. 만약 2개의 카테고리에 등록하면 등록 수수료와 마찬가지로 업그레이드 수수료도 이중으로 부담해야 한다. GTC 등록의 경우 30일 단위로 상품이 팔리거나 리스팅을 중단할 때까지 반복적으로 적용되며 자동적으로 재리스팅되는 경우도 마찬가지다.

Upgrade	Auction-style listings (all durations)	Fixed price listings Duration: 3, 5, 7, and 10-day	Fixed price listings Duration: 30-day and Good 'Til Cancelled
Scheduled listings Manage your listings' starting and end times by scheduling them in advance.	Free	Free	Free
Gallery Plus Attract buyers with a larger version of your listing picture in search results. Free for listings in the Collectibles, Art, Pottery & Glass, and Antiques categories.	$0.35	$0.35	$1
Listing Designer Improve the visual appeal of your listing by adding a theme. Free for Selling Manager Pro subscribers.	$0.10	$0.10	$0.30
Subtitle Add descriptive information about your item to make your listing stand out.	$0.50	$0.50	$1.50
Value Pack Gallery Plus, Listing Designer, and Subtitle packaged together for a discount	$0.65	$0.65	$2
Bold Set your listing apart in search results by displaying your title in bold.	$2	$2	$4
List in 2 categories Generate interest in your item by listing in 2 categories	Insertion and advanced listing upgrade fees apply for each category. Final value fees are charged once per item, if an item sells		

	Auction-style listings (all durations)	Fixed price listings 3, 5, 7, and 10-day	Fixed price listings 30-day and Good 'Til Cancelled*
International site visibility Attract buyers from other countries by showing your item in search results on other eBay websites.			
	Starting Price	**Fee**	$0.50	$0.50

Starting Price	Fee
$0.01 - $9.99	$0.10
$10 - $49.99	$0.20
$50 or more	$0.40

* Good 'Til Cancelled listings renew automatically every 30 days until all of the items sell, you end the listing, or we end your listing. Insertion fees and advanced listing upgrade fees are charged every 30-day period. Good 'Til Cancelled listings count toward your monthly free-insertion-fee listing allotment. Fee amounts are based on the terms in effect when the listing goes live and when it renews.

Advanced listing upgrade fees for auction-style listings
In addition to the advanced listing upgrades above, the following upgrades are specific just to auction-style listings.

	Reserve price	Fee
Reserve price Add a minimum price that must be met for your item to sell	$0.01–$199.99	$2
	$200 or more	1% of reserve price Maximum charge of $50
10-day duration Extend a listing's duration to 10 days.		$0.40

Supplemental service fees

There are additional charges related to your selling activity that may apply. For example, you may incur charges for shipping labels printed on the eBay site, reimbursements to eBay for buyer refunds or charges associated with an eBay program you use, such as the Global Shipping Program. Depending on the charge, and at eBay's option, these charges may be included on your seller invoice, which may be charged to your automatic payment method on file, if any.

Examples of fee calculations

▶ Auction-style listing examples
▶ Fixed price listing example

Other terms

- Insertion fees and advanced listing upgrade fees apply to each listing you create, are charged at the time of listing, and are nonrefundable. Fee amounts are based on the terms in effect when the listing goes live and when it renews. If you select more than one category for your listing, insertion and advanced listing upgrade fees apply for each category.
- Not all listing upgrades are available with every listing tool and not all advanced listing upgrades, when purchased, may be displayable across all our sites, services, applications, and tools.
- We require payment in full each month on accounts with an amount due of $1 or more. If you haven't paid the amount due by the payment due date each month, late fees may apply. Learn more about payment requirements, due dates, and late fees.
- We may limit the exposure of duplicate auction-style listings to encourage a positive buyer experience. If you list duplicate, identical auction-style listings, you'll be charged the full insertion fee and any fees for optional advanced listing upgrades for each listing even if a listing doesn't appear on eBay for the full duration of the listing. See the duplicate listings policy for more information.
- Seller fees don't purchase exclusive rights to web pages on eBay. We may, in our sole discretion and without consent from or payment to sellers, display third-party advertisements (including links and references thereto) and listings from other sellers on any eBay web page.
- When you submit your listing, it might not appear immediately in a keyword or category search. This can take up to 24 hours. Therefore, we can't guarantee exact listing durations.
- All fees are in US dollars.

이베이 수수료 관련 사례

■ 경매방식으로 월 50개 이내에서 리스팅하여 10.25달러에 낙찰이 되고 운송비가 3.5달러인 경우: 등록 수수료는 없으며 판매 수수료는 판매가와 운송비를 합친 금액(13.75달러)의 10%인 1.38달러를 부담한다. 판매자가 받을 금액은 8.87달러로 판매가의 87%이다.

> Auction-style listing, example 1
> You're selling a lightly used hardcover book. You select a starting price of $2.00, with a shipping cost of $3.50. You've listed fewer than 50 items this month.
>
> The winning bid for the book is $10.25, so the total amount of the sale is $13.75.
>
> The final value fee is $1.38, or 10% of $13.75.
>
> Your total fees for this item:
> Insertion fee: $0.00
> Final value fee: $1.38
> Total fees: $1.38
>
> You make $8.87, or approximately 87% of the sale price.

■ 경매방식으로 50개 이상이고 휴대전화를 400달러에 낙찰하고 무료배송을 해주는 경우: 판매 수수료 40달러, 등록 수수료 0.3달러, 총 40.3달러의 수수료를 부담한다. 남은 금액은 359.7달러로 판매가의 90% 수준이다.

> Auction-style listing, example 2
> You're selling the latest version of a smartphone in used condition. You select a starting price of $199, with a Buy It Now price of $400, and you offer free shipping. You've already listed more than 50 items this month.
>
> The item sells immediately for the Buy It Now price of $400. Since you aren't charging the buyer for shipping or any other costs, $400 is the total amount of the sale.
>
> The final value fee is $40, or 10% of $400.
>
> Your total fees for this item:
> Insertion fee: $0.30
> Final value fee: $40.00
> Buy It Now fee: $0.00
> Total fees: $40.30
>
> You make $359.70, or approximately 90% of the sale price, not including shipping costs.

■ 월 50개 이내의 경매방식으로 최저낙찰가를 400달러로 설정하고 사진을 돋보이도록 갤러리 플러스를 이용하는 동시에 미국 이외에 다른 나라 이베이에서도 노출되도록 하여 2,800달러에 낙찰되고 배송비가 30달러인 경우: 등

> Auction-style listing, example 3
> You're selling a rare vintage camera. You select a starting price of $99 and offer calculated shipping. You've listed fewer than 50 items this month.
> You add the following advanced listing upgrades:
> - To highlight the condition of the camera, you add Gallery Plus.
> - To make your listing available to more customers, you add International Site Visibility.
> - You add a reserve price of $400.
>
> The winning bid for the camera is $7,800. Shipping to the buyer is $30, so the total amount of the sale is $7,830.
>
> The final value fee is $750. (10% of $7,830 is $783, but the maximum charge for auction-style final value fees is $750).
>
> Your total fees for this item:
> Insertion fee $0.00
> Final value fee $750.00
> Gallery Plus fee $0.35
> International Site Visibility fee $0.40
> Reserve price fee $4.00
> Total fees $754.75
>
> You make $7,045.25, or approximately 90% of the sale price.

록 수수료는 없으나 갤러리 플러스 수수료 0.35달러, 최저가 설정 수수료 4달러, 다른 나라 노출 수수료 0.4달러 등이 발생한다. 판매 수수료는 '판매액+운송비(2,830달러)'의 10%인 283달러로 계산되나 상한선 250달러만 징수한다. 따라서 이를 합치면 254.75달러가 된다. 남은 금액은 판매가격의 91% 수준이다.

- 공구를 고정가 판매방식으로 34.99달러에 팔고 배송비 15달러를 받은 경우(50개 이내): 등록 수수료는 면제된다. 판매가격과 배송비를 합친 금액 49.99달러의 10%인 5달러를 부담한다. 남은 돈은 판매가격의 86% 수준이다.

  ```
  Fixed price listing, example 1
  You're selling a brand new screwdriver set. You choose a price of $34.99,
  with a shipping cost of $15. You've listed fewer than 50 items this month.

  The total amount of the sale is $49.99.
  The final value fee is $5.00, or 10% of $49.99.

  Your total fees for this item:
  Insertion fee:    $0.00
  Final value fee:  $5.00
  Total fees:       $5.00

  You make $29.99, or approximately 86% of the sale price.
  ```

- 월 50개를 넘어가는 경우로써 핸드백을 고정가 판매방식으로 7일간 올렸다. 가격은 44.99달러, 배송비는 12.99달러다. 리스팅 업그레이드를 위해 Value Pack을 사용한 경우: 등록 수수료 0.3달러, Value Pack 수수료가 0.65달러, 판매수수료 5.8달러이므로 총 6.75달러의 수수료를 부담한다. 남은 돈은 판매가격의 85%이다.

  ```
  Fixed price listing, example 2
  You're selling a brand new handbag. You select a 7-day duration, with a
  price of $44.99. You offer a standard and expedited shipping service for
  buyers to choose from. You've already listed more than 50 items this month.

  To attract the attention of more buyers, you add the Value Pack advanced
  listing upgrade.

  The handbag sells and the buyer chooses an expedited shipping service for
  $12.99. The total amount of the sale is $57.98.

  The final value fee is $5.80, or 10% of $57.98

  Your total fees for this item:
  Insertion fee:    $0.30
  Final value fee:  $5.80
  Value Pack        $0.65
  Total fees:       $6.75

  You make $38.24, or approximately 85% of the sale price.
  ```

02 페이팔 수수료

 이베이 판매는 국가와 국가 간 거래다. 일종의 규모가 작은 수출이라고 할 수 있다. 이런 거래에는 많은 불안요소가 있다. 그중 하나가 대금결제 문제이다. 보통 수출할 때 해외 구매자의 신용도를 알지 못하기 때문에 신용을 조사하거나 신용장 개설을 요구하는 등의 번거로운 절차를 거치는데 온라인 판매는 이런 걱정을 하지 않아도 된다. 바로 페이팔이라는 결제시스템이 존재하기 때문이다.

 이베이의 결제기능을 담당하는 전자은행인 페이팔도 이용할 때 수수료를 낸다. 수수료는 거래 수수료와 송금 수수료 등 두 가지다. 페이팔 수수료는 조금 비싼 편이다. 그러나 페이팔 덕분에 판매가 이뤄진 후 대금회수와 환전 등을 안방에서 클릭만으로 해결할 수 있다. 판매가격 설정을 위해서는 페이팔 수수료에 대해서도 알고 있어야 한다.

 페이팔 사이트(www.paypal.com)를 통해 수수료를 알아보자. 로그인을 하면 가입자의 계정을 보여준다. 거래 관계가 없으면 잔고는 당연히 0달러로 나타날 것이다. 수수료를 알아보기 위해서는 화면 하단의 'Fees'를 클릭한다.

바뀐 화면을 보면 이베이 수수료가 상품을 구매할 때(대금 지급)는 무료이고 판매할 때(대금 회수)에는 2.4~3.4%에 거래당 0.3달러가 가산됨을 알 수 있다. 또 '2.4% to 3.4%+$0.30'를 보면 계정 개설은 무료이고 월 수수료가 없다고 알려준다. 페이팔 계정에 들어 있는 잔고를 송금할 때는 수수료가 붙지 않으나 상품 판매 대금을 받을 때, 그리고 카드로 결제한 금액을 받을 때에는 적용된다. 그러나 지금까지의 설명은 미국 내 이용자에 대한 설명이고 한국의 판매자들에게는 CBT(cross border transaction) 수수료가 적용된다. 제일 하단의 'View cross-border transaction fees'를 클릭하면 내용이 나타난다. 두 페이지 뒤 상단의 그림을 보면 페이팔의 수수료는 '3.9%+$0.3'임을 알 수 있다.

고액거래자에게는 판매상 수수료(Merchant Rate)라는 정책이 있다. 월 판매액이 3천 달러 이상이면 3.4%, 1만 달러 이상이면 3.2%, 10만 달러를 넘으면 2.9%의 낮은 수수료가 적용된다. 요건을 갖춘 판매자라면 언제든지 신청할 수 있다.

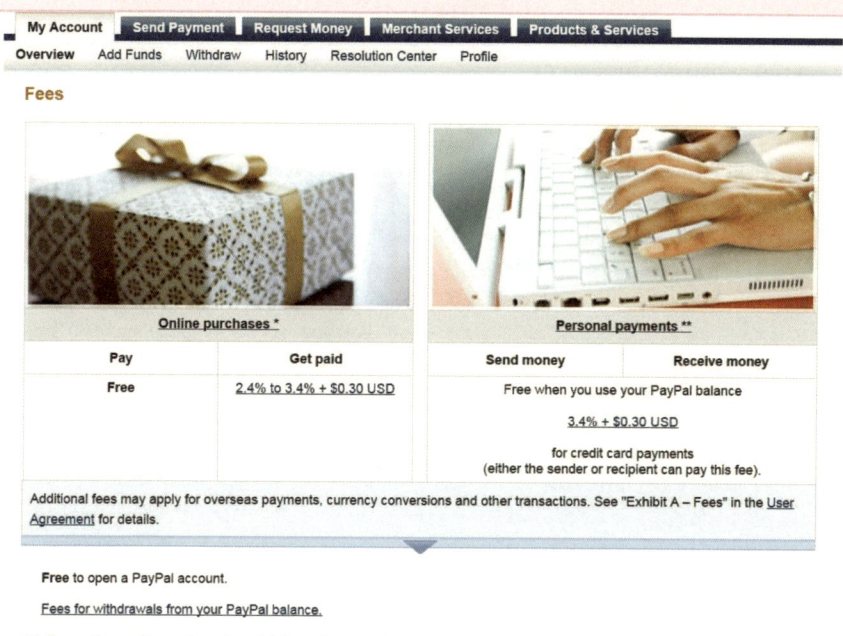

Transaction Fees for Domestic Payments

Sending money
It's always free to send money to friends and family when you use your PayPal balance or bank account. Fees apply only if the sender uses a credit or debit card, or if you receive any payment for goods or services. There are also:
No monthly fees to maintain a PayPal account.
No setup fees.
No gateway fees.
No fees for multiple eBay and merchant tools.

Receiving purchase payments
Your account is set to the Standard Rate for receiving payments of 3.4%.
If you receive more than $3,000.00 USD per month, you're eligible to apply for PayPal's Merchant Rate – which lowers your fees as your sales volume increases. Your fees can be as low as 2.4%, based on your previous month's sales volume.

See general fees information.
View cross-border transaction fees

CHAPTER 9 수수료와 판매대금 찾기

Sell on website, through invoice or email payments (standard rate for international payments)	3.9% + fixed fee based on the currency received*
Selling on eBay (standard eBay rate for international payments)	3.9% + fixed fee based on the currency received*
Discounted rate for merchants	You can apply for our **discounted merchant rates** when you meet qualifying calendar monthly sales volume and keep your account in good standing order.

Additional currency conversion fees may apply.
*For example, for payments received in USD, the fixed fee is $0.30 USD.

페이팔에 들어온 돈을 찾는 방법은 해외 판매를 시작하는 사람 모두에게 궁금한 부분이다. 페이팔이 전자은행이라고 한다면 이 전자은행에 본인의 주거래 통장을 등록할 수 있다. 그렇게 등록한 통장으로 언제든지 출금이 가능하다.

출금을 신청하면 페이팔 기준 환율로 자동 계산이 되어 3~5일 이내에 입금이 된다. 달러로 쓰고 싶으면 페이팔 잔고로 보유하다가 사용하면 된다. 출금 수수료는 15만 원 이상은 무료, 15만 원 미만 소액 거래는 건당 1,500원이 발생한다. 페이팔은 10달러 수준으로 최소 인출금액을 정해 놓고 있다는 점에 유의한다.

Monthly sales volume	Overseas payments[1]	
	Website, invoice and email payments	eBay payments[3]
Up to $3,000 USD	3.9% + fixed fee based on the currency received[2]	3.9% + fixed fee based on the currency received[2]
$3,000.01 - $10,000 USD	3.4% + fixed fee based on the currency received[2*]	3.4% + fixed fee based on the currency received[2*]
$10,000.01 - $100,000 USD	3.2% + fixed fee based on the currency received[2*]	3.2% + fixed fee based on the currency received[2*]
$100,000.01 USD and over	2.9% + fixed fee based on the currency received[2*]	2.9% + fixed fee based on the currency received[2*]

1 Fees for receiving payments from buyers outside of Korea.
2 For example, for payments received in USD, the fixed fee is $0.30 USD.
3 For transactions on eBay website only.
* Merchant Rate qualification required.
You can **apply for our discounted Merchant Rates** when you meet a qualifying calendar monthly sales volume and keep your account in good standing order.

03

판매대금 찾는 법

페이팔은 판매대금에 비례한 수수료를 받으면서 판매자의 계정상황을 자세하게 이메일로 알려준다. 구매자의 대금결제상황을 건마다, 거래가 끝나면 대금인출이 가능함을 건별로 알려준다. 스마트폰에 메일을 열어 놓으면 페이팔 계정의 변동 상황을 실시간으로 확인할 수 있다.

페이팔 계정에서 돈을 인출하기 위해서는 우선 페이팔에 로그인을 하여 판매자의 국내 거래은행을 등록해야 한다. 사전에 등록하지 않았을 때 인출을 신청하면 은행을 등록하라는 페이지가 나타나는데, 이 페이지의 안내에 따라 등록하면 돈을 인출할 수 있다. 메뉴에서 미리 은행을 등록한 후에 인출을 신청하는 방법도 가능하다.

❶ 먼저 국내 은행계정을 등록해보자. 페이팔에서 로그인한 후 'My Account' 의 'Profile' 을 클릭한다. 하단 메뉴에서 'Add/Edit Bank Account' 를 클릭한다.

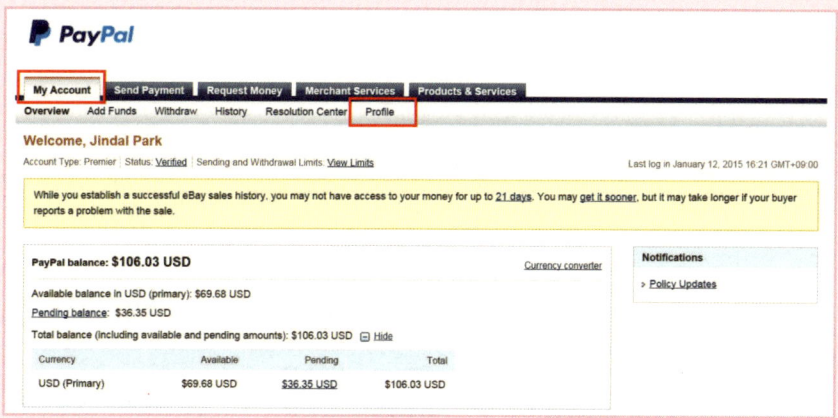

❷ 'Bank Code' 의 'see bank codes' 를 클릭하면 우리나라의 은행 코드가 나온다. 은행을 선택하고 'Account Number' 에 계좌번호를 입력한 다음, 'Continue' 를 클릭한다.

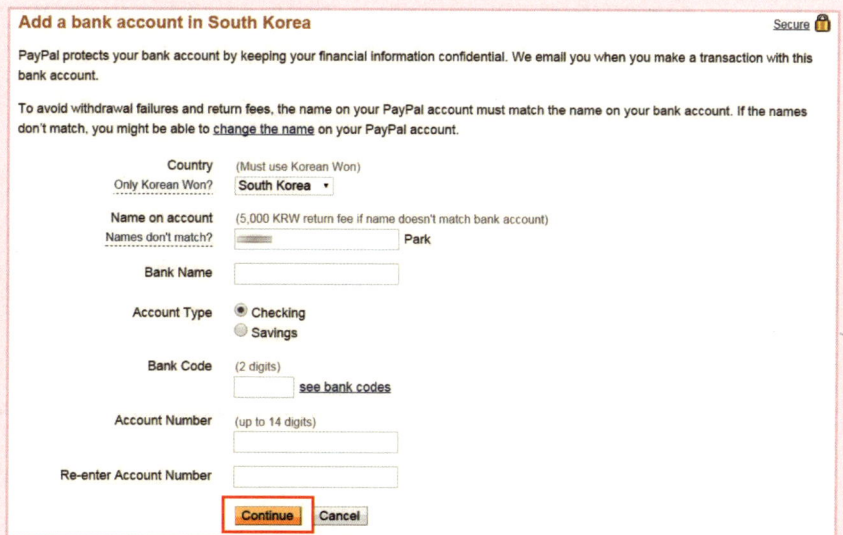

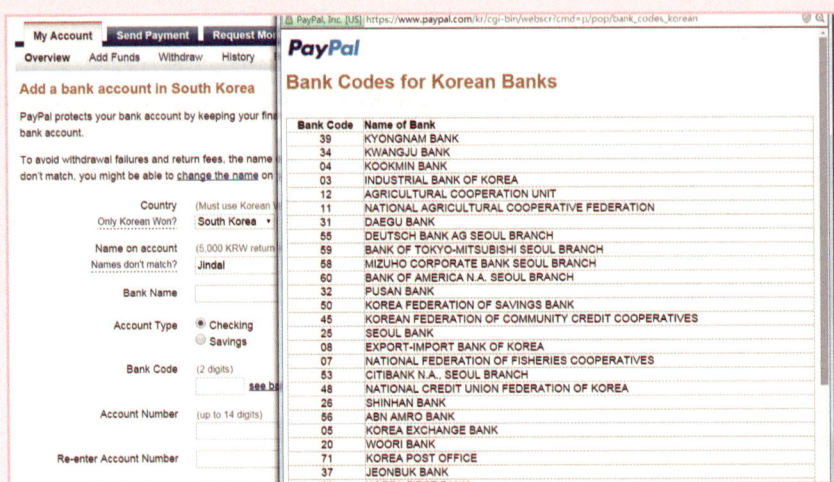

❸ 이제 페이팔에서 국내 계정으로 인출해보자. 'Withdraw'를 클릭한다.

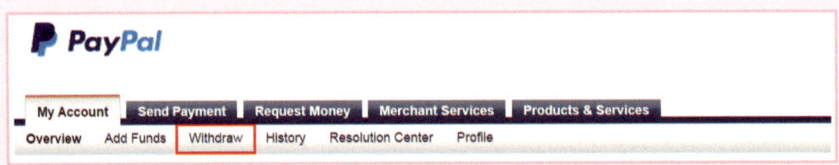

❹ 'Withdraw funds to your bank account'를 클릭하면 다음 페이지 상단과 같은 화면에 잔고가 나타난다. 원하는 출금액을 지정하고 계좌를 확인한 후, 'Continue'를 클릭한다.

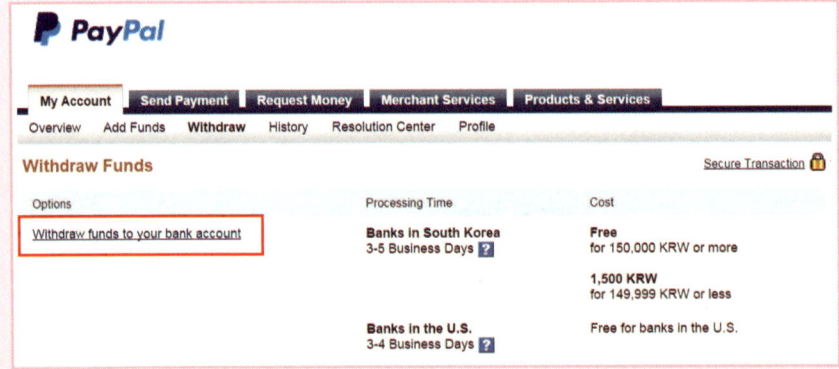

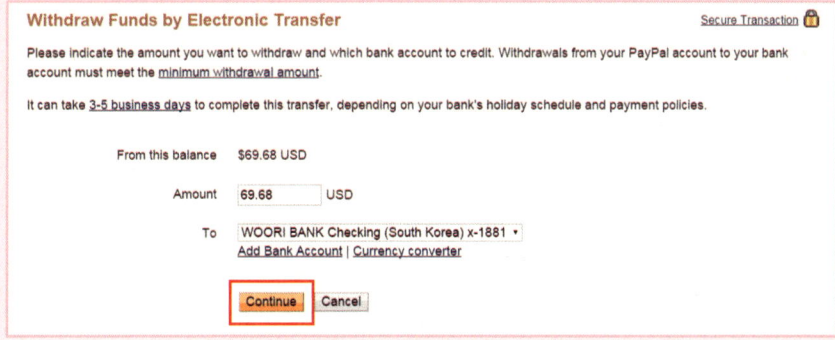

❺ 다음 화면에서 'Submit'를 누르면 입금 요청이 끝난다.

빠르면 3일, 늦어도 5~7 영업일 이내에 국내 계정으로 입금된다. 인출 금액이 15만 원 이하면 1,500원의 수수료가 발생하며 1회 인출 한도는 2만 달러, 최저 인출한도는 10달러다. 기타 통화의 경우 10달러 상당액으로 되어 있다. 10달러에 미달한다면 상품구매대금으로 활용하는 것도 방법이다.

이베이에서 판매를 시작한 지 3개월이 되지 않은 셀러, 판매 개수가 25개 미

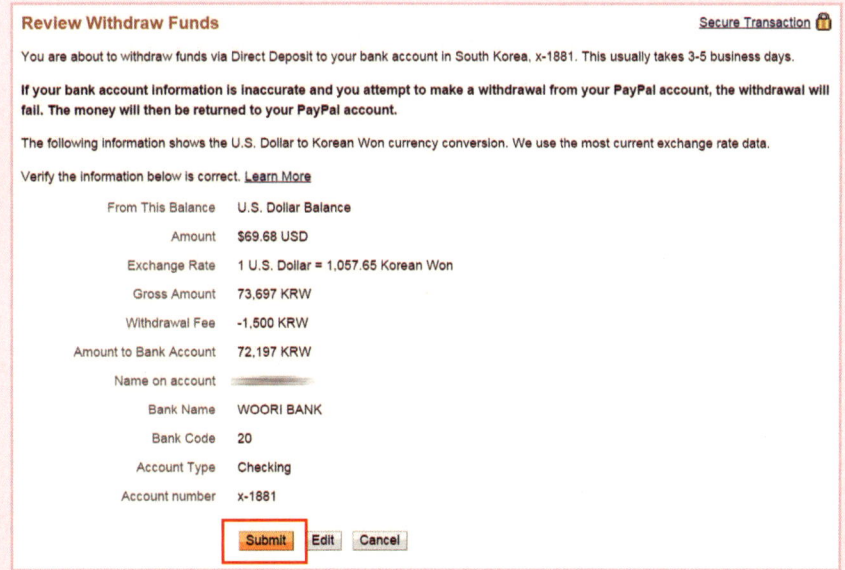

CHAPTER 9 수수료와 판매대금 찾기

215

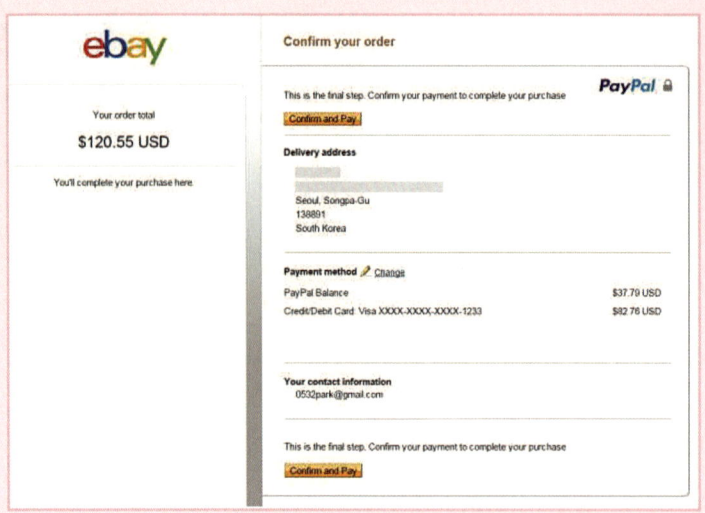
▲ 페이팔 계정 잔고와 신용카드를 동시에 이용한 상품 구매

만인 셀러, 판매금액이 250달러 미만인 셀러 등은 신규 셀러로서 구매자 입금일 기준 최장 21일까지 출금이 되지 않는다. 그 내용은 페이팔이 이메일을 통해 건별로 통보하고 있다.

페이팔 계정에 있는 금액은 구매대금으로도 충당할 수 있다. 페이팔 계정에 잔고가 있는 회원이 이베이를 통해 상품을 구매할 경우 대금결제조건으로 페이팔 잔고를 우선적으로 사용하게 된다. 페이팔 잔액이 구매대금에 미달할 경우에는 페이팔 계정을 한도 내에서 이용하고 나머지는 신용카드로 결제할 수 있도록 되어 있다.

ADVICE TIPS
페이팔의 판매대금 관련 e-mail 통보

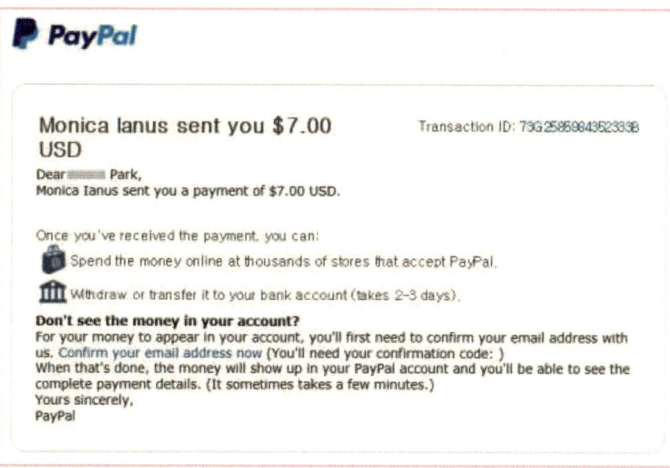

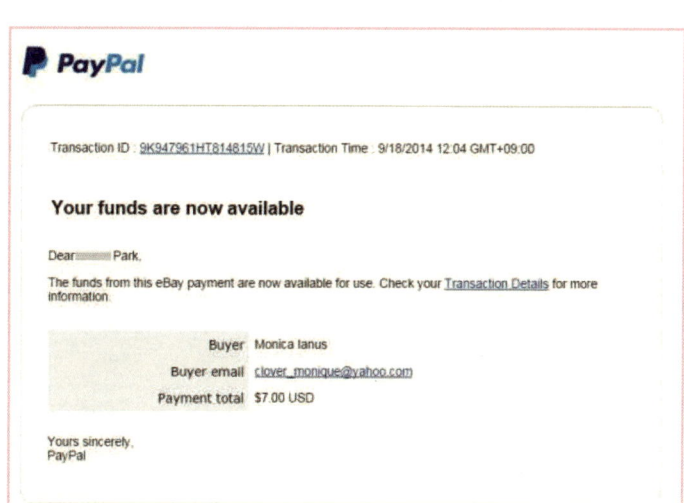

CHAPTER
10

판매 옵션의 활용과 클레임 해결

01 판매에 도움을 주는 옵션

'판매방식과 가격' 옵션

리스팅을 할 때 '판매방식과 가격(Choose a format and Price)'에서의 옵션은 판매를 촉진하거나 적정가격을 확보하는 데 유용하게 사용될 수 있다.

경매에서는 보통 경매 시작가격(Starting Price)과 함께 구매가격(Buy It Now Price)을 설정해 진행한다. 그러나 경매가 지지부진해져서 저가로 낙찰되는 것을 방지하기 위해 최저낙찰가격(Reserve Price)을 설정할 수 있다. 아울러 이베이에서 노출이 잘 이루어지는 경매 마감시간이 해외 구매자들의 구매가 활발한 낮 시간에 맞춰지도록 경매 개시시간을 설정할 수도 있다.

❶ 최저낙찰가격과 경매 개시시간을 예약해보자. 먼저 판매방식과 가격 설정의 'Add or remove options'을 클릭하면 다음과 같은 화면이 나타난다.

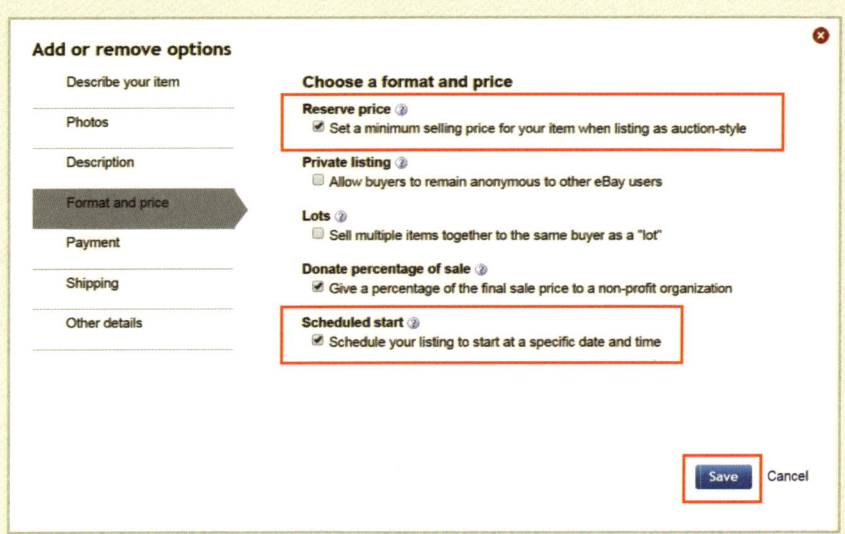

❷ 'Reserve Price'와 'Scheduled start'를 체크하고 'Save'를 누르면 다음과 같은 설정란이 나타난다.

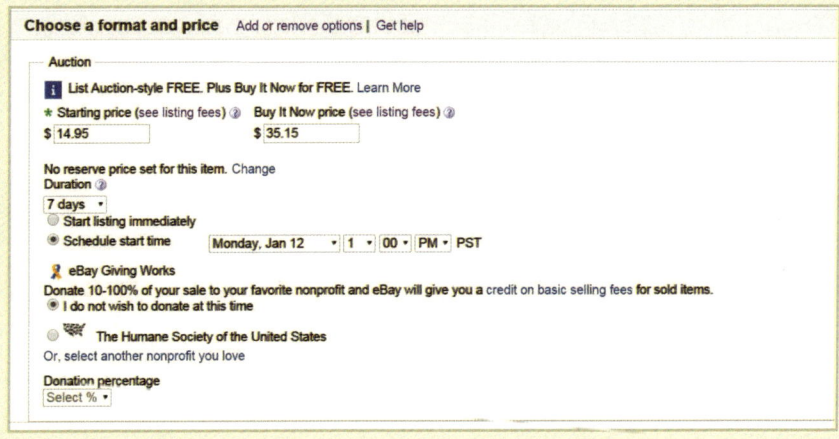

❸ 서브 타이틀을 쓸 때, 사진에 워터마크를 쓸 때, 구매자의 ID가 알려지지 않도록 할 때 사용하는 프라이빗 리스팅(Private listing)도 설정할 수 있다. 프라이빗 리스팅 이용은 고가품, 의약품(거래가 허용된 것) 등의 거래 등을 비롯하여 구매자

의 ID를 보호해줄 필요가 있을 때 이용할 수 있으나 꼭 필요한 경우에만 한다. 'Private listing'에 체크하는 것 이외에 다른 것은 일반적인 리스팅과 같다.

❹ 리스팅에 얼마나 많은 방문자들이 있었느냐를 보여주는 방문자 카운터도 있다. 'Description'을 클릭해서 리스팅 디자이너(Listing Designer), 방문자 카운터(Visitor counter) 등을 체크하면 된다. 방문자 카운터는 무료이며 리스팅의 하단에 나타나는 구매자들이 상품에 얼마나 관심을 가지고 있는지를 파악할 수 있다.

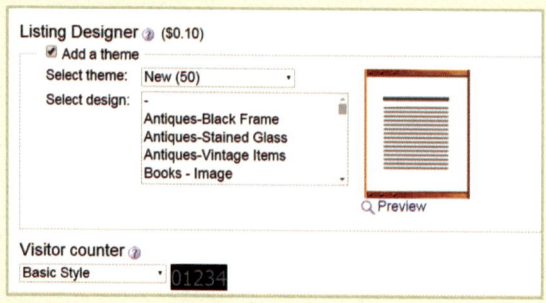

가격 흥정

고정가 판매를 할 때 셀러는 'Best Offer(가격 흥정)' 기능을 이용할 수 있다. 'Best Offer'란 셀러가 희망가격을 제시하고 구매자가 이를 수락하면 거래가 성사되는 판매방식이다. 셀러는 구매자가 제시한 가격이 기대에 조금 미치지 못한다고 판단할 경우에 'Counter Offer'를 제시할 수 있다. 이 경우는 구매자의 선택에 따라 거래성사 여부가 결정된다.

고정가 판매의 창에서 'Best Offer'를 채택하면 다음과 같은 화면이 나타난다. 현재 판매가격을 21.45달러로 설정했으나 조금 낮은 가격으로라도 팔겠다고 생각하고 구매자의 반응을 보는 것이다. 일정 가격을 정해 그 가격 이상이면 자동으로 수락하는 기능 또는 일정 가격 이하이면 자동으로 거부하는 기능도 설정할 수 있다. 설정하지 않는 경우는 구매자가 보내온 주문을 받고 결정하면 된다.

❶ 예를 들어 말레이시아에 있는 구매자가 21.45달러에 판매하는 화장품에 대해 'Best Offer'로 15달러를 입력하여 보내왔다. 'Accept offer'를 클릭하면 거래가 성사된다.

CHAPTER 10 판매 옵션의 활용과 클레임 해결

❷ 그러나 15달러가 너무 낮은 수준이라 생각되어 17달러로 'Counter Offer'를 보내기로 했다. 'Make a counter offer'를 클릭하면 다음과 같은 화면이 나타난다. 빠른 결론을 얻기 위해 1일간만 유효한 오퍼를 냈다.

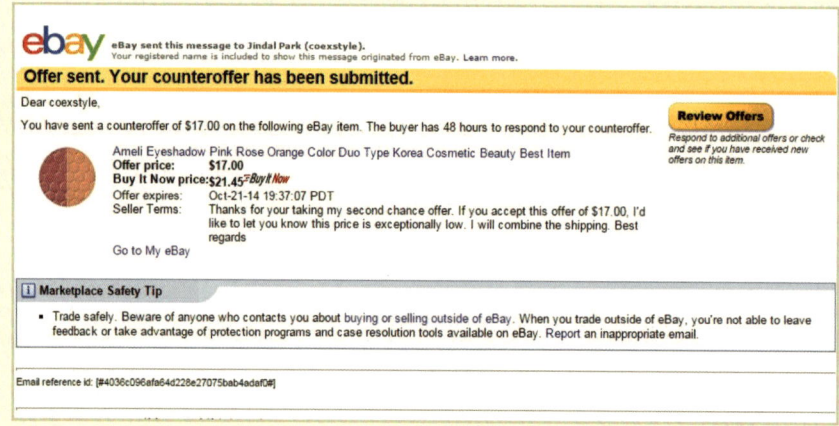

❸ 구매자가 17달러의 'Counter Offer'를 수락하고 대금결제를 완료했다면서 배송을 요청했다.

❹ 대금결제가 이루어지면 아이템 리스팅에는 고정가 21.45달러가 아니라 'Best Offer'가 수락된 방식으로 판매 완료되었음이 확인된다.

세컨드 찬스 판매

경매방식으로 진행하면 최고 가격을 제시한 구매자에게 상품이 팔린다. 그러나 상품 재고가 있고 낙찰가격이 낮은 수준이 아니라면 최고가 낙찰자 다음으로 높게 입찰한 구매자에게 구매기회를 줘서 상품을 판매할 수 있는데, 이를 '세컨드 찬스 판매(Second Chance Offer)'라 한다.

❶ 이베이에서 경매가 마감되면 세컨드 찬스 판매를 제시할 기회가 자동으로 생성된다. 'My eBay'의 'Sell'에 들어가면 이 방식에 의한 기회가 있다고 알려주고 있다.

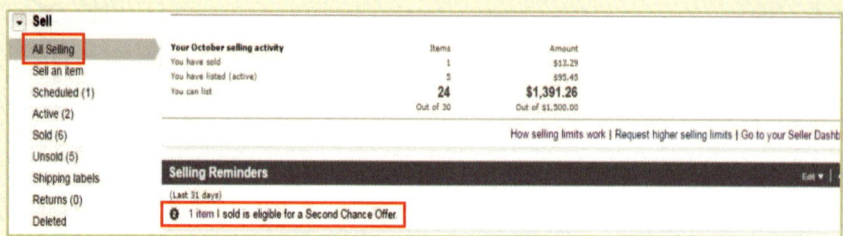

❷ 해당 부분을 클릭하면 경매내역이 나타나고 'Second Chance Offer' 버튼을 볼 수 있다.

❸ 수량을 정하면 세컨드 찬스 판매를 할 수 있는 입찰자와 함께 경매에서 제시한 가격을 보여준다.

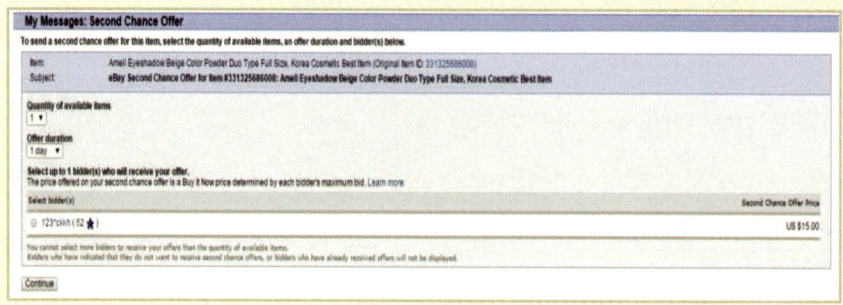

❹ 가격에 만족할 경우 'Offer'의 유효기간을 설정하고 간략한 메시지와 함께 거래를 제안한다.

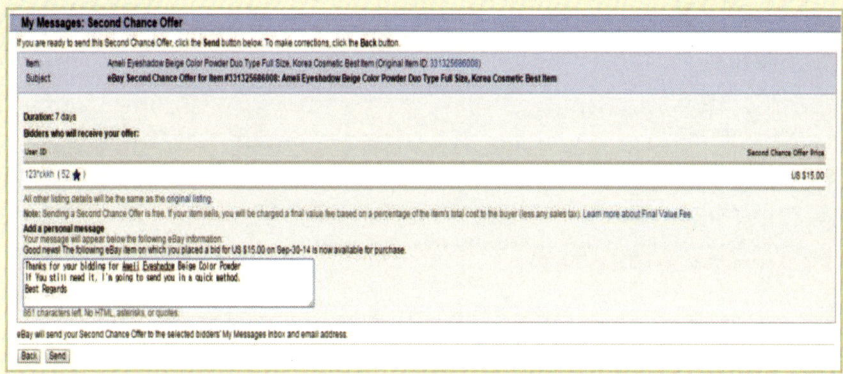

❺ 제안을 받은 구매자가 수락했다는 알림이 'My eBay'에 나타나고 말레이시아로 배송해야 함을 알 수 있다. 'Selling Manager'에서는 세컨드 찬스 판매에 의한 거래라고 나타났다.

❻ 화면의 안내에 따라 배송을 위한 슬립(Slip, 전표)을 출력한다.

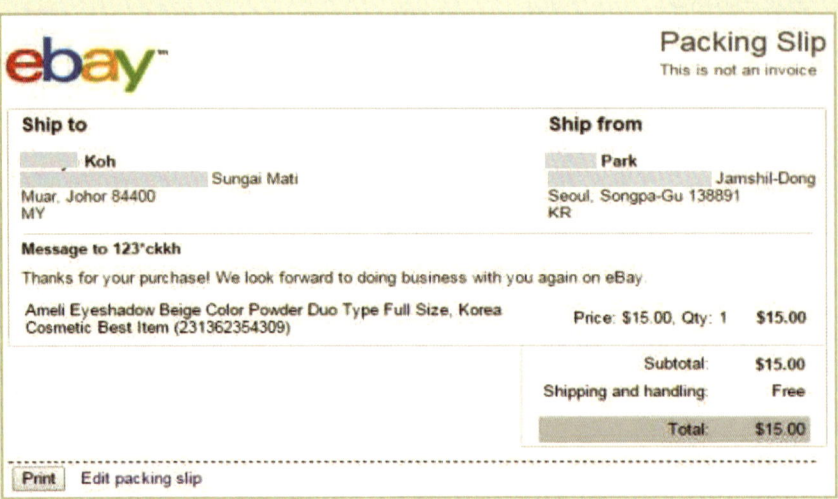

판매에 도움이 되는 구매자 관리

거래 구매자 관리

이베이에서 거래한 내역은 파일로 일정 기간 저장된다. 파일에는 구매자의 아이디, 이메일, 주소, 이름이 있는데 나중에 새로운 상품을 리스팅하고 안내문을 발송하는 등에 활용할 수 있다. 거래 구매자의 정보는 최대 90일까지 보관되므로 매월 월말에 한 차례씩 자료를 다운로드해야 지속적인 이용이 가능하다. 다운로드는 'My eBay'의 'Activity' 왼쪽 하단에 나타난 것 중 하나인 'Exchange File'을 이용한다.

❶ 'Exchange File'을 클릭하고 나온 화면에서 다운로드 부분을 클릭한다.

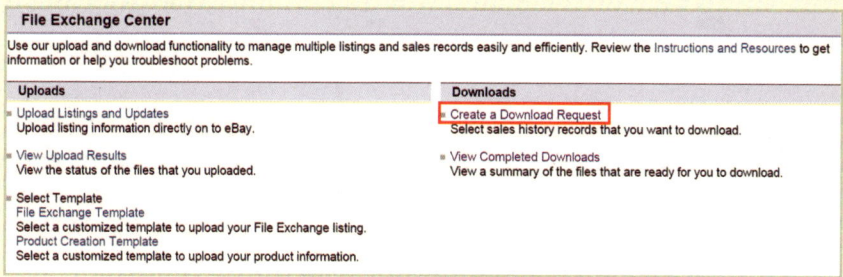

❷ 다운로드할 내용을 지정하는 칸이 있다. 여기에 Select란에서 'sold(판매내역)'을 선택하고 'Save'를 클릭하면 이베이에 등록한 이메일로 파일이 들어온다.

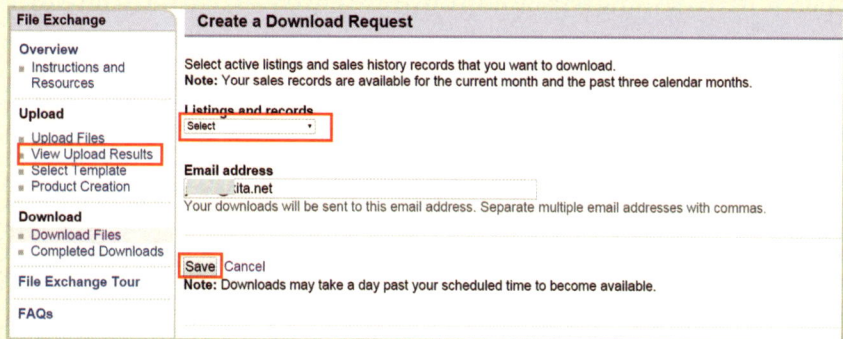

❸ 이메일로 들어가서 보면 다음과 같이 다운로드 파일이 생성되어 있다.

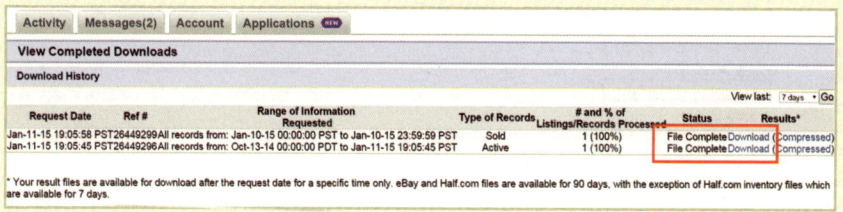

❹ 오른쪽의 다운로드 파일을 열고 압축을 풀면 창에 거래내역을 세부적으로 보여주는 엑셀파일이 나타난다.

CHAPTER 10 판매 옵션의 활용과 클레임 해결

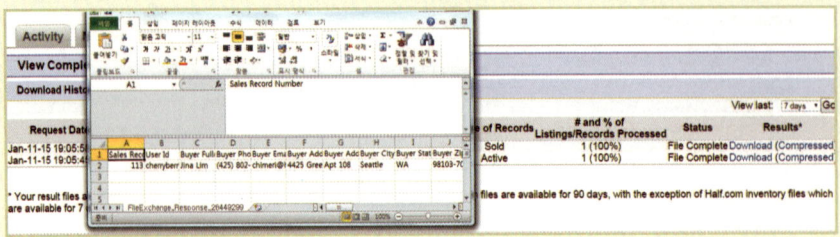

악성 구매자 차단

구매자 요건 설정에 의한 차단

대금결제에 문제가 있는 구매자, 상습적으로 부정적인 피드백을 남기는 구매자와는 거래를 하지 않는 편이 낫다. 또한 배송이 어려운 지역에 사는 구매자가 구매를 하면 난감한 상황이 벌어질 수 있으니 예방할 필요도 있다.

판매 리스팅을 하면서 제일 마지막에 설정하는 것이 반송과 환불에 관한 정책인데 구매자 요건을 추가하는 항목(Add buyer requirements)을 활용하면 요건에 미달하는 구매자에게는 판매가 되지 않는 기능을 추가할 수 있다.

❶ 'Buyer requirements'에서 'Add buyer requirements'를 클릭한다.

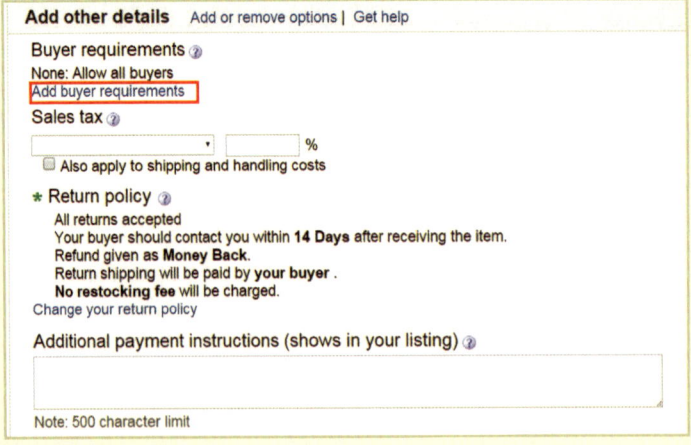

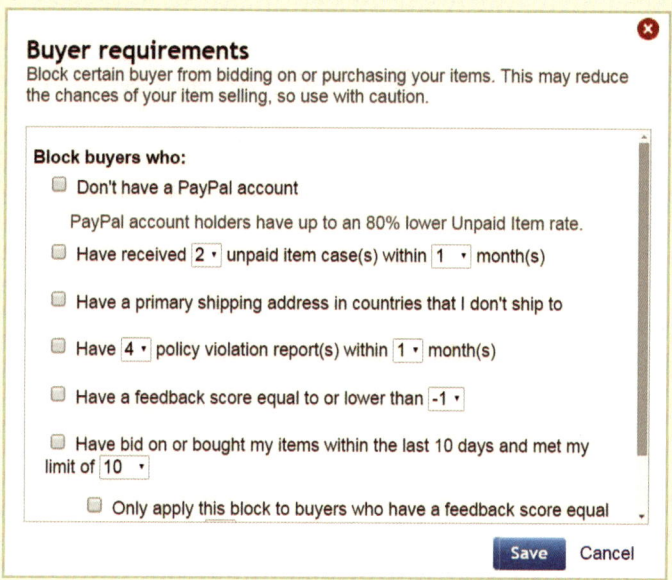

❷ 페이팔 계정을 갖고 있지 않은 구매자, 대금결제를 하지 않은 전력이 있는 구매자, 배송하기 어려운 국가의 구매자, 이베이 운영정책을 위반한 구매자, 피드백이 나쁜 구매자 등의 항목에서 골라 'Save'를 클릭하면 된다.

특정 구매자 지정을 통한 차단

온라인 쇼핑에는 악성 구매자가 많다. 상품을 발송한 지 며칠이 지나지 않았는데 상품을 받지 못했다고 아우성인 사람, 상품을 받은 뒤 이메일 연락도 하지 않은 채 이베이에 불만을 제기(Case Open)하는 사람, 물건을 받은 뒤 고의적으로 환불을 받으려고 하는 사람 등이 대표적이다.

특히 피드백에 매우 인색한 구매자도 셀러 입장에서는 악성이라 할 수 있다. 상품을 받은 뒤 부정적인 평가를 상습적으로 남기는 구매자와 거래하는 일은 결코 좋지 않다. 부정적인 평가 또는 낮은 DSR(Detailed Seller Ratings, 구매자가 셀러와의 거래에 대한 평가를 세세하게 하는 것)이 몇 개만 쌓여도 온라인 셀러로서 이미지가 크게 실추될 수 있는 것이 이베이 시장의 특성이기 때문이다.

이베이에서 악성이라고 생각되는 구매자가 자신이 리스팅한 상품을 구매하지 못하도록 하는 방법은 간단하다. 'My eBay'에서 'Buyer/Bidder Block'에 그 구매자들의 아이디를 입력하면 이들은 리스팅한 상품을 구매할 수 없게 된다.

❶ 'My eBay', 'Activity', 'Favorite Links', 'Block bidders'를 차례대로 클릭한다.

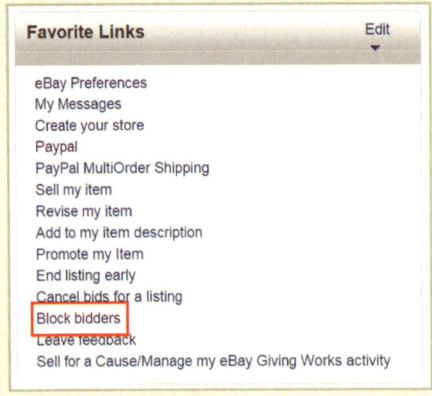

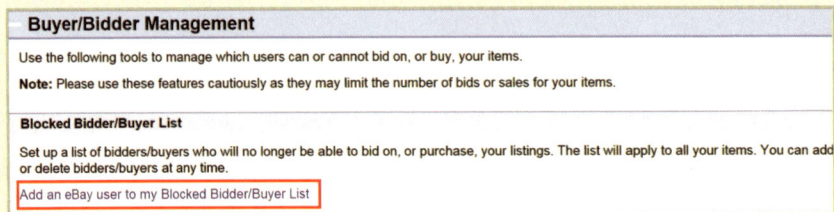

❷ 차단할 구매자 명단 추가를 클릭하면 입력창이 나타나는데 여기에 구매자의 아이디를 입력하면 된다. 복수의 구매자를 입력할 경우 콤마(,)를 이용하면 된다. 등록한 구매자는 3개월이 지나야 해제할 수 있다.

02 거래 취소의 과정

구매자가 취소를 희망하거나 알고 보니 재고가 없음을 뒤늦게 알았을 경우 등이 발생해서 거래를 취소해야 하는 상황이 생긴다. 거래 취소는 기본적으로 셀러와 구매자 간의 사전합의에 따라 이뤄진다. 구매자에게 사전동의를 받지 않고 거래를 취소하면 당연히 구매자에게 부정적인 피드백을 받을 수 있다.

거래 취소가 배송하기 전에 이뤄지면 판매대금만 환불해주면 끝이 난다. 2014년 11월부터 구매자는 상품을 구매한 시점에서 180일 이내에 거래 취소를 요청할 수 있다(이전까지는 45일 이내였다). 구매자 보호정책 강화차원에서 기간을 확대했으며 셀러가 위조품이나 모조품을 판매한 경우에 구매자는 반송하지 않고도 환불받을 수 있게 했다.

거래 취소는 'My eBay'의 'Account'에 있는 'Resolution Center'에서 할 수 있다. 내용 중에서 '구매자와 거래를 취소하기로 합의했다'는 항목을 클릭한다.

최근 거래한 상품이 나타나는데 이 중에서 해당 상품을 클릭하면 취소의 이유를 묻는다. 여기서 재고가 없다는 내용을 선택하고 구매자에게 전달하는 메시지

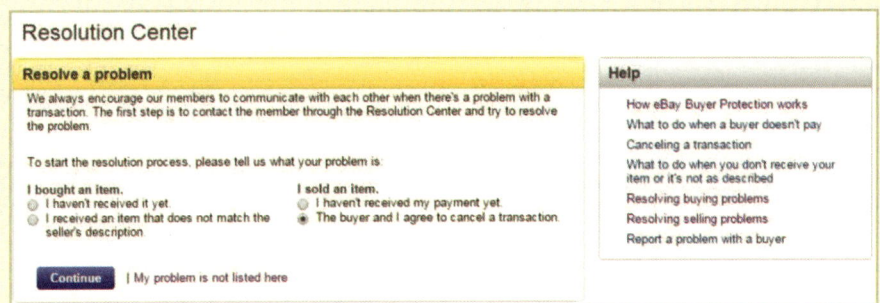

를 쓴 다음 'Send request'를 클릭하면 구매자는 셀러가 거래 취소를 요청했다는 안내문을 받게 된다.

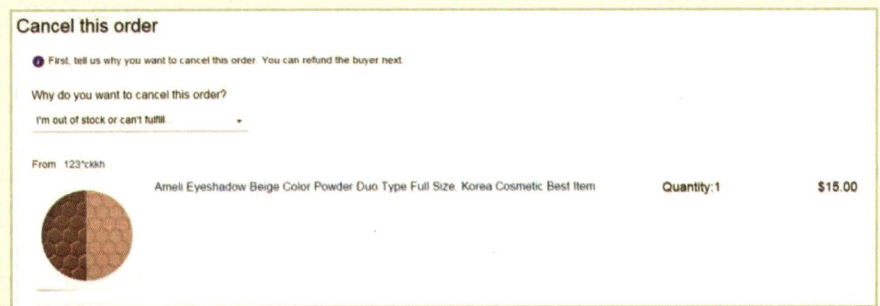

구매자에게 보낸 거래 취소에 대한 승인여부는 'My eBay'의 'Activity'에 있는 'Sold'에 나타난 리스트에서 확인된다. 구매자가 동의하면 거래내역 중 'Total Price'에 나타났던 거래 취소 요청 아이콘이 초록색 체크 아이콘으로 변경된다. 거래 취소가 이뤄지면 수수료가 환불된다. 수수료 환불은 구매자 동의가 있으면 바로 진행된다.

03 클레임이 들어왔다

구매자가 상품을 받지 못하거나 받은 상품이 리스팅에서 보고 생각한 것과 큰 차이가 있으면 클레임(Claim)을 제기할 수 있다. 구매자는 이베이와 페이팔 두 곳 중 한 곳을 선택해 할 수 있다. 그동안 클레임 제기는 주로 페이팔에서 이뤄졌으나 이베이가 구매자 보호정책을 강화하면서 이베이에서도 제기할 수 있게 되었고 요즘은 이베이를 이용하는 구매자가 늘어나는 추세다.

따라서 셀러는 이베이와 페이팔에서 클레임이 제기되었는지 여부를 확인하고 적절하게 대응해야 한다. 이베이와 페이팔의 클레임 진행절차는 비슷하다. 대신 용어에는 차이가 있다.

이베이에서 거래 일방이 문제를 제기하는 것을 '케이스를 연다(Open Case)'라고 한다. 상호 간의 합의로 해결되지 않고 이베이를 통해 해결이 진행되는 것을 에스컬레이트(escalate)라 한다. 반면 페이팔에서 이의제기는 초기 단계 분쟁(Dispute)에서 청구(Claim)로 격상되는 방식이다.

구매자들은 셀러와의 대화보다 이베이에 이의제기(open case)를 하거나 페이팔에 분쟁(Disputes) 신청을 선호한다. 또 이베이에 이의제기를 한 구매자는 클릭 한 번으로 공식 클레임을 제기(escalate)할 수 있다(페이팔에서도 마찬가지다). 이베이와 페이팔은 양쪽의 주장을 보고 24시간 내에 결정을 내리는데 셀러의 면책요건이 명확하게 충족되지 않으면 구매자를 보호해주는 경향이 있다.

클레임을 받았다고 해서 당황할 필요는 없다. 이베이와 페이팔의 시스템에 따라 차분하게 대응하면 합리적으로 해결되는 경우가 대부분이다. 물론 구매자의 클레임이 합리적이라면 환불을 해주겠다는 자세가 필요하고, 구매자의 주장이 부당할 경우 근거를 제시하면 된다. 클레임은 신속하게 처리되므로 대응도 신속해야 한다.

이베이에서 해결하는 방법

이베이에서 셀러와 구매자의 클레임은 분쟁해결센터(Resolution Center)에서 시작된다. 구매자는 구매내역 페이지의 'more actions'을, 셀러는 판매내역 페이지의 'Actions'을 클릭하면 'Resolve a problem'이 나오는데 이것을 클릭하면 분쟁해결센터로 연결된다. 'My eBay'의 'Account'에서 분쟁해결센터로 바로 찾아가는 방법도 있다.

'Resolve a problem'을 클릭하면 구매자에게는 상품을 받지 못했거나, 셀러의 상품설명과 다른 상품을 받았을 경우 등에 케이스를 열 수 있도록 되어 있다. 셀러의 경우에는 대금결제를 받지 못한 경우, 구매자와 거래 취소를 합의한 경우 등에 케이스를 열 수 있다.

가령 상품을 받지 못한 경우라면 판매자와 연락했는지를 체크하도록 되어 있고 문제제기를 할 수 있다. 상품을 구매했거나 판매한 경우에는 거래 상대방과

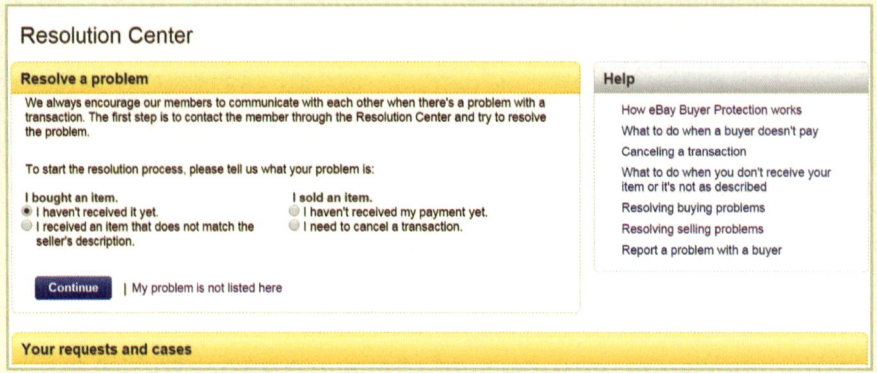

메시지를 주고받을 수 있으므로 케이스를 열기 전에 접촉하는 것이 바람직하다. 구매자가 이의제기를 바로 했다면 이에 상응하는 증거를 제시하고 설명하여 설득시켜야 한다.

　의견이 엇갈리면 이베이가 중간에 중재를 하도록 맡기게 된다. 이것이 에스컬레이트이다. 당사자 일방이 에스컬레이트를 신청하면 이베이 고객센터가 중재에 나서 어느 한쪽의 손을 들어주게 된다. 셀러는 이베이가 구매자 보호정책을 강화하는 주세라는 점을 염두에 둘 필요가 있다.

페이팔에서 해결하는 방법

페이팔에서 셀러나 구매자가 분쟁(Dispute)을 제기하거나 해결하는 창은 'My Account'의 'Resolution Center'이다. 구매자나 셀러는 페이팔 계정에서 거래와 관련된 분쟁을 제기한다. 구매자 입장에서는 상품을 받지 못했거나 다른 상품이 배송된 경우이며 셀러 입장에서는 대금을 받지 못한 경우 등이 해당된다.

　구매자가 분쟁을 제기하면 먼저 이메일이 오고 페이팔의 'Resolution Center'

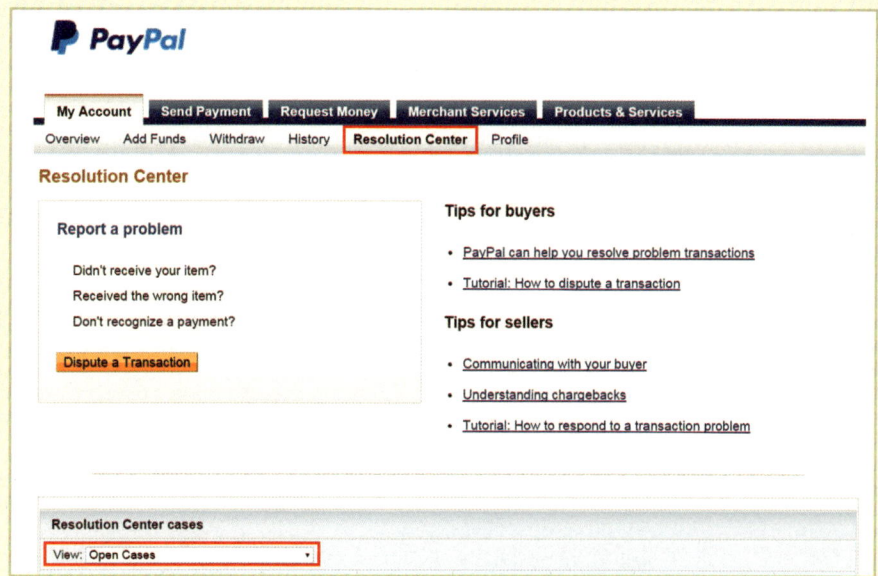

　에 세부적인 내용이 나타난다. 하단의 'view'를 통해 확인할 수 있다. 분쟁단계에서는 셀러와 구매자가 서로 협의하여 해결이 가능하다.

　기본적으로 가장 많이 일어나는 문제는 상품을 받지 못했다는 것이다. 소형 포장물의 경우 배송이 늦어지면 20일까지 걸리는 경우가 있는데 구매자가 이 기간 중에 분쟁을 제기하는 사례가 특히 많다. 소형 포장물 배송이 일반적으로 최대 2주일까지 소요되지만 3주가 걸리는 경우도 있으니 언제까지 기다려 달라고 요청하는 것으로 마무리할 수 있다.

　충분한 기간이 지났는데도 배송이 되지 않았다는 경우는 사정이 좀 복잡해진다. 실제 배송이 이뤄지지 않았을 가능성이 있기 때문이다. 판매자가 발송했다는 확실한 증거가 있으면 괜찮지만 그럴 수 없는 경우에는 빠른 환불이 낫다. 고가품은 수취인의 사인을 받는 방식으로 배송하도록 한다.

　구매자와 셀러 간의 협의가 제대로 이뤄지지 않을 경우 클레임으로 격상되고 페이팔이 나서게 된다. 이 과정에서 셀러가 구매자에게 환불(Issue Refund)을 해주면 클레임이 종료되지만 그렇지 않은 경우 페이팔은 셀러 및 구매자 보호정책에 따라 해결책을 제시한다.

환불은 매우 간단하다. 구매자가 제기한 'Dispute'에서 'Respond', 'Issue Refund'를 클릭하면 된다. 또 이베이에서 거래내역을 찾은 뒤 'View Sales Record'의 'Paypal Transaction Record'를 체크하면 페이팔에 해당 내역이 나온다. 여기서 'Issue Refund'를 진행하고 피드백을 하면 된다. 물론 피드백은 생략할 수 있다.

2014년 9월부터 상품이 셀러에게 반송되고 셀러가 이의를 제기하지 않으면 6일 이내에 환불이 자동적으로 이뤄지는 시스템이 도입되었다. 반품을 받은 셀러가 환불하면 판매 수수료를 돌려받는다. 환불이 이뤄진 상품을 다시 리스팅할 경우 수수료는 부과되지 않는다.

CHAPTER
11

피드백과 마케팅 전략

01
피드백과 항목별 평가

피드백

셀러와 구매자에게는 피드백 점수가 따라 다닌다. 피드백(feedback)이란 셀러와 구매자 간에 거래가 이루어졌을 때 상호 간의 만족도를 평가하는 제도이다.

상품을 구매한 구매자는 거래에 대해 긍정적(Positive), 중립적(Neutral), 부정적(Negative) 피드백 중 하나를 줄 수 있다. 포지티브 하나를 받으면 1점이 올라가고 네거티브 하나를 받으면 1점이 내려간다.

이렇게 쌓인 점수와 만족의 비율이 셀러 아이디 옆에 따라다니며 구매자들에게 공개된다. 셀러가 받은 피드백은 판매활동내역과 함께 신용도를 보여주는 지표이며 구매자들이 구매의사를 결정하는 요인으로 작용한다.

셀러는 상품을 구매하는 구매자에게 포지티브 피드백을 주거나 주지 않는 두 가지 선택만 있다. 이베이는 셀러의 피드백 점수에 따라 각기 다른 별을 부여해 구매자들이 쉽게 식별하도록 하고 있다. 10점 이상이면 노란 별, 50점 이상이면 파란 별,

피드백 점수와 DSR							
Recent Feedback ratings (last 12 months)				**Detailed seller ratings** (last 12 months)			
	1 month	6 months	12 months	Criteria	Average rating		Number of ratings
Positive	19	32	32	Item as described	★★★★★		29
Neutral	1	2	2	Communication	★★★★★		29
Negative	0	0	0	Shipping time	★★★★★		30
				Shipping and handling charges	★★★★★		30

Stars and their ratings:

Star	Color	Number of ratings
★	Yellow	10 to 49
★	Blue	50 to 99
★	Turquoise	100 to 499
★	Purple	500 to 999
★	Red	1,000 to 4,999
★	Green	5,000 to 9,999
★	Yellow shooting star	10,000 to 24,999
★	Turquoise shooting star	25,000 to 49,999
★	Purple shooting star	50,000 to 99,999
★	Red shooting star	100,000 to 499,999
★	Green shooting star	500,000 to 999,999
★	Silver shooting star	1,000,000 or more (Wow!)

1천 점 이상이면 빨간 별 등의 식이다.

항목별 평가

구매자의 피드백은 긍정적, 중립적, 부정적 등의 종합적인 평가만 있는 것이 아니라 거래 후 소감을 코멘트로 남기기도 하며 항목별 평가도 할 수 있다. 이베이에선 이 항목별 평가를 DSR이라 한다. 평가는 가장 낮은 1-STAR에서 가장 높은 5-STAR까지 선택하는 방식이다.

항목은 '상품설명이 정확하였나?', '셀러와의 커뮤니케이션이 만족스러웠나?', '상품이 빨리 배달되었나?', ' 핸들링과 배송비용이 합리적이었나?' 등 4가지다. 구매자들은 구매경험을 토대로 구매 후 60일 이내에 평가 할 수 있다. 이 중 상품 배송시간은 상품을 받는 데 걸린 시간이 아니라 구매한 뒤 받은 시간을 체크하는 항목이다. 국제 거래의 경우 상품 수입에 따른 관세 또는 통관수수료 등은 구매자가 부담해야 하는 비용이므로 셀러 평가의 기준이 되지 않는 것이 원칙이

DSR 평가항목과 기준

What you rate	Tips for rating
How accurate was the item description?	• Review the item title, description, and condition to see if they match the item you received.
How satisfied were you with the seller's communication?	• Recall whether the seller addressed any questions or concerns that you had, and did so in a professional manner • Consider only business days when evaluating the timeliness of the seller's communication (sellers might not check email on weekends and holidays) • If the seller meets specific requirements, we give the seller a 5-star communication detailed seller rating automatically, and you won't be able to change the rating.
How quickly did the seller ship the item?	• Rate the seller only on the time it took to mail the item, not the time it took you to receive the item • Don't hold sellers responsible for delays in mail services, international custom delays, or for the time it takes for your payment to clear. If you picked up the item locally, you won't be able to provide a rating for this category • If the seller met specific shipping time requirements, we give the seller a 5-star shipping time detailed seller rating automatically, and you won't be able to change the rating • If we determine at a later date that the seller met the requirements for an automatic 5-star shipping time rating, we may adjust the rating to 5 stars.
How reasonable were the shipping and handling charges?	• Remember that sellers can charge for the cost of the actual packaging materials, along with a reasonable handling fee to cover their time and direct costs associated with shipping. • If the seller provided free shipping, we give the seller a 5-star shipping and handling charges detailed seller rating automatically, and you won't be able to change the rating. • For international transactions, you as a buyer are expected to pay duties, taxes, and customs clearance fees as required by country laws. • If you picked up the item locally, you won't be able to provide a rating for this category

다. 셀러가 당일 또는 1일 이내 배송 서비스를 하거나 배송비용을 무료로 해 준 경우에는 자동적으로 5-STAR로 나타날 수 있다.

구매자들은 1회 이상 구매한 셀러에게만 평가할 수 있다. 피드백을 정확하게 반영하도록 하기 위해서 구매자는 상품을 산 뒤 1주일이 지난 후에 평가해야 한다. 세부평가는 종합적인 피드백에 영향을 미치지 않지만 이베이가 셀러 활동을 평가할 때 고려하는 요소가 된다. 12개월 단위로, 최소 5회 또는 10회 이상 받아야만 평가가 나타난다.

이베이 스토어에 가입하기 위해서는 4개 평가항목이 일정 수준 이상을 유지해야 한다. 피처 숍(Featured Shop) 가입은 DSR이 4.4 이상, 앵커 숍(Anchor Shop) 가입은 4.6 이상을 유지해야 한다. 이 수준의 DSR을 내지 못하면 하위 등급으로 떨어질 수도 있다.

쌓인 평가가 셀러로서의 명성과 신뢰성을 좌우하기 때문에 피드백은 큰 의미를 가진다. 이에 따라 일부 셀러들은 리스팅하면서 긍정적인 피드백과 5-STAR DSR을 부탁하다시피 하는 경우도 더러 있다.

다음은 중국의 한 셀러가 포지티브 피드백과 5-STAR DSR을 요청한 사례로 피드백에 대한 글로벌 셀러들의 인식을 보여주는 사례이다.

▲ 포지티브 피드백과 5-Star DSR을 구매자들에게 요청하고 있는 리스팅

그러면 피드백을 잘 받으려면 어떻게 해야 할까? 종합적으로 보면 구매자의 기대에 맞추거나 능가하도록 해야 한다. 명확하고 구체적으로 상품을 설명하고 시작부터 끝까지 구매자에 대한 서비스를 다하도록 노력해야 한다.

해외로 배송할 때는 주소가 잘못되었거나 현지통관에서 문제가 발생하는 등 의외의 문제가 발생한다. 구매자는 노심초사 물건을 기다리고 있는데 상품이 오지 않거나 예정일보다 늦어지면 피드백이 좋을 리가 없다. 이러한 경우 최선책은 친절하고 신속한 대응이다.

피드백 높이기

❶ **상품설명(description)**: DSR이 낮으면 셀러 활동에 부정적이니 개선하려는 노력이 필요하다. 평소 상품을 정확하게 설명해야 한다. 사이즈, 무게, 컬러, 수량 등을 최대한 자세하게 설명하고 결점도 정확하게 말해야 불필요한 오해를 줄일 수 있다. 구매자들이 쉽게 읽을 수 있게 문장은 간결하게 하고 첫 글자를 진하게 하는 등의 표현방법을 쓰면 효과적이다.

사진은 다양한 각도에서 여러 장을 찍어 올린다. 특히 중고품이라면 실제 사진을 반드시 올리고 좀 더 자세하게 설명을 해야 한다. 중고품을 새 것으로 설명해서는 안 되며 '새 것 같은 것'도 결코 새 것이 아니라는 사실을 잊지 말자.

❷ **커뮤니케이션(communication)**: 셀러가 구매자를 위해 피드백을 기다리는 중이라고 알릴 필요가 있다. 거래 대부분은 구매자와 셀러 간에 접촉 없이 이뤄지지만 피드백만큼은 구매자가 해야 한다고 알리는 것이 중요하다. 거래가 다음의 내용을 모두 지켰다면 셀러의 커뮤니케이션 분야는 자동적으로 5-STAR를 받는다.

- 트래킹 서비스의 업데이트.
- 결제 후 1일 이내에 배송해서 1주일 이내 완료.
- 페이팔로 결제됨.
- 결제일을 이베이가 확인할 수 있음.
- 14일 이내에 셀러와 구매자 간에 아무런 분쟁이 일어나지 않았음.

이베이가 구매자들에게 단계별로 정보를 제공하고 있다고 해도 셀러가 짧은 이메일을 보내는 정도는 괜찮다. 구매자에게 온 이메일이나 전화는 빨리 응대해야 하며 반복되는 질문을 피하기 위해 FAQ(frequently asked questions, 자주 묻는 질문들)를 리스팅에 추가해도 좋다.

구매자와 커뮤니케이션할 때에는 마음을 열고 침착하게 대한다. 예의와 배려하는 마음으로 응대한다면 부정적인 구매자도 일등 고객으로 바뀔 수 있다.

❸ **발송 시간(dispatch time)**: 결제가 되면 최대한 빨리 보내야 한다. 리스팅할 때 발송정책을 명기하고 발송해서 구매자에게 알린다. 가능한 당일 또는 1일 발송을 따른다. 배송 서비스와 관련된 배달시간 등 구체적인 사항을 언급해야 한다.

트래킹 서비스를 이용하는 것이 유리하며 주소는 컴퓨터로 인쇄한 라벨을 붙인다. 필수적인 사항은 아니지만 배송과정의 손망실에 대해 보호해주는 우편보험 등을 이용하면 좋다.

❹ **배송과 포장비용(postage and packaging charges)**: 리스팅하면서 합리적인 배송비용을 함께 제시해야 한다. 무료배송을 추천한다. 구매자가 무료배송을 선택해 구매하면 배송비용 부문의 DSR은 자동적으로 5-STAR가 된다. 또한 무료배송은 검색에서 잘 나타나기 때문에 구매자를 더 많이 끌어들일 수 있다.

구매자가 배송비를 부담하는 경우라면 리스팅의 배송란에 관련 내용을 올려야 한다. 무료배송 때보다 구매자의 구매의욕에 영향을 미칠 수 있으므로 여러 상품을 한꺼번에 구매하면 할인을 제공해주는 것과 같은 절감의 기회를 제공할 필요가 있다. 그렇게 하면 다른 상품에도 관심을 갖고 셀러에 대한 평가도 잘해준다.

02 한 단계 도약하기 위한 전략

이베이가 제시한 'Top 10 Growth strategies'를 요약, 정리한 것이다.

❶ **피드백을 잘 받아라**(Get great feedback and DSR). 긍정적인 피드백과 평가는 고객에 대한 서비스에 달려 있다. 이를 위해서 상품을 정확하고 정직하게 올려야 한다. 판매조건(특히 가격조건), 배송과 반송조건 등을 눈에 잘 보이는 곳에 이해하기 쉽게 써넣는다. 질문이 오면 인내심과 예의를 갖추고 신속하게 응대한다. 구매자를 격려하기 위해 긍정적인 피드백을 남기는 것은 긍정적인 평가와 셀러 DSR을 받기 위해서 중요하다

❷ **리서치를 많이 하라**(Do your research). 리스팅을 올리기 전에 이베이에서 검색한 결과가 어떻게 나타나는지 파악하고 팔려는 상품이 어떤 판매방식에서 잘 나가는지를 분석해야 한다. 검색과 클릭에 대한 안목을 갖추기 위해 리스팅 분석 애플리케이션을 사용하면 효과적이다. 판매를 잘하는 셀러, 못하는 셀러에 대해 알아보면서 판매를 극대화할 수 있도록 리스팅을 수정할 필요도 있다. 자세한 비즈니스 분석은 뛰어난 셀러를 만든다.

테라픽의 마켓플레이스 리서치처럼 이베이 판매에 응용할 수 있는 툴을 사용

해 트렌드를 파악하고 스스로의 판매성과를 분석해본다. 그래서 판매 신장은 주로 어떤 층에 의해 이뤄지는지 이해하고 이베이 세일즈 리포트와 비교하면서 기회와 개선방향을 찾아낸다.

❸ **셀러 대시보드를 이용하라**(Use the Seller Dashboard to monitor your performance). 자신의 성과를 모니터하기 위해 'My eBay'에서 제공되는 셀러 대시보드(계기판)를 적극 이용한다. 셀러로서의 평가, 이베이 정책수용도, 고객 만족도 등을 파악할 수 있다.

❹ **대량구매를 유도하라**(Encourage multiple purchases). 판매를 늘리기 위해서는 여러 상품을 구매하는 복합주문에 대해 할인 서비스를 제공하는 것도 한 방법이다. 그렇게 하면 대량구매를 유도할 수 있다. 시한이 있는 세일의 재고 판매(Store Inventory), 고정가 판매에 쓰이는 마크다운 매니저(Markdown Manager)를 이용하거나 깜짝 구매를 하게끔 일시적인 무료배송을 제시한다. 하나의 리스팅을 통해 여러 가지 색상과 사이즈를 판매하는 선택형(배리에이션) 리스팅은 판매를 늘리는데 유용하다.

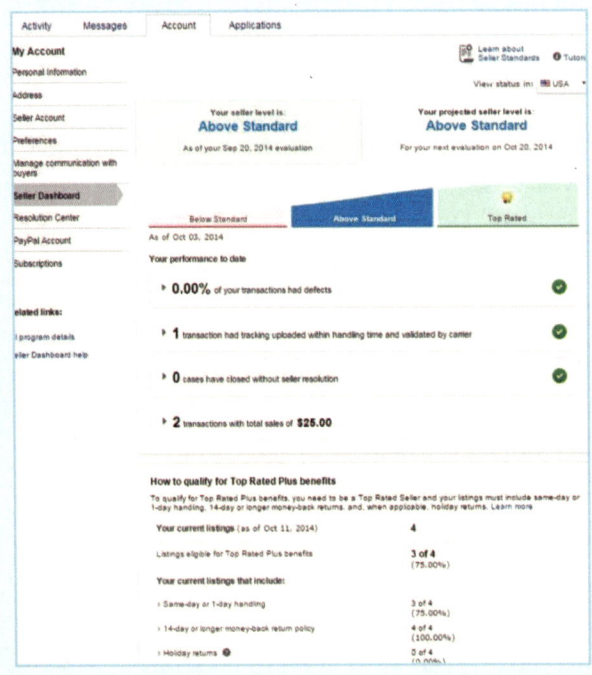

◀ 셀러 대시보드
(Seller Dashboard)로
들어갔을 때의 화면

❺ **이베이 스토어를 개설하라**(Open an eBay Store). 월정 수수료를 내고 이베이 스토어로 등록하면 150~2,500개의 리스팅을 올려 진열할 수 있다. 이베이 스토어를 열면 고급 디자인, 마케팅 및 보고서 등에 접근할 수 있는 혜택, 무료 전화서비스, 여러 가지 이베이 판매 툴을 이용할 수 있다. 프리미엄, 앵커 스토어에게는 셀링 매니저 프로(Selling Manager Pro)를 무료로 사용할 수 있다. 한 달에 50개 이상의 상품을 팔면 이베이 스토어를 이용하는 것이 유리하다.

❻ **셀러 툴을 사용해 시간을 절약하라**(Save time with seller tools). 많은 상품을 판매할 경우 이베이의 셀러 툴을 사용하면 일거리를 크게 줄일 수 있다. 능률을 올리고 판매를 극대화하는 동시에 이익을 늘리기 위해서는 리스팅을 늘리고 판매과정을 자동화할 필요가 있다. 셀링 매니저(Selling Manger), 터보 리스터(Turbo Lister) 등은 일거리를 줄일 때 유용하며 무료 이용도 가능하다. 판매량이 커지면 좀 더 많은 툴을 이용할 수 있고 애플리케이션의 이용도 가능하다. 무료 버전으로 괜찮은지 살펴본다.

❼ **리스팅에 많은 구매자가 오도록 해야 한다**(Drive more traffic to your listings). 더 많은 주문을 받고 판매가격을 높이기 위해서는 온라인 쇼핑을 하는 사람들의 눈에 잘 띄어야 한다. 리스팅의 타이틀과 상품명세에 키워드를 사용해서 검색엔진에 리스팅을 최적화하는 것이 필요하다. 잘 팔린 리스팅은 이베이의 리뷰 앤 가이드(Review & Guide) 코너에 올린다. 자신의 전문성을 공유하면서 셀러로서의 명성을 높일 수 있을 뿐만 아니라 방문자도 많아진다.

❽ **세계시장을 보라**(Go global). 이베이를 이용하면 전 세계의 구매자를 만날 수 있다. 상품을 글로벌한 관점에서 설명하고 판매국가와 비용을 구체화시키면서 해외 구매자들과의 커뮤니케이션에 관심을 갖는다. 무역은 시장과 판매를 확대할 수 있는 좋은 길이다.

❾ **이베이에서 상품을 조달하라**(Source products on eBay). 이베이는 대량으로 구

매해서 소매로 팔아 이익을 늘릴 수 있다. 이베이의 카테고리에서 도매 대상자를 찾아보면 좋은 상품을 발견할 수 있다.

⑩ **비즈니스 확대를 위한 팁을 활용하라**(Get tips and resources to grow your business). 이베이의 셀러 센터(Seller Center)를 이용하면 비즈니스 팁이나 비즈니스에 도움이 되는 사항과 솔루션을 찾을 수 있다. 비즈니스 셀러 가이드, 고급 비즈니스 셀러 가이드 등을 다운로드해 살펴본다.

03 소셜 미디어를 제대로 활용하기

또다른 광고 통로, 소셜 미디어

수백만 명의 사람들이 매일 페이스북, 트위터, 유튜브, 블로그 등 소셜 미디어를 방문해서 관심사를 다른 사람들과 공유한다. 좋아하는 것, 싫어하는 것 등을 즉각 친구들과 나누면서 '공유'를 이 세상에서 가장 빠른 커뮤니케이션 방법으로 만든다. 단 몇 시간 만에 수십만 명에게 메시지가 전달되었다는 이야기는 이제 수두룩하다.

고객과 커뮤니케이션을 하고 또 다른 구매자를 끌어들이기 위해서는 이렇게 강력한 소셜 미디어 속으로 들어가야 한다. 어렵거나 비용이 들지 않는 대신 약간의 지식과 계획이 필요하다. 소셜 미디어는 대부분 무료이다. 사업상 필요한 계정을 만든 다음, 고객이 있는 곳에 의견을 게시하고 대응을 시작하면 된다.

소셜 미디어는 시작하기 전에 각각의 특성을 알아야 용도를 파악할 수 있다. 페이스북은 상대방과 접촉하는 용도, 트위터는 브레이킹 뉴스를 확인하는 용도,

블로그는 스토리를 말해주는 용도, 유튜브는 비디오용 등으로 생각하면 좋다. 각각의 소셜 미디어를 탐색하면서 시장 분석을 할 필요가 있다.

소셜 미디어는 성실한 대화가 중요하며 목표로 잡은 구매자와 어떻게 관계를 맺을지 고려해야 한다. 존재감을 신선하게 유지하기 위한 시간 계획을 세워야 하며 최소한 며칠 동안은 수시로 독창적인 포스트(게시물)를 만들어야 하며 연결된 온라인 친구들과 팔로어의 코멘트에 재빠르게 응답한다. 온라인 거래를 가능하게 하는 도구이지만 시간 투자 대비 좋은 수익을 낼 수 있는 활동에 집중하는 쪽이 좋다.

가입했다면 다음은 끌어들여야 한다. 소셜 미디어에서 팬과 팔로어가 말하는 내용을 듣고 즉각적이면서 센스 있게 응대해야 고객을 끌어들일 수 있다.

각각의 소셜 미디어를 교차적으로 활용하는 것도 한 방법이다. 예를 들어, 유튜브에 올린 비디오 영상을 블로그에 올리거나 블로그에 새로운 포스트가 생기면 페이스북에 링크를 거는 것이다.

소셜 미디어에서 존재감을 구축하는 데는 시간이 어느 정도 걸리므로 결과를 너무 빠르게 얻으려는 생각은 하지 않는다. 흥미로운 포스트를 꾸준하게 올린다면 방문하는 사람들이나 구매자들이 꾸준하게 늘어날 것이다.

미디어별 활용방안

페이스북

친구들과 연결고리를 맺거나 관계 구축 및 접촉을 꾸준히 하려면 페이스북이 좋다. 사람들은 페이스북에서 비즈니스를 좋아하지만 그렇다고 무분별한 광고 메시지를 받는 것과 같은 스팸 취급은 원하지 않는다. 페이스북이 비즈니스에 유익한 것은 페이스북 친구(팬)가 무엇을 제시하고 있는지 관심을 갖고 있기 때문이다.

페이스북 팬들에게 새로운 상품목록이나 판촉내용에 대해 업데이트된 내용을 보낸다면 거래가 반복적으로 일어난다. 설문조사에 응답하기를 요청해서 고객들이 찾고 있는 것이 무엇인지 파악할 수 있다. 페이스북 팬들이 당신의 사업에 대해 다른 페이스북 친구들에게 이야기할 때 고객 기반은 확장될 것이다.

이베이 사업을 위해서는 개인적인 페이스북 페이지 대신 별도의 비즈니스 페이지를 만들어야 한다. 그런 다음, 당신의 고객과 친구들을 페이스북으로 초대해 비즈니스 페이지의 팬으로 만들어라. 고객 이메일이나 블로그처럼 다르게 접촉할 수 있는 부분에 페이스북 페이지를 적극적으로 언급할 필요가 있다. 고객들을 독려해 페이지를 계속 접촉하는 상태로 좋아하게 만들면서 이베이 리스팅과 거래에 관한 가장 최신의 내용을 접하게 만든다.

또한 좋은 콘텐츠로 팬을 끌어들인다. 팬들과 상호작용을 하며 당신의 콘텐츠에 참여하게 만들면서 팬들이 자신의 페이스북 친구들과 당신의 콘텐츠를 공유하도록 한다.

고객들을 위한 독특한 쿠폰 코드를 제공하거나 판매상품에 대한 소식을 미니블로그처럼 다뤄도 효과적이다. 예를 들어, 스포츠 장비를 판매할 때 가끔씩 재미있는 스포츠 뉴스를 소개하고 이베이 목록에 링크시키는 것이다.

페이스북 질문란을 활용해 당신의 페이스북 팬들이 어떤 상품을 찾아보기를 원하는지, 언제 이베이를 이용하는지(이를 통해 언제까지 리스팅하고 끝낼 것인지 알게 된다), 혹은 고객들을 더 잘 이해시키는 데 도움이 될 질문을 할 수 있다.

페이스북 팬들에 대한 응대는 적극적이어야 한다. 질문이나 게시판에 글이 올라오면 바로 친절하게 응답한다. 적극적인 참여는 온라인에서 명성을 쌓는데 도움이 된다.

포스팅을 전략화하는 방안도 모색한다. 하루에 1~2차례 이하 포스팅이면 충

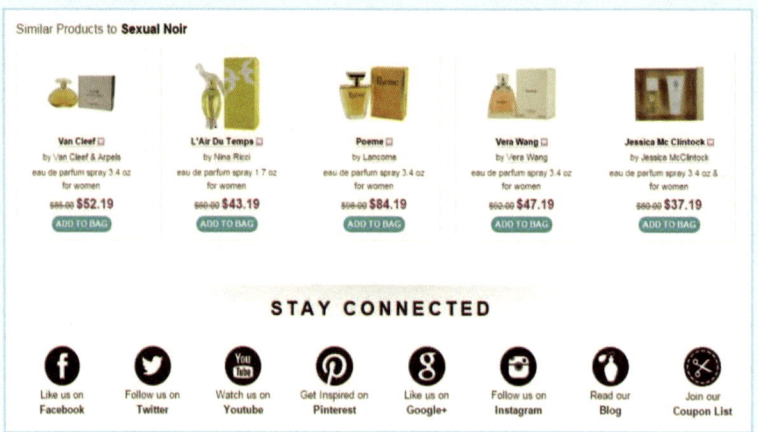

▲ 이베이 스토어 셀러인 Sexual Noir가 운영하는 다양한 소셜 미디어 채널

분하다. 가끔 중요하거나 뉴스 가치가 있는 내용이 있으면 일일 포스팅 횟수를 늘려도 된다. 물론 지나치게 자주 하는 포스팅은 자제한다.

팬들에게 쓸데없는 내용은 보내지 않는다. 리스팅을 공유할 때에는 분별력 있게 하루에 대표적인 한두 건만 공유한다.

개인적인 페이스북과 사업적인 페이스북은 서로 다르다는 것을 잊지 않는다. 종교나 정치 같은 주제, 논쟁을 만드는 내용은 피하고 폭넓은 공감을 불러일으킬 만한 내용 위주로만 한다.

트위터

트위터는 메세지당 140자로 자신의 관심영역을 표현하고 빠른 업데이트를 원하는 사람들을 끌어들이는 소셜 미디어다. '리트윗'을 통해 타인의 내용을 공유하고, 키워드에 해시태그(#)를 붙여(예, #야구) 유저들로 하여금 주제를 검색하는 것을 돕는다.

트위터의 해시태그를 검색해 당신이 판매하고 있는 상품에 대한 잠재적인 고객들이 어떤 이야기를 하고 있는지 알 수 있다. 당신의 팔로어들이 판촉 및 신규 리스팅에 관한 뉴스를 리트윗하도록 유도해도 효과적이다.

개인 트위터와는 별개로 이베이를 위한 별도의 트위터를 만들어라. 고객들이 트위터에서 당신을 따르도록 초청하자. 특히 당신의 사업과 관련된 토픽(topic, 화제)에 대해 정기적으로 트윗하는 사람들을 끌어들여라. 또한 글을 흥미롭게 올려서 팔로어들이 리트윗을 하도록 만든다.

트위터는 '실시간' 이라는 특성상 새로운 아이템, 새로운 판촉, 블로그에 대한 새로운 게시 및 판매제품의 유형에 대한 소식 등을 발표하기에는 더없이 좋은 미디어 채널이다. 당신의 게시물을 리트윗하는 사람들에게 할인 등의 인센티브를 제공하면 효과적이다. 예를 들어, '우리의 이베이 스토어에서 새 아이템을 체크하세요. 이 게시물을 리트윗하는 최초 10명에게 5%의 할인혜택을 줍니다' 라고 한다.

자주 트윗을 해도 그 안에 전략이 있어야 한다. 보통 트위터에서는 글이 짧아도 '브레이킹 뉴스' 이상의 느낌이 있어야 다른 사람들의 관심을 받을 수 있다. 초반에는 하루에 3~5회 정도 트윗을 하고 불필요한 스팸은 보내지 않는다.

블로그

워드프레스(Word press)나 블로거(Blogger) 등을 이용해 블로그를 만들고 운영하면 사업에 도움이 된다.

좋은 블로그는 독창성 있는 목소리를 갖고 있다. 블로그를 개설하기 전, 자신만의 스타일을 고민해야 한다. 보는 사람이 친밀감을 느낄 수 있게 만들면서 글은 전문가의 느낌이 나도록 한다. 사람들은 특정분야의 전문가들에게 지식을 얻기 위해 타인의 블로그에 들어가므로 정한 분야와 관련된 최신 정보나 제품 리뷰를 지속적으로 올리면 입소문이 날 것이다.

블로깅(blogging, 블로그에 게시물을 올리는 등 블로그를 꾸미는 행위)은 스스로의 의견을 계속해서 표현해 나가는 것이므로 한 주제에 대해 알고 있는 모든 것을 다 쏟을 필요는 없다. 블로깅에 대한 규칙이 문서화되지 않았다고 해도 기본적인 규칙과 온라인 에티켓은 지킨다.

블로깅의 가장 강력한 장점은 검색했을 때 노출이 많이 되도록 만드는 것이다. 운영하고 있는 블로그의 게시물이 진행하고 있는 이베이 사업과 관련된 키워드와 알맞게 연결되고 있는지 확실하게 확인하라.

처음에는 적어도 일주일에 한 번 정도 글을 올리고 점점 반응이 있으면 주당 2~3회 정도까지 올린다. 자주 포스팅을 하는 것보다 올린 포스팅마다 카운트가 되게 하는 것이 중요하다. 지속적인 포스팅은 블로그를 검색했을 때 자주 노출되게 만든다.

블로그를 보는 사람들이 스팸처럼 느껴지게 해서는 안 된다. 모든 포스트에서 제품을 팔려고 애쓰지 말고 한 토픽에 대해 너무 많은 게시물을 쓰지도 말라. 블로그를 신선하게 유지하면서 정기적인 독자를 끌어들이기 위해서는 여러 주제에 대해 다양하게 게시물을 올려야 한다.

글쓰기를 싫어한다면 블로그를 시작하지 말라. 차라리 페이스북이나 트위터에 집중하는 것이 낫다.

유튜브

유튜브는 영상(비디오)을 통해 고객들에게 제품에 대한 정보를 많이 보여줄 수 있는 효과적인 소셜 미디어 채널이다. 실제로 사람들은 제품 시연, 설명, 제품 조립 및 이용 수칙 등에 대한 시각적인 경험을 얻기 위해 유튜브를 방문한다.

당신이 복합적인 아이템을 판매하거나 고객들이 비디오를 통해 더 많은 정보를 얻을 수 있는 제품이라면 유튜브에 올릴 비디오를 제작할 필요가 있다. 조립

이 필요한 제품의 경우 그 조립법을 비디오로 보여주면 고객들의 마음을 확 사로잡을 것이다. 캠핑 장비를 판매할 때 텐트 설치 방법, 캠프 파이어 방법, 캠핑에 좋은 요리법까지 비디오로 만들어서 보여준다면 당연히 구매율은 높아진다.

우선 판매하고 있는 제품 및 분야가 비디오에 적합한가를 고민한다. 적합하다고 판단되면 제작에 들어간다. 제작에 들어가기 전에 카메라의 움직임과 앵글, 조명 등의 기술적인 부분뿐만 아니라 전체적인 스토리까지 기획해야 한다.

저렴하고 효과적으로 제작하려면 편집, 기술, 음악 등에 필요한 정보를 인터넷에서 찾으면 된다. 완성된 비디오에 전문적인 느낌을 가미시키고 싶다면 비디오 편집 소프트웨어에 투자하는 것도 고려해본다.

만든 비디오는 블로그, 페이스북, 트위터 등에 다양하게 홍보해야 효과적이다. 비디오 내용에 확실한 보존 기간(Shelf Life)이 없다면 유튜브에 계속 올려놓고 신제품 시연 등 새로운 내용이 있을 때에만 새롭게 만들면 된다.

비디오는 당신이 하는 일의 또 다른 연장선상에 있다. 고객들이 나중에 당신을 대면하게 되면 유튜브에서 본 전문성의 정도에 맞춰 인식할 것이다. 그러므로 조명이나 편집이 너무 허접한 비디오는 차라리 제작하지 않는 것이 낫다.

04 구글을 이용하자

검색 점유율을 살펴보면 구글이 69.6%를 차지한다. 다음으로는 바이두(16.8%), 야후(6.5%) 등이다. 특히 구글은 모바일 검색 점유율에서 91%를 차지하고 있다. 구글 광고 플랫폼은 정교한 타겟팅 기법과 데이터 활용으로 선택과 집중을 가능하게 하는 마케팅 솔루션을 제공한다.

구글이 제공하는 마케팅 솔루션 가운데 '글로벌 마켓파인더(Global Market Finder, 세계시장 검색기)'는 제품과 연관된 키워드 조합만으로 해외 어느 국가에 진출해 마케팅을 진행하는 게 가장 유망한지를 알려준다.

'글로벌 마켓파인더'를 활용하면 특정상품에 대한 국가별 관심도의 확인이 가능하다. 전 세계 사용자의 검색 데이터를 분석해 특정 키워드가 어느 국가에서 가장 많이 검색되는지 조회할 수 있기 때문이다. 국내 업체는 취급 제품에 대한 수요가 어느 국가에서 많이 발생하는지 확인할 수 있으며, 그 제품이 현지어로는 보편적으로 어떻게 번역되는지도 파악할 수 있다.

'구글 트렌드'는 해당 산업의 규모와 성숙도, 사이클, 경쟁업체를 시장별로

비교·분석할 수 있게 해준다. 특정 키워드의 국가별 검색빈도를 한눈에 비교가 가능하며, 한 지역에서 시기에 따라 특정 제품에 대한 대중의 관심도와 시장규모가 어떻게 변화하는지 추이를 파악할 수 있다. 또 현지에서 그 제품을 취급하는 주요 경쟁자의 정보도 얻을 수 있다. 검색 키워드를 넣으면 유사한 키워드가 어떻게 쓰이는지를 보여 주는데 상품의 타이틀을 만들 때 활용하면 좋다.

'구글 애널리틱스'는 홈페이지 방문자 분석 프로그램이다. 어느 국가에서 몇 명의 방문자가 우리 회사의 홈페이지에 접속했는지 볼 수 있다. 또한 방문자가 어떤 경로를 통해 사이트에 접속했는지, 어떤 키워드를 검색했는지, 어떤 제품에 얼마동안 관심을 가졌는지 측정이 가능하다. 이러한 분석 프로그램은 홈페이지뿐 아니라 블로그 등에도 활용할 수 있다. 구매자의 행동 패턴에 따라 좀 더 적극적인 마케팅 활동을 한다면 온라인을 통한 홍보 효과를 증대할 수 있다.

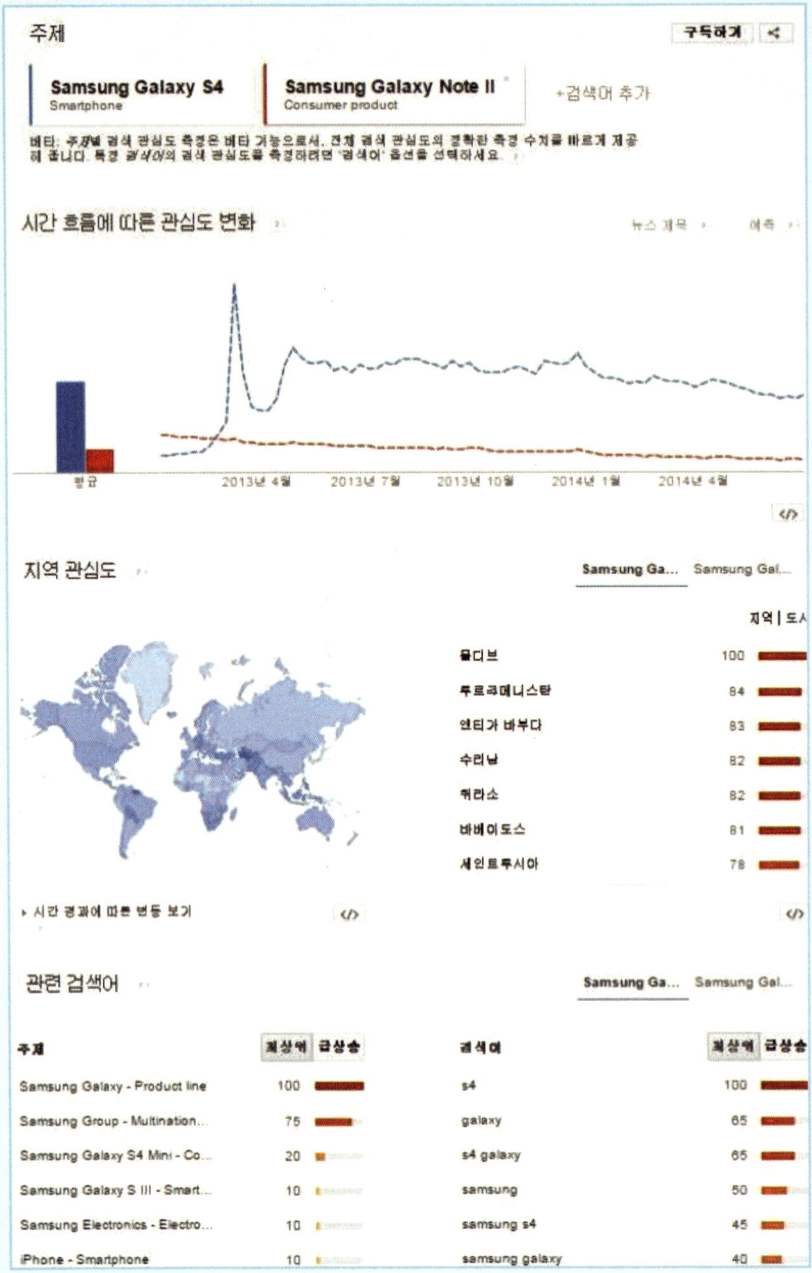
주제
구독하기
Samsung Galaxy S4
Smartphone
Samsung Galaxy Note II
Consumer product
+검색어 추가
베타: 주제별 검색 관심도 측정은 베타 기능으로서, 전체 검색 관심도의 정확한 측정 수치를 빠르게 제공해 줍니다. 특정 검색어의 검색 관심도를 측정하려면 '검색어' 옵션을 선택하세요.
시간 흐름에 따른 관심도 변화
뉴스 제목
예측
평균
2013년 4월
2013년 7월
2013년 10월
2014년 1월
2014년 4월
지역 관심도
Samsung Ga...
Samsung Gal...
지역 | 도시
몰디브 100
투르크메니스탄 84
앤티가 바부다 83
수리남 82
휘라소 82
바베이도스 81
세인트루시아 78
시간 경과에 따른 변동 보기
관련 검색어
Samsung Ga...
Samsung Gal...
주제
최상위
급상승
Samsung Galaxy - Product line 100
Samsung Group - Multination... 75
Samsung Galaxy S4 Mini - Co... 20
Samsung Galaxy S III - Smart... 10
Samsung Electronics - Electro... 10
iPhone - Smartphone 10
검색어
최상위
급상승
s4 100
galaxy 65
s4 galaxy 65
samsung 50
samsung s4 45
samsung galaxy 40

구글 광고의 장점은 정말 쉬우면서 저렴하고, 강력하다는 것이다. 무선 인터넷이 가능한 장소라면 1시간 후 미국에 광고를 할 수도 있다. 구글은 검색회사이자 광고회사다. 1년 검색량은 2.1조 건에 달하며, 하루 검색량만 60억 건에 이른다. 유튜브 하루 조회수는 42억 회, 한 달 시청 기간은 32억 시간이다. 전 세계 도메인 개수는 200개가 넘는다.

구글 광고 플랫폼인 '애드워즈(Ad Words)'를 통해 검색과 디스플레이, 유튜브 광고가 가능하다. 애드워즈는 간단하면서도 효과적인 광고를 제작해 인터넷 뉴스나 유튜브 동영상, 모바일 앱 등으로 광고를 노출한다. 키워드를 활용한 광고이기 때문에 가장 관련성이 높은 고객에게만 노출된다. 타겟이 명확해서 광고 노출이 구매로 이어질 가능성도 높다.

광고주나 광고대행사가 만든 광고를 애드워즈 계정을 통해 올리면, 구글 애드 서버는 애드워즈 계정에 들어온 광고를 키워드, 품질평가점수, 타겟팅에 따라 적합한 광고 위치를 찾아준다.

애드워즈는 결과에 대한 비용만 지불하면 되는 시스템이다. 광고가 게재되면서 비용이 발생하는 것이 아니라 클릭이나 노출에 대한 비용만 지불하면 된다. 또한 최소 지불요건이 없으며 일일 예산과 광고 클릭당 최대 비용도 원하는 금액만큼 지정할 수 있다.

애드워즈는 전환 추적(검색자에서 구매자로 전환하는 것)이나 구글 애널리틱스 같은 도구를 통해 광고 효율성을 측정할 수 있다. 일반적인 클릭수·노출수·평균 CPC(Cost Per Click)뿐만 아니라 상대 CTR(Click Through Ratio) 및 노출 점유율 등 구글 디스플레이에 등록된 전체 캠페인 대비 클릭률과 노출 점유율 등을 비교할 수 있다.

CHAPTER
12

지적재산권을 보호해주는 베로 프로그램

01 베로 프로그램의 정의

이베이는 팔 수 없는 물건들을 정해 놓고 있다. 그중 하나가 바로 모조품, 이른바 짝퉁이다. 모조품을 이베이에 리스팅하는 행위는 금지되어 있으며 이를 위반할 경우 거래 중지 등의 규제가 가해진다. 모조품을 모조품이라고 밝히고 파는 것도 안 된다. 브랜드의 제품도 생산하는 과정에서 불량품이 발생할 수 있는데 그런 불량품을 파는 행위도 금지대상이다.

브랜드 제품을 브랜드나 트레이드 마크를 제거하고 파는 경우도 안 된다. 판매자가 정품인 줄 알고 팔았는데 모조품으로 드러날 경우에 '나는 몰랐다'라는 변명이 통하지 않는다. 모조품이나 다른 브랜드 제품을 침해하는 판매행위는 이베이의 제재를 받을 수 있고 심하면 지적재산권을 소유한 회사로부터 소송에 휘말릴 수 있으니 주의한다.

병행수입과 관련해서는 이베이를 통한 판매가 허용되느냐, 금지되느냐를 획일적으로 말하기 어렵다. 병행수입으로 조달한 제품이 거래되는 것을 용인하는 기업이 있는 반면, 나이키나 아디다스처럼 적극적으로 제한하는 기업이 있기 때

> **How eBay protects intellectual property (VeRO)**
>
> We're committed to protecting the intellectual property rights of third parties and to providing our members with a safe place to buy and sell. We created the Verified Rights Owner (VeRO) Program so that intellectual property owners can easily report listings that infringe their rights.
> We require that a rights owner be registered through VeRO before reporting items to us. Rights owners sign legally binding documents when reporting items to eBay.
>
> **Top questions**
>
> What is VeRO and why was my listing removed because of it?
> How can I report a VeRO violation?
>
> **Solve a problem**
>
> ▶ I think the rights owner made a mistake in reporting my listing
> ▶ I need to file a counter notice
> ▶ I don't understand why my listing was removed
> ▶ I want to know if you gave someone my account information

문이다.

자칭 파워 셀러 A는 최근 스마트폰 충전기를 판매하기 위해 올려놓은 리스팅이 삭제된 것을 알았다. 이상하다는 생각이 들어 이메일에 들어가보니 이베이의 경고문 메일이 있는 것이 아닌가! 리스팅을 삭제했고 계정에서 등록 수수료도 결제했다는 내용이었다. 상표권을 보유한 애플의 허가 없이 상표를 사용했다는 이의가 제기되어서 삭제된 것이다. 다시 리스팅을 하려면 애플과 협의하라는 내용과 함께 이베이의 베로 프로그램을 참고하라는 글도 있었다.

베로[VeRO(Verified Rights Owner)] 프로그램은, 이베이가 지적재산권을 소유한 기업(또는 사람)에게 지적재산권을 침해하는 상품이나 내용이 있으면 삭제하도록 요청할 수 있는 권한을 부여한 것이다. 한마디로 '지적재산권 보호 프로그램'이라고 할 수 있다. 지적재산권에는 상표권, 저작권 등도 포함된다.

지적재산권 소유자는 이베이에서 판매하는 제품이 자사제품이 아니라도 소유

> **MC999 Listing policy violation alert: Trademark Violation - Unauthorized Listing Content**
>
> Hello
>
> After reviewing your eBay account, we've taken the following action:
> - Listings have been removed. A list of items that were removed can be viewed at the bottom of this message.
> - We have credited any associated fees to your account.
>
> Your listing was reviewed after receiving a report from the rights owner that your listing used their trademark without their permission. We urge you to contact the rights owner directly for more information about why they requested the review of your listing and whether you can relist the item.
>
> For more information on our VeRO program, please visit:
> http://pages.ebay.com/vero/infoforusers.html

하고 있는 로고와 같은 상표권을 사용해 판매하면 삭제해줄 것을 요청할 수 있다. 위조품이나 위법제품을 판매 또는 구매하는 것을 예방하기 위해서다.

그렇다면 A의 리스팅은 어떻게 삭제되었을까? 이베이에 지적재산권이 침해받았다고 통보한 사람이 지적재산권 소유자에게 허락받은 것을 확인하면 리스팅 삭제가 진행된다. 그리고 셀러는 지적재산권 소유자가 삭제할 것을 요구했다고 알려주는 이메일을 받는다.

이뿐만 아니라 이베이는 지적재산권 소유자에게 셀러가 접촉할 수 있는 이메일 주소를 제공할 것을 요청한다. 셀러가 직접 접촉해 자신의 리스팅이 왜 지적재산권을 위반했는지 등에 대한 정보를 얻을 수 있게 해주기 위해서다. 셀러는 이 과정을 통해 구체적인 정보를 얻을 수 있다. 만일 리스팅이 삭제된 이유를 모를 경우에는 이메일로 문의하면 된다.

다음 페이지의 목록은 2014년 10월 현재, 이베이의 베로 프로그램에 등록해 지적재산권을 보호하고 있는 기업들이다. 여기에 기업 이름이 없다고 지적재산권에 위배되는 판매를 하면 안 된다.

이미 3만여 명 이상의 개인과 기업이 지적재산권을 보호받기 위해 베로 프로그램에 참여하고 있으며 갈수록 늘어나는 추세다.

02 베로 프로그램 참여업체 현황

미국 기업

3Skulls Paintball	Abercrombie & Fitch	Academy Pictures Corp	Adobe
ADT	Air Force One Air Conditioning	Aircraft Technical Publishers	Alaska Airlines
Alex Perez	ALM Productions	American School of Needlework	American Weigh Scales, Inc.
American Welding Society	Americas Drive-In Corp. / Sonic Corp. & Subsidiaries	Amiclubwear.com	Amsoil, Inc.
Amway Corporation	Amybugs Primitive Attic	AnalogMan Guitar Effects	Angela LaFramboise
Annenberg Foundation, The	Ansonia Records, Inc.	Apex Tool Group	AR15.com
Artbeats Software, Inc.	Ashleigh Talbot	AsKoruBeads	Asylum Records
Atlantic Research and Marketing(A.R.M.S.)	Atvimports	Auntie Anne's, Inc.	Aussie Video Slots
Austin City Limits / KLRU	Australian Gold, Inc.	Authentic Brands Group LLC	Autism Speaks, Inc.
Autoline Industries	Automotive Technologies, Inc.	Avedis Zildjian, Co.	B. C. Broncos
B.H.P., Inc. dba Nialaya Jewelry	Bad Monkey Art	Bally Pinball Fun	Band To Bow
Barnett Research and Computer Imaging	Baume & Mercier	Beautiflstuff LLC	Bell Helicopter Textron Inc.

Benchmade Knife Company, Inc.	Bill Lawrence Products	Bill Owen - Cowboy Artist	Billie W. Taylor II, Ph.D.
Blitzburgh Sports	Bloomberg L. P.	Bonnie's Plants	Boppy Company, The
Bose Corporation	Brenda Franklin	Brian Smith	British Phonographic Industry Limited
Bronze Gallery	Browne Horse Music	Browning Laboratories, Inc.	Bruce Lee Enterprises
Bua, Inc.	Bug Me Video Inc.	Burberry Limited	Bushnell Performance Optics and Tasco Sales Pty Ltd.
Calutech, Inc.	Camera Quest	Canadian Standards Association	Canon, Inc
Canyon Chenille, Inc.	Canyon Dancer Motorcycle Products	Capt_nemo & Round_2Brass	Care Creations, Inc.
Carmen's Vintage Collections	Carol Lee Art Gallery	Carrs Coins and Rocks, Inc.	Cartier
Cath's Pennies Designs	Cathe Dot Com	CBS Entertainment and Desilu, too, LLC (Unforgettable Licensing)	Celebration Bar Review
Cera Net, Inc	Chalk & Vermilion Fine Arts	Chanel, Inc.	Chaz Dean Studio
Chef Gina's Miniature Restaruante	Cher-ished Treasures	Chicago Iron Tycobrahe	Chief Architect, Inc.
Chrysler LLC	Classic Video L.L.C.	Clayful Creations	Cloanto Italia srl
CLOCHE COUTURE TRADEMARK	Close To My Heart	Coach, Inc.	Col Art Americas, Inc.
Coldwater Creek Inc.	Competition Clutch	Continental Airlines	Continental Enterprises
Cool Mobility - Johanson Nominees Pty.	Coolnago®	Coquetry Clubwear	Cosanti Originals by Paolo Soleri
Cosmic Debris Etc Inc.	Country Collectibles	Coway Co., Ltd	Creations By Jeannine
Creative Carvings by Monte	Creeks End Crochet	Criswell Embroidery & Design	Crochet Crafts by Helga
Crocs Asia	Crocs, Inc.	Cucusoft, Inc.	Cutco Cutlery
Cynthia Dakin	Cypress Collectibles	D'Addario & Company, INC	Danes-R-Us Great Dane & Pet Art
Daniel Bingham Design Studio	Dansko, LLC	Dark Horse Comics, Inc.	Dark Horse Ranch, Inc.
Dassault Systemes	DataPro (Heathkit)	Dave's Discount Motors	David Barton
Davidson Photography	Dell Computer Corp.	Delphi Technologies	Delta Air Lines, Inc.

Dermadoctor, Inc	Dermalogica, Inc.	Desimone Ceramic	DHC Skincare
Dick Harrell Performance Center, Inc. (DHPC Inc.) Licensing Department	Diesel (London) Ltd.	Dinnages	Dionne Quintuplets, The
Diy - Computer - Repair.com	DMS International	Doctor's Associates Inc dba Subway	Dog Art Dog
Doggie Bow Ties	DONMAR Enterprises, Inc. SKYROOF	Dr. Denese - SkinScience Labs, Inc.	Dress That Man.com
Drive - In Exchange, Ltd	Drop Crate LLC	DTX International	Duke of Pearl LLC
Dunkin' Brands, Inc.	Dunlop Manufacturing, Inc.	Dyson, Inc.	E.I. du Pont de Nemours and Company
Eames Office - Lucia Eames	EASTON SPORTS INC	eBooksdiva's eBooks On CD	EBSQ Self - Representing Artists
ECLIPSE RECORDS, INC	Ecosphere Associates, Inc.	Edgar Rice Burroughs, Inc.	Edison Nation
EFBC's Feline Conservation Center	Eighth Air Force Museum Association	Electro - Harmonix Effects	Epson(UK) Corporation
Epson America, Inc.	Equipment Parts Source, Inc.	Ergo Baby Carrier, Inc.	Erica Skadsen / Organic
Escort, Inc.	Estate of Garry Winogrand, The	ETIENNE AIGNER AG	etrailer.com
Eurotech Photographics	Evosport & Breyton	Exclusive Supplements, Inc. / Mark Mangieri	Exel Products
Exeter Research Inc	FabJob.com	Facelift Ent. Inc	Farmland Foods, Inc.
Fashion Polish	Federal Express Corporation(FedEx)	Federation Against Copyright Theft (FACT) Ltd	Fender Musical Instruments Corporation
Ferret Company, The	Fido Studio	FileMaker, Inc.	Fire Cam
Fire House Neon LLC	Fitness Brands Inc./Direct Entertainment Media Group	Fitness Made Simple/ Manta Communications	Fleurville Florida Council of Bromeliad Societies, Inc.
Flexibrace	Footprints Publishings Inc.	Foscam Intelligent Technology co., Ltd.	Fossil, Inc.
Frida Kahlo	Frito - Lay, Inc.	Fujikura Composites	FUNimation Productions, Ltd.
Furminator Inc.	Gadget Infinity	Gaiam, Inc.	Gale Banks Engineering
Garmin International, Inc.	Gary Kosnitzky	Gaylord Entertainment Company	General Motors
Georgia Pacific Corp.	Georgie Girl Australia	Gerber Childrenswear LLC	Gibson Guitar Corp
GMV Productions	GOFoods Global, LLC	Gold Prospectors Association of America (GPAA)	GQ Electronics

Grand Chapter of Phi Sigma Kappa, Inc.	Grand Lodge Fraternal Order of Police	Grandma Moses Properties Company	Grant Fidelity
GraphicFX LLC	Graydog Woodenware	Gretsch Company, The	Grimm Speed
GUESS and MARCIANO Brands	Guthy - Renker Corporation	Harley - Davidson Motor Company	Harry Harrison
Hartley Loudspeakers, Inc.	HDMI Licensing, LLC	Heckler & Koch Inc.	Helena Lind
Hennessy Embroidery	Hillstock Collection	HKS Europe Ltd	Hobby House Press
Hoberman Designs	Home Power, Inc.	Homeland House wares	Horizon Hobby, Inc.
Hot Buckles	Huggalugs North America	Hugs Not Drugs	Human Touch, LLC
Hybrid Systems Ltd., Inc. (HSL)	Ideas Woman	Imosh.com	In - My - Cedar - Chest
Incipio Technologies, Inc.	Independence Computers	Insert Knowledge Here	Intenze
International E - Z UP, Inc.	Intuit, Inc.	IQ Implant Devices	iRobot Corporation
Ironhorse Trailers Inc.	Isagenix International	It Works Marketing Compliance	JA Worldwide
jackets4bikes	Jaclin Dunne	Jacobs and Company LIC	James Alloway Art Glass
Jamies Junk	Jeff Buckley	Jeffrey Blackwell	Jet Performance Products, Inc
Jewelultra Diamondbrite	Jim Pace Magic	Jimjane Postcard Collections	JMC Racing
JMDL Toys	Jo Condrill	John Deere	John Paul Strain Historical Art
Johnson & Johnson Health Care Systems	Jordan Design	Joseph Rorie	Joy Kroeger Beckner, Classical Realism, from Hounds to Humans
JRM Licensing	K.W. Muth Company, Inc.	Kawasaki Motors Corp., U.S.A.	Kevin Terry
Keypoint Company, Inc.	KHS Bicycles, Inc	King Baby Studio	King Technology, Inc.
Kini Art Studios	Kleinn Automotive Accessories	Knog Pty. Ltd.	Kronemann Design Studio Pty, Ltd. - House of Kronemann USA
KT Magic, Inc	Kyser	La Boutique de Bacchus	La Chemise Lacoste SA
Lancaster Colony Corporation	Langley Productions, Inc.	Larry Hartsell Seminars, Inc.	Las Vegas Wranglers Professional Hockey Team
Laser Design Int' l, LLC	Letter Rip Decals	Leupold & Stevens, Inc.	Lia Sophia Jewelery
Licensing Resource Group	LifeProof - Treefrog	Lifetrons Switzerland GmbH	Lifted Research Group Inc. (L-R-G)
Light & Dark Productions	Linda Mc Sweeney	LINDE TRADEMARK	LinkedIn Corporation
Lip Ink International	Lipsy Ltd	Little Tree	Liz Armano
Liz Claiborne Inc.	Lizzie Borden	Lladró USA, Inc.	Lokar Inc.
Lowe's Home Improvement	LP Wheel Group, INC.	Luminox Watch Company	Luxe Jewels, LLC dba Stella & Dot

Luxe Purses	Luxottica Retail	Mackenzie - Childs	Mad Dogg Athletics, Inc.
Magnetic Poetry	Magnolia Pearl	Magnolia Rubberstamps	Mamiya America Corporation
Manchester United	Mannatech Incorporated	Mars, Inc.	Martina Shapiro
Marvel Comics / Marvel Enterprises, Inc	Mary Capan	Master of Illusions Entertainment	Matt Groening
MC Books	Mc Cain Photography	Medcosouth Healthcare, LLC	Medieval Moccasins
Mellotron Archives	Merle Norman Cosmetics, Inc.	Metropolitan Kitchen	Michael Aram, Inc.
Michelles Scrapbooking & More	Microsoft	Microsoft GmbH	Microsoft Ltd (UK)
micros cooters	Mike Mc Carty	Mikimoto America	Minelab Electronics
Mitchell Repair Information Company	MOMO	Moni Originals	Montblanc
Mooneyes USA, Inc.	Motion Picture Association of America (MPAA)	Moviecraft Inc.	Mud Puppy Mold Company
My London Flat Couture	My Pageant Kid	My Poupette Enterprises Inc.	My Study Group101
N.V.E., Inc.	Nandita Arts	National Board of Medical Examiners - NBME	National Historic Mining Initiative LC3
National Shooting Sports Foundation	NetPicks, LLC	New Era Cap Company	Nichols Photography
Nike	Nikken, Inc.	Nintendo of America Inc.	Nordstrom, Inc.
Norotos, Inc.	Nortystore	Nova Development Corporation	NSA Inc. Juice Plus
Nu Skin .	Nuse, Roy C	Oakley	Obagi Australia
Oki Data Corporation	Online Fabric Store	OPI Products, Inc	Orange USA
Orthotebb Health Shoes LLC	Osmosis Skincare	Osnat	Otter box
Pacific Market International, LLC	Packard Club	Pagedown Technology, LLC	Painless Performance Products LLC
Palo Alto Software	Pampered Chef, The	Panasonic Corporation of North America	PANDORA Jewelry
Paradise Film Institute / Big Pictures	Party Lite Worldwide, Inc.	Passion Parties, Inc.	Patch Me Thru
Patmont Motor Werks / Go - Ped	Patricia Wilde	Patti Meador	Pawsitively Perfect Bows
Peachpops Clip Art TM	Pen Press Publishing	Pepsi Co, Inc.	Peri K Designs
Pet Dreams	Pevonia International LLC	Philosophy, Inc.	Piaget

Pink Floyd Management Ltd / Pink Floyd Ltd.	Pioneer Electronics (USA) Inc.	Plane Golf Holdings LLC	Platypus Wear, Inc. dba Bad Boy Brands
Playboy Enterprises International, Inc.	Playtex Products, LLC	Plumeria Bay, Inc.	Polymorphe, Inc
POM USA, LLC	Poppy Company	Power Art Design Airbrushs Pty Ltd	Power Balance LLC
Power Straight	Practically Darling Designs	Premium Fishing Auctions Store	Pristine Bay LLC dba Vianda
Professor Profits.com	Proficient Audio Systems	Progeny Press	Protect - A - Bed
Provo Craft & Novelty, Inc.	Publix Super Markets	Quickar Electronics, Inc.	Quiksilver, Inc
R.K. West Consulting	R0R3 Devices Inc.	Rachel Caine	Randomwalk LLC
Ranger Doug's Enterprises	Rare Sportsfilms, Inc.	Razormaid! Productions	RE / MAX International, Inc.
Red Bull GmbH	RED DIGITAL CINEMA CAMERA COMPANY	Red Hat Society, Inc	Red Monkey Designs, Inc.
Red Steagall's Cowboy Corner	ReggieJackson.com, LLC	Reich Publishing & Marketing	Relix International, Inc.
Rembrandt Charms	Reminder Band Inc.	Revelation Records	RGIS, LLC
Rhodes International	Richard Avedon Foundation	Rideworx Pty Ltd.	Ridgerock Tools
Rigol Technologies, Inc	Rita Toews	Rivington Designs Ltd	RN Study Spot
Rocket Science Institute, Inc.	Roger Wheeler	Rohde Fine Art	Room101
Roth Company	Rothstein Guitars	Rowena Cherry	RRO Entertainment
Rude Awakening Coffee House	Sado Nation	Sadowsky Guitars Ltd.	Saleen
Salt Life Holdings, LLC	Santas Christmas Town	Sanyo Electric Co., Ltd.	SAP
Sara Moon	Savanna Group LTD - Savanna Samson	Scale Modeling by Chris	Scent Sations, Inc.
Schlyer Designs	SCI Resource Partners	Scottcrew Enterprises	Scrolling License Plate Patent Infringement
Searching for Louis Media	Secret - of - Art	Seeing with Sound - The vOICe	Sensation Press
Sew Terific Designs	Shabby Chic	ShenZhen Foscam Intelligent Technology Co. Limited	Shimano
Shower Tek, Inc. - HUGlight	Sierra Transcription	Siesco International Limited	Sigmacumlaude.com
Skiboards Superstore, Inc.	Smart Sound Software, Inc.	SMS Audio, LLC	Snap - on Incorporated
SNB - REACT Netherlands	Society for Human Resource Management	Sole Technology, Inc.	Solo Work Studio

Sound Choice	Southwest Pictures / Southwest Entertainment Group, LLC	Spanx, Inc.	SPEAKER CRAFT
Spicer Pro, LLC	Spider - Man Merchandising L.P.	Sports Hoop Inc.	Sprint Corporation
Spyder Active Sports, Inc.	Stanley Hagler Jewelry	Starbucks Coffee Company	Stephen Shore, photographs
STILETTO Entertainment	Street Smart Systems	Stromberg Carburetor Ltd.	Studio Jenkins Works, LLC
Stussy Inc.	Sue Coffee	Summertown Sun Publishing, LLC	Summit Fashions, Inc.
Sunrider International	Super Skids, LLC	Swarovski North America Limited	Sweet Gal Decals
Swiss Army Brands, Inc.	Sylver Designs	Synapse Engineering, Inc.	Synergetics
Tad - Bits Baby Items and More LLC	Taishan Jungson Audio Technology Co. LTD	Tamiya America, Inc.	Tania R. Chase
TanZyr	TASER International Inc	Team Mysterio, Inc.	Technica USA (Moon Boot)
Technical Video LLC	Tech Smith Corporation	Tekay Designs Inc.	The Collector's Addition
The Electric Quilt Company	The Estate of Marilyn Monroe, LLC	The Furukawa Electric Co., LTD.	The Heirs and Estate of Peter William Ham
THE NATIONAL ACADEMY OF TELEVISION ARTS & SCIENCES	The Sensual Candle	The Sewing Bee Crinoline Ladies Embroidery Patterns	The Software & Information Industry Association (SIIA)
The University of Iowa	The Weinstein Company	Thin Blue Productions	Third Man Records
Thomas Losh	Thread - A - Bead	Threadteds	Three Dogs and a Cat Inc.
Tiffany & Company	Tiger Tom Pistone Race Cars & Parts	Tiger Design	Tiger Direct
Time Sport International	Time Tracker Technology	TMH Technology Co., Ltd.	Tokentools Pty Ltd
Tokyo Flash Japan	Tom Kelley Studios, Inc.	Tomei Powered USA Inc.	Top Secret Recipes
Tori Richard, Ltd.	Total Family Ministries	Total Gym	Trac Fone Wireless, Inc.
Treasured Hungarian Family Recipes TM	Trinity's Jewelry	Trivita, Inc.	Trollbeads
Tshirt Bordello	Twentieth Century Fox Film Corporation	Twinkl Ltd	UGG Holdings, Inc.
UGS Corp.	Ultimate Creations, Inc. / Ultimate Warrior / Warrior	Ultimate Martial Arts Co.	Ultimate Sports Franchise Agents
Ultramax Products Limited	United Airlines	Universal Wrestling Archives, Inc.	Ursula Hock - Henschke
US Advanced Medical Research, Inc. (home of Hylunia and Hymed Skin Care)	V.S. Protective Shield	Vacheron Constantin	Vanguard Industries, Inc.

Vapur, Inc.	Varese Sarabande Records	Vera Bradley	Vickie Milazzo Institute
Victory Seed Co.	Vintage Cigarette Lighters	Vintage Fans, L.L.C.	Viper Interactive
Virgil C. Stephens	Vivienne Westwood Ltd	Vortex Optics	Wake Me Up Before You Logo
Walker Metalsmiths Celtic Jewelry	War Eagle dba War Eagle Racing	Ware Family Genealogy	Warner's Blue Ribbon Books on Swarovski
Water Pik, Inc	WD Music Products, Inc.	Webvista Incorporated	Weight Watchers International, Inc.
Wendy's International, Inc.	West Art Glass	Westone Laboratories, Inc.	WHELEN ENGINEERING COMPANY, INC
Whitney's Wardrobe	Whizardries, Inc.	Wiggles Touring Pty Limited, The	Windmill - Parts.com
Wonder Wizards	World Hockey Association, LLC	World Wrestling Entertainment, Inc. (WWE)	www.cutecolors.com
www.danworkshop.com	www.SnakeEmporium.com	X Bats	X - mini Capsule Speakers
XanGo, LLC	Xiangzhiheng Electronics Inc.	XPressMart.com	Y&T - Meniketti
Yamaha Corporation of America	Yogitoes	Your Baby Can, LLC	Yubo Technology Co.Ltd.
Yvonne Hedley	Zamboni	Zappos.com	Zephyr Vaporizers
Zero Image Co.	Zipp Speed Weaponry	Zrii LLC	

독일 기업

Amway GmbH	Business Software Alliance (BSA)	Business Software Alliance (EU)	Chloe
Dunhill	FC Bayern München	H&M	Industrie und Handelskammer Wuppertal - Solingen Remscheid
Microsoft	Öko - Tex	Phiten GmbH	Playboy
Purdey	Tüv SüUK	Van Cleef & Arpels	Zodiac Watches

영국 기업

A.B. McKinley	Ann Cooper	Annette Haydon - Trendy Fleece Tots	Autodata Limited
Carol Ann Clarke	Craft - e - Creations	Fédération Internationale de Football Association (FIFA)	Fossil Reproductions
Fulvio Bianconi	Garmin	George Halbert Productions	Giant UK LTD
Id Films	Jack Sealey Ltd	Jayco (UK) Limited	Kai Z Feng Limited
Lynda.com, Inc.	Moosaics	Neutrik AG	Nike
Nizamas Gallery	Orlando Digital Telephone Corp.	Pronto Moda Global Limited	Rosetta Stone (UK) Ltd
Ruth Louise Dunn	Sarah Lough	Simon Carey	Sony Ericsson Mobile Communications AB
Synergy Computing Business Group, Inc. dba Chef's Resource	The Premier League	Tommy Hilfiger	Transcender LLC
Ulead Systems	Umbro International Limited	Vidbidness	VKR Holding A/S (VELUX)
All Saints (Retail) Ltd	Americana International Ltd.	Blackpoint Engineering LLC	Burlen Fuel System Limited
Chocolate Starfish LTD.	First Group / First Great Western	Fishman	FJA Mods
Ford Motor Company	Hairy Rs Ltd.	Jaguar & Land Rover	Jemella Ltd
KENVELO	Kettle Foods Ltd	Lynn R. Papercrafts	McGregor Fashion Group NV
McGregor Fashion Group NV	Mike Barrett Productions Ltd.	pneumatic Components Ltd	Procter & Gamble
Rolls - Royce	Sheridan Douglas Press	Symantec	The Open University
Tottenham Hotspur	Vega 911		

프랑스 기업

Microsoft	Sacem	Symantec	

이탈리아 기업

ALIENTECH SRL	Hells Angels Motorcycle Corporation Italia	Microsoft Corporation - Microsoft SRL (Italy)	Nike Italy
Versace			

03 처음부터 베로 프로그램에 걸리지 않는 방법

셀러는 판매하는 상품의 적법성과 리스팅에 제시한 상품설명에 대한 책임을 져야 한다. 만약 상품이나 설명이 지적재산권 등을 침해한다면 이베이는 바로 삭제한다. 지적재산권을 침해한 사례를 통보받는 베로 프로그램에 의해서다.

침해하는 일이 반복적으로 발생하면 판매와 구매 거래 중지, 계정보류 등의 조치를 받을 수 있으니 상품을 리스팅할 때 다음과 같은 가이드라인을 참고한다.

❶ **리스팅 콘텐츠는 스스로 만든다.** 제3자의 카탈로그 등에서 텍스트와 이미지를 무단으로 복사해 사용하지 않는다. 인터넷에서 쉽게 찾을 수 있는 텍스트와 이미지라도 저작권법에 보호되지 않는다고 생각하면 안 된다.

저작권법은 인터넷에도 적용되며 제조업체나 저작권 소유권자는 텍스트와 이미지 사용을 반대할 수 있다. 따라서 리스팅할 때 제품의 사진을 직접 찍어서 사용하는 것이 바람직하다.

❷ **내용은 정확해야 한다.** 리스팅에 사용한 표현과 주장은 솔직해야 한다. 지적재

산권을 소유한 사람이나 기업은 자사의 브랜드나 제품이 사실과 다르고 부정확하며 구매자를 오도하는 내용의 리스팅을 싫어한다.

리스팅을 만들면서 표현하려는 내용의 사실 여부를 반드시 확인해야 한다. 자칫 소홀히 할 경우 책임을 져야 하는 상황이 발생할 수 있다.

정확한 리스팅은 지적재산권과 관련된 문제를 해결해주는 동시에 구매자들의 이해를 도우면서 사전에 잘못된 커뮤니케이션을 방지한다. 나중에 거래 분쟁이 생기거나 피드백을 나쁘게 받은 일을 예방하는 효과가 있다.

정식 딜러가 아니면서 딜러인 것처럼 리스팅해서는 안 되며 새 것이 아니면서 새 것인 것처럼 표시해서도 안 된다. 하자 보증기간, 리베이트, 제조업체가 제공하는 인센티브 등을 제조업체 등의 허가를 받지 않고 리스팅에 포함시켜도 문제가 된다.

❸ **브랜드 이름은 정확하게 사용하라.** 브랜드 상품을 판매할 때, 리스팅에 브랜드 이름과 제품의 사진을 찍어서 사용할 수 있다. 그러나 공식판매업자가 아닌데 그런 것처럼 표시해서는 안 된다. 제조업체로부터 동의를 구하지 않고 제조업체의 텍스트, 이미지, 로고를 사용하지 않는다.

애크미(ACME) 브랜드의 텔레비전을 판매한다고 해보자. 셀러는 상품설명에 애크미 브랜드를 언급할 수 있지만 독립적으로 만들어진 애크미 로고를 사용할 수는 없다. 애크미 본사로부터 허락을 받지 않으면 애크미의 딜러인 것처럼 표현해서도 안 된다.

판매하는 제품이 특정 브랜드 제품과 함께 사용할 수 있도록 디자인이 된 경우에는 리스팅 제목에다 해당 브랜드 이름 앞에 'compatible with', 'fits', 'for'를 쓴다. 그러나 여러 가지 브랜드 제품에 사용할 수 있는 제품을 특정 브랜드에 맞는 것처럼 'compatible with', 'fits', 'for'를 사용해서는 안 된다. 팔찌에 들어가는 장식물을 리스팅할 때 '장식 팔찌용(for charm bracelets)' 이나

'장식 팔찌에 맞다(fits charm bracelets)'라고 표현하고, 특정 브랜드와 특정 제품을 명시해 'fits'이나 'for'를 사용할 필요는 없다.

셀러들은 구매자들을 많이 끌어들이기 위해 상품과 관련이 없는 브랜드 이름을 사용하고 싶은 충동을 느끼는데 일종의 검색 조작이라고 할 수 있다. 검색 조작은 브랜드의 오용이며 이베이에서 허용되지 않는 행동이다.

애크미 텔레비전을 팔려고 리스팅할 때, 애크미 이외의 다른 브랜드를 타이틀에 넣지 않는다. 실제 판매하는 제품을 생산한 업체의 이름은 명시할 수 있지만 생산업체와 자신의 관계를 사실과 다르게 나타내면 안 된다. 세부사항은 베로 프로그램의 상표권, 검색 조작 정책 등을 참고하면 된다.

❹ **진품을 취급해야 한다.** 복제품, 위조품, 모조품, 불법복사물을 리스팅해서는 안 된다. 예를 들어, 제품을 생산하거나 상품 판매를 허용하지 않은 업체의 브랜드나 로고를 리스팅하여 올려서는 안 된다. 음악, 영화, 방송 프로그램, 소프트웨어 등의 불법적인 복사물을 판매해서도 안 된다. 이러한 제품을 팔다가 걸렸을 때 그 사실을 몰랐다는 변명은 통하지 않는다. 판매하는 상품의 출처를 조사하고 법적 권리를 침해하지 않았음을 확실히 하는 것은 셀러의 의무이자 책임이다.

리스팅을 하기 전에 의문이 있다면 상표권자를 접촉해야 한다. 만일 그 진위를 확인하기 어렵다면 지적재산권 소유자에 조회한다.

CHAPTER
13

국내 수출기업을 위한 Kmall24

01
Kmall24의 특징

케이몰24(이하 'Kmall24')는 한국무역협회(이하 '무역협회')가 국내 중소·중견기업들의 해외 수출과 판매를 지원하기 위해 개설한 입점형 오픈마켓이다. 무역협회는 업계의 수출활동을 다각적으로 지원하는 민간 경제단체이자 코트라와 쌍벽을 이루는 수출종합지원기관이다.

무역협회가 2014년 6월에 오픈한 Kmall24는 수출지원기관에서 운영하는 플랫폼으로 아마존, 이베이 등의 글로벌 오픈마켓과는 다른 특징이 있다.

첫 번째이자 가장 큰 특징은, 입점형 마켓이라는 것이다. 기업들이 원하면 누구나 상품을 올려서 판매하는 것이 아니라 먼저 희망업체의 신청을 받아 요건이 갖춰진 경우에 참여를 허용하는 방식이다.

제조업체는 물론 유통업체도 가능하며 무역협회 회원사가 아니어도 괜찮다. 참여요건은 복잡하지 않다. 요건에서 가장 중요한 부분이 판매상품의 품질과 가격 면에서 경쟁력이 있는지 여부다. 지적재산권을 침해한 상품의 판매는 허용되지 않는다. Kmall24는 국내 기업들이 해외 구매자들에게 상품을 판매하는 B2C

마켓이라고 생각하면 된다. 개인의 판매 참여는 원칙적으로 허용되지 않는다.

두 번째 특징은, 영어뿐만 아니라 중국어, 일본어 마켓을 동시에 운영하고 있다는 것이다. 따라서 미국을 비롯한 서구시장뿐만 아니라 중국, 일본 구매자들에 대한 판매도 이뤄지고 있다. Kmall24를 방문하는 구매자들은 자기가 원하는 언어 사이트에 접속해 쇼핑할 수 있다.

현실적으로 한 기업의 마케팅 담당자가 영어, 중국어, 일어에 모두 능통한 경우는 드물다. 또한 영어, 중국어, 일본어로 이뤄진 3개 사이트에 리스팅을 하고 커뮤니케이션을 하는 일은 결코 쉽지 않다. Kmall24에서는 그것이 가능하다. Kmall24는 상품 등록을 우선 한글로 한 뒤 언어별로 번역하는 방식으로 운영이 되고 있다.

세 번째 특징은, 해외 구매자에 직접 판매를 기본으로 하면서 일반 수출과 같은 물량 수출을 추구한다는 점이다. Kmall24에 리스팅된 모든 상품 이미지 아래에는 해외의 수입업자 또는 유통업체가 도매 문의(Wholesale Inquiry)를 보낼 수 있는 버튼이 있다. 해외 구매자가 이를 통해 대량 구매조건을 문의하면 Kmall24 운영팀에서 해당 기업에 전달하는 방식으로 운영된다.

무역협회는 온라인 비즈니스에 오랜 노하우를 가진 기관이다. 네이버, 다음보다 훨씬 앞서 무역인들을 위한 사이트(www.kita.net)를 운영해 많은 무역인들에게 계정과 무역정보를 제공하고 있다. 국내 기업과 해외 기업 간의 거래를 알선하는 B2B 사이트 트레이드코리아(www.tradeKorea.com)는 온라인을 통한 수출기회 창출에 큰 기여를 해왔다. Kmall24와 트레이드코리아를 연계해 운영하면서 국내 기업들에게 'B2B + B2C'의 온라인 비즈니스 여건을 제공할 수 있게 되었다. 트레이드코리아를 방문한 해외 구매자들에게 Kmall24의 상품을 적극 소개하는 것이 좋은 예다.

네 번째 특징은, 운영이 공동체제로 이뤄진다는 것이다. 이베이에서 상품을 판매하면 셀러 혼자 커뮤니케이션, 배송, 반품 등 모든 것을 해결해야 하지만 Kmall24에서는 무역협회의 수출지원이라는 차원으로 운영팀에서 대부분의 일을 대행해주고 있다.

무역협회는 Kmall24에서 판매되는 상품의 포장과 국제 배송을 위해 전용물류창구를 운영하고 있으며 해외 여러 국가에 CS팀을 두고 고객문의 응대도 지원하고 있다. 이에 따른 운영경비는 무역협회가 지원하며 수수료도 글로벌 오픈마켓(이베이 기준: 판매금액 9~10% + 건별 등록 수수료)의 절반 수준이다. 페이팔과 신용카드 등 대금결제에 따라 PG(전자지급결제대행사)에 주는 수수료는 해외 오픈마켓과 비슷한 수준이다.

다섯 번째 특징은, Kmall24가 해외 오픈마켓과의 연계를 적극 모색하고 있다는 것이다. Kmall24에 리스팅된 상품을 아마존, 이베이 등의 쇼핑몰에서도 판매하고 있다. 현재 Kmall24 입점업체의 공동 스토어를 개설해 판매를 확대하고 있고 향후에는 사이트를 연동하는 방안까지 모색하고 있다.

02
Kmall24 입점하기

판매 카테고리

Kmall24는 이제 출범단계라 할 수 있다. 입점형 오픈마켓이라는 특성 때문에 현재 참여하는 기업들이 꾸준히 늘어나고 있다. Kmall24는 중·장기적으로 국내 기업들이 생산하는 다양한 상품을 유치할 계획을 세우고 있으나 현재 출범 단계에서는 'K-Style', 'K-Life', 'K-Culture'라는 세 부분에 집중하고 있다. 최근 세계적으로 확산되는 한류붐이 해외 구매자의 Kmall24 진입으로 이어지도록 하겠다는 숨은 뜻이 엿보이는 대목이라 하겠다.

현재 구성한 상품 카테고리를 대분류로 보면 패션, 액세서리와 화장품, 유아용품과 식품, 가정 및 사무용품, 스포츠용품, 음악 등 6가지이며 중분류는 23개로 운영되고 있다. Kmall24는 판매상품을 계속 확대하고 있으며 앞으로 카테고리가 더욱 늘어날 것으로 보인다. 다시 말해 제조업체와 유통업체들이 Kmall24를 통해 판매할 만한 상품이 있다면 입점이 가능하다.

FASHION	JEWELRY/BEAUTY	BABY & FOOD
• Women • Under wear • Fashion Accessories	• Beauty/Fragrance • Bath/Hair • Jewelry/Accessories	• Baby Clothing • Toys/Educations • Maternity/Newborn Supplies • Food/Health
HOME & OFFICE	SPORTS/HOBBY/MOTOR	MUSIC
• Household Essentials • Stationary/Office Supplies • Digital/Electronics • Korean traditional products	• Leisure/Sports • Car/Motorcycle Gear • Hobby/Gardening/Pets supplies	• Male Group • Female Group • Male Solo • Female Solo • Other • O.S.T

　기업의 입장에서 보면 새로운 카테고리를 만들어 상품을 판매할 경우 온라인 쇼핑을 찾는 구매자들에게 노출이 쉽게 되면서 판매 기회가 많게 된다. 옷가게가 몰려 있는 동대문이나 남대문의 가게가 다른 곳 가게보다 판매가 많지 않은가. 현재 카테고리에 입점업체가 있어도 우리 상품이 가세하면 시장이 더욱 활발해진다는 점도 생각해야 한다.

미니 숍

　입점이란 점포를 내는 일이다. 온라인의 Kmall24에 들어가는데 '입점' 이란 단어가 다소 생소하게 들릴 수 있다. 오프라인에서는 가게를 마련하고 여러 가지 상품을 진열하여 손님을 맞이하듯, 온라인 쇼핑몰에서는 기업이 생산하는 다양한 제품을 한꺼번에 등록한 다음, 주문받는 저장 공간을 얻는 것쯤으로 생각하면 된다. 이베이에서는 상품팔 때 일정 수수료를 내면 스토어(store)를 만들고 다양한 상품을 취급할 수 있다. Kmall24에서도 마찬가지다. 상품 하나하나를 따로 등록할 수도 있지만 기업이 생산하고 판매하는 제품을 한 곳에서 보여주는 점포의 설정을 적극 권장하고 있다.

이베이에서는 '스토어' 라고 하지만 Kmall24에서는 '미니 숍(Mini Shop)' 이라고 한다. 미니 숍의 장점은 여러 가지다. 무엇보다 구매자들이 편리하다. 미니 숍은 대개 동종의 다양한 제품을 진열하고 있기 때문에 상품 선택이 용이하고 구매하는 재미도 있다. 판매하는 여러 제품을 체계적으로 보여주면 구매자가 갖는 판매 기업에 대한 신뢰도가 커지게 되어 판매 증가로 이어지기가 쉽다.

해외로 수출하는 기업들에게 홈페이지는 필수다. 해외 수입업체들의 구매 담당자들이 전시회, 수출업체와의 상담, 관련 잡지 구독 등의 오프라인 활동보다 인터넷 검색을 통해 상품 구매를 하는 경우가 더 많기 때문이다. Kmall24의 미니 숍은 미니 홈페이지와 같은 역할을 한다. 국내 기업들 대부분이 수출을 겨냥해 외국어 홈페이지를 운영하고 있으나 실질적인 결과를 만든 사례는 그리 많지

않다. 인터넷 검색을 고려하지 않은 제작, 부실한 업데이트 등의 이유가 있다고 본다. 이를 고려할 때 미니 숍을 잘 운영하면 홈페이지 이상의 역할이 가능하다.

미니 숍에서 해결방안을 찾아보자. 미니 숍은 여러 가지 상품을 판매하는 곳으로 구매자들은 상품의 사진과 함께 설명을 꼼꼼히 살펴본 뒤 구매를 결정한다. 따라서 브랜드, 규격, 사이즈, 재질, 제품의 기능, 사용법, 기술적인 특징 등을 자세하게 설명해야 한다.

상품을 팔리게 하는 리스팅에 대해서는 앞에서 여러 차례 살펴봤다. 글로벌 오픈마켓뿐만 아니라 Kmall24에서도 리스팅은 중요하다.

국내 쇼핑몰은 사진 위주의 리스팅이 일반적이다. 굳이 말하지 않아도 배송이 빠르고 반품도 원활하므로 사진에 의존하는 경향이 강하지만 해외에서는 상품설명이 제일 우선이고 사진은 보완적이라고 할 수 있다. 그래서 상품별로 설명을 잘 붙인 미니 숍은 해외 개인 구매자의 구매를 자극할 뿐만 아니라 대형 구매자들을 끌어들이는 해외 홍보의 좋은 창이라 할 수 있다. 많은 기업의 홈페이지가 회사를 소개하는 온라인 브로슈어 형태로 운영되고 있는 반면 Kmall24는 좀 더 실전적이고 역동적이다. 미니 숍의 담당자가 팔리는 리스팅, 매력적인 리스팅의 원칙을 이해하고 제대로 운영하면 그 효과가 매우 높아진다.

입점 절차

무역협회는 Kmall24 입점업체를 상시로 모집하고 있다. 입점은 무료이다. 우선 참여업체는 국내 기업이다. 글로벌 셀링의 경험이 있고 판매체계를 갖춘 전문 셀러들에게도 문을 열어 놓고 있다. 유통업체의 경우 공급업체와의 공급계약을 맺은 업체에 한해 입점이 허용되는데 이는 제조수출업체를 보호하기 위한 것이다.

입점 절차는 회사와 상품을 간략하게 소개하는 자료를 운영팀(kmall24@kita,net)에 보내는 것으로 시작된다. 안내가 필요할 경우 전화(1566-5114, 02-6000-5407)도 가능하다. 자료는 회사소개서, 국문 또는 외국어 카탈로그, 홈페이지 등이다.

운영팀은 기업에서 보내온 자료를 기초로 해외 판매 가능성 등을 고려한 뒤 약정서, 판매정책안내서 등과 함께 신청서를 업체에 보낸다. 그리고 신청서와 약정서를 제출하면 Kmall24 계정 개설과 상품 등록이 시작된다. 참여업체에 대해서는 기업과 상품 등록 실무를 안내해주는 리스팅 교육기회가 주어진다.

무역협회가 Kmall24에 우선적으로 유치하는 기업은 무역협회 회원사와 트레이드코리아에 상품을 등록한 업체다. 또 수출조직을 갖추고 있어 해외 판매에 적극적인 참여가 가능한 업체, 해외 판매용 제품을 생산하고 제품설명서 및 영문 브로슈어를 보유한 업체, 제조물 책임보험·특허·인증 등을 보유한 업체도 우선적으로 유치하고 있다. 여기에 신청한 상품이 해외 판매에 적합한 시장성과 가격경쟁력을 갖췄다면 더욱 좋다.

무역협회는 입점업체에 다양한 지원을 하고 있다. 상품 등록과 영어, 중국어, 일어권 등록에 필요한 번역뿐만 아니라 운영하고 있는 물류창고를 통해 국제배송의 과정을 지원해준다. 배송비용은 판매업체가 부담하나 핸들링 차지는 무료이다. 또한 해외 구매자의 문의에 대한 응대를 대행하고 있으며 아마존, 티몰 등 해외 오픈마켓과 연계한 판매(일부 상품에 한함)도 지원하고 있다.

03
Kmall24에 상품 등록하는 방법

이제 상품을 등록해보자

Kmall24에서의 상품 등록은 이베이와 전혀 다르다. 입점업체에게는 쇼핑몰 관리 페이지(Admin) 아이디와 비밀번호가 부여되며 메뉴에 따라 입력해야 한다. 다음은 입점사가 관리자 계정에 로그인한 뒤 나타난 메뉴이다.

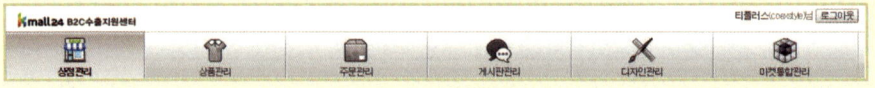

▲ Kmall24 어드민 메뉴

'상점관리'는 입점 회사의 기본적인 정보를 입력하는 창이다. '상품관리'는 판매상품을 등록하는 창이며 '주문관리'는 주문내역을 확인하고 배송을 처리하는 데 쓰인다. '디자인관리'는 입점기업이 미니 숍을 운영할 때 디자인을 설정하는 곳이다.

'상점관리'에서 기본 정보(상호, 대표자, 사업자 번호, 주소, 연락처, 담당자, 계좌정보)를 입력한 뒤 판매를 위한 리스팅을 해보자.

등록은 '상점관리'에서 시작한다. 우선 한글로 작성하고 언어권별 해외 쇼핑몰에서 번역한 다음, 게시판을 통해 운영팀에 상품 등록 승인을 요청하는 방식으로 이뤄진다. 다음의 흐름도를 보면 이해가 쉬울 것이다.

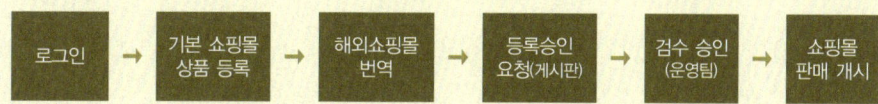

'상품관리'를 클릭하면 나오는 페이지는 '상품목록'으로써 상품의 판매를 관리하는 곳이다. 외국어 페이지를 관리한다고 생각하면 된다. 그다음 '상품등록'을 클릭하면 기본 쇼핑몰 등록이 본격화된다(한글로 입력한다). 등록 창은 상품 분류(카테고리) 설정, 기본 정보(상품명과 설명), 모바일 상품설명, 판매정보, 옵션 설정, 이미지 등록 등으로 구성되어 있다. 상품 분류는 판매하고자 하는 상품에 맞게 대분류, 중분류, 소분류까지 지정한 뒤 '+추가'를 클릭하면 된다.

❶ 기본 정보 등록

상품명과 상품 간략설명, 상품 상세설명을 한글로 정리하여 입력한다. 상품명은 최대 250자까지다. 단순하게 상품명을 쓰는 것이 아니라 번역을 염두에 두고 키워드가 될 만한 단어들을 생각해 기록하는 것이 편리하다.

상품 간략설명에서는 재질, 브랜드, 디자이너, 컬러, 규격, 상품 특징을 간략하게 정리한다. 완벽한 문장보다 단어와 어구를 활용하여 작성하는 것이 좋다. 구매자가 번역된 내용을 상품의 대표 사진과 함께 보자마자 상세 설명을 보고 싶을 정도로 필수적인 정보를 간략하게 정리하는 것이 효과적이다. 구매자들은 간략설명이 부실한 상품을 자세히 살펴보지 않는다.

그다음 상품 상세설명은 텍스트와 이미지를 동시에 활용해 상품을 홍보하고 마케팅하는 공간이다. 상품에 대한 체계적인 설명을 하면 된다. 품목별로 강조해야 하는 내용이 다를 것이다. 이미지도 사용할 수 있는데 오른쪽에 있는 이미지를 클릭해 올리면 된다. 대표 사진에서 보여 주지 못하는 디테일한 부분을 보여주는 것이 목적이다. 따라서 다양한 각도, 세부적인 사진 등이 유용

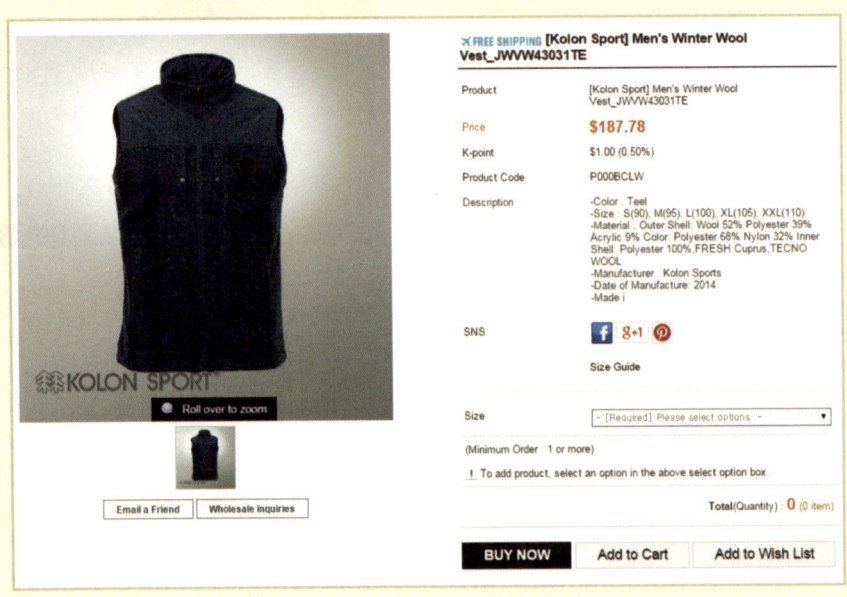

▲ Kmall24의 상품 리스팅 예: 상품 간략설명이 Description에 보인다.

하며 비슷한 사진을 반복해서 보여줘 봤자 구매자의 관심을 끌기 어렵다.

사진 편집으로 여러 장의 사진을 이어붙여 한꺼번에 보여주는 것보다 한 장씩 보여주는 것이 좋다. 꼭 필요하다면 최대 4장 정도를 묶어 하나의 이미지로 활용할 수 있으나 단순히 아래로 내려붙이는 것은 피한다. 텍스트와 이미지의 조화가 중요하다고 할 수 있다.

❷ 모바일 상품설명

Kmall24를 스마트폰으로 찾는 구매자를 위해 모바일 상품 등록을 진행한다. 스마트폰의 환경을 고려해 상세설명을 좀 더 간략하게 하고 싶다면 기본 정보에서 입력한 내용을 간추린다. 같은 설명을 보여주려면 상단의 '상품설명 동일'을 누르고 입력을 생략하면 된다.

Kmall24를 방문하는 구매자들은 주로 검색어로 상품을 찾기 때문에 검색어 설정은 필수다. 상품명에서 사용한 키워드를 입력하면 된다. 여러 단어를 사용할 경우 콤마(,)를 이용한다.

❸ 판매가격

이제 판매가격을 등록할 차례다. 구매자가, 공급가, 판매가 등이 있는데 국내 판매에 적용되는 구매자가는 입력하지 않아도 된다. 공급가는 Kmall24에 상품을 제공하면서 받으려는 원가와 마진이 포함된 가격을 말한다.

Kmall24에서 상품을 판매하기 위해서는 몰의 운영 수수료와 해외 전자결제 회사에 대한 수수료를 부담하는데 합치면 11.11%(2014년 10월 현재)가 된다. 따라서 Kmall에서 팔아야 하는 가격은 '공급가 + 11.11%' 이다. 이것이 바로 판매가이다. 공급가가 10,000원이라면 판매가는 11,111원이다. 이 간단한 식만 이해하면 판매가 등록은 쉽다. 그리고 수출이라서 영세율이 적용된다.

달러, 위안, 엔화의 환율이 연동되고 있으므로 '판매가 적용'을 클릭하면 이들 통화로 환산된 판매가가 자동으로 나타난다.

❹ 옵션 설정

옵션은 구매자가 상품을 선택해 구매할 수 있도록 해주는 도구다. 한 구매자가 티셔츠를 구매하려고 하는데 자신이 선호하는 디자인이나 자신에게 맞는 컬러와 사이즈를 선택하려고 한다. 리스팅에 이를 반영할 때 사용하는 것이 '옵션 설정'이다.

옵션은 조합 일체선택형, 조합 분리선택형, 상품 연동형, 독립 선택형 등으로 나눠지며 관련 내용은 클릭하면 나온다. 티셔츠는 조합 분리선택형을 채택해야 옵션 설정이 가능하다. 옵션은 이미 준비된 옵션세트(품목별)를 이용할 수 있으며 직접 설정도 가능하다.

옆의 그림에서는 티셔츠를 기준으로 옵션세트를 불러 판매상품을 구성해봤다. 컬러는 블루, 핑크, 블랙 등 3가지 그리고 사이즈는 S, M, L, XL를 선택했다. 판매할 제품의 재고 등을 감안해서 지정한 다음 '선택한 옵션 품목추가'를

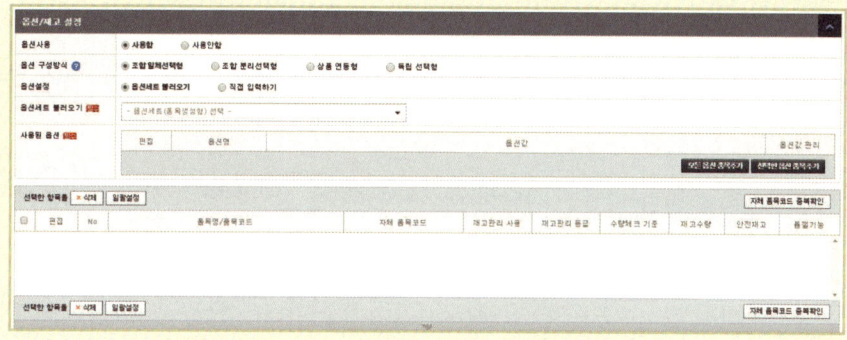

클릭하면 12가지 상품(3 × 4)에 대한 리스트가 만들어진다.

❺ 이미지 등록

Kmall24는 상품사진 노출에 강점이 있다. 사실 사진이 판매 촉진에 도움이 되는 것은 두말할 필요가 없다. 온라인 쇼핑몰에서 구매자의 눈길을 끄는 것은 우선 갤러리 픽처, 즉 대표 사진이다. Kmall24의 대표 사진은 글로벌 오픈마

켓과 마찬가지로 가로세로 길이가 같은 정사각형이어야 하며 사이즈는 1,000×1,000픽셀 이상이 좋다. 화소가 낮으면 사진을 확대해서 보게 되는데 보통 흐리게 나타난다.

이미지를 올리는 방법은 간단하다. '+ 등록'을 클릭하면 사진을 가져올 팝업 창이 뜬다. 해당 사진을 가져오면 상세이미지, 목록이미지, 작은 목록이미지, 축소이미지 등 4개의 공간에 같은 사진이 들어간다. 영어, 중국어, 일본어 사이트에 대표 사진을 다르게 운용하고 싶다면 '개별이미지 등록'을 클릭해 같은 방법으로 하면 사진이 바뀐다.

'확대이미지 추가 등록'은 몰의 상품 리스팅에서 대표 사진 아래에 위치하는 사진들에 대한 공간이다. 최대 16개(대표 사진 포함 20개)까지 등록이 가능하지만 보통 5~6장 정도 등록하면 리스팅이 짜임새 있게 된다. '확대이미지 추가 등록'을 클릭하면 나타나는 '+ 이미지 불러오기'를 이용하면 된다.

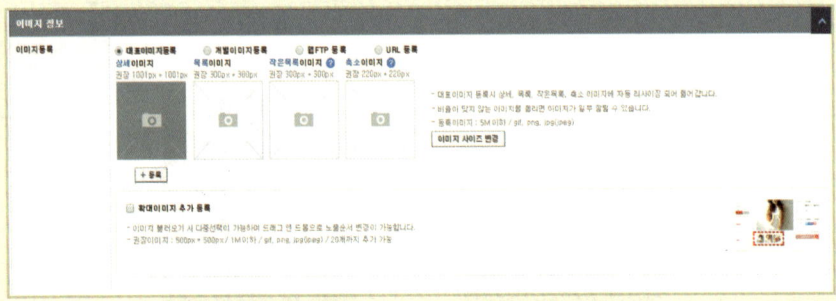

❻ 생산 및 배송정보 설정

마지막으로 제작(생산)정보와 배송정보를 설정한다. 제조사, 공급사, 브랜드, 트렌드, 제조일자, 출시일자, 유효기간, 원산지 등을 입력한다. 제품의 특성, 언어권별로 요구하는 조건 등을 고려해서 노출이 필요한 경우에 입력을 해둔다.

배송정보는 Kmall24 운영팀에 의한 공동배송체제를 갖추고 있기 때문에 기본

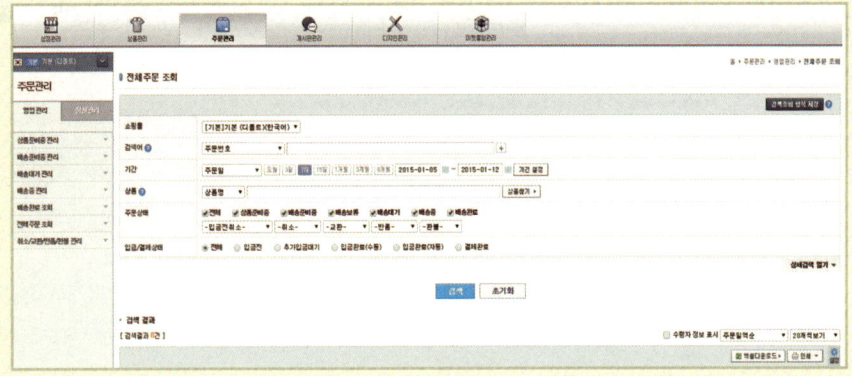

설정을 사용하고 상품 중량과 HS코드를 입력한 뒤 '상품 등록'을 클릭하면 완료된다.

번역은 필수

이제 지금까지 입력한 정보를 영어, 중국어, 일본어로 번역할 차례다. '상품목록' 페이지에서 출발한다(상품 등록이 완료되었다면 상품 목록에 나타난다). 상품을 판매하려는 해외 쇼핑몰을 선택하고 목록에서 해당 상품을 클릭하면 번역 등록이 시작된다.

먼저 상품 분류를 확인하고 번역 작업량이 가장 많은 '기본 정보' 페이지를 보자. 기본 상품 등록에서 입력한 내용이 한글로 나타나는데 이를 번역해야 한다. '기본 쇼핑몰 정보 공통사용'의 체크 표시를 해제하고 번역문을 입력한다. '번역' 이란 버튼이 있는 항목에서는 번역기를 이용할 수 있다.

외국어 번역은 그리 쉬운 일이 아니어서 많은 시간이 걸릴 수 있다. 무역협회가 제공하는 번역 지원을 이용하든 전문업체 또는 지인에게 의뢰해야 하는 경우

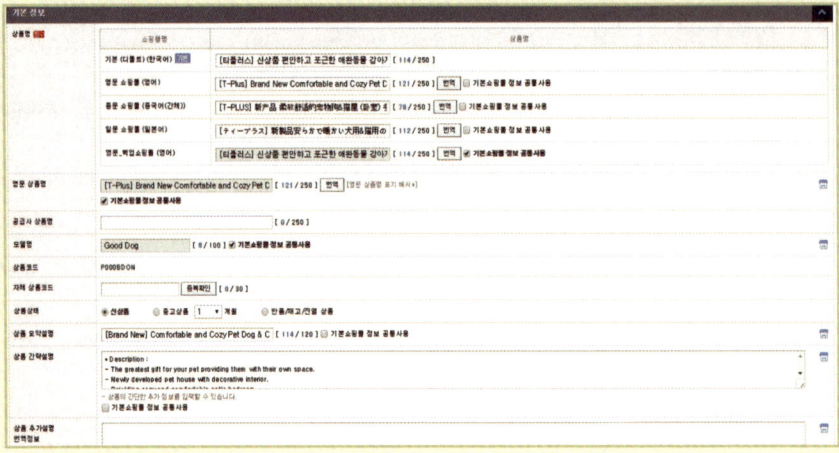

도 있을 것이다. 따라서 한글이나 워드로 미리 작업한 뒤에 올리는 것이 편리하다. 다음 페이지에 영문사례 3개를 소개했으니 참고하기 바란다.

04 상품설명의 영문사례

[kmall24 등록 상품을 대상으로 작성한 것이다.]

사례 1: 애견용 티피텐트(Teepee Tent)

상품명(Title)

Interior Decorative Teepee Tent, Pet House like a Showcase(Small)

간략설명(Basic Description/Features)

- Brand: Huts and Bay(Korea, Republic of)
- Made of 100% hand-made goods with high quality and unique design.
- A great pet house and the interior decoration of your home.
- easy to assemble, move, manage and wash.
- You will feel a sense of staying in a wild field at home.

상세설명(Details)

Size

- the height of 78cm, Pentagon shape flooring 47×45cm.

Fabric

- Made out of 100% Oxford cotton. Thick and rugged cotton that doesn't wrinkle and doesn't break down due to frequent washing.
- The fabric keeps the good appearance of the teepee tent.
- Also has a great ventilation.

5 Wooden Poles

- Made out of New Zealand pine. New Zealand pine is bright in color and has superbly straight grain alignment.
- It is light and easy to assemble and disassemble.

Cushion

- The double-sided cushion is made of 2 different materials. Oxford cotton on one and soft micro-fiber fabric on the other.

- We also took the animal's habit of laying on it's chin into consideration and added grooves in the cushion for ultimate comfort.
- Double sewing and extra lining to prevent tear and losing original shape after washing.

Variations & Family Item

- You may choose your favorite color(BLUE, BLACK, RED, MUSTARD) and design at the same price. option when ordering.
- Larger Teepee tent(Medium size) is available for the pet weighting more than 7kg. Please visit our Mini Shop!

	Small Size (Offering)	Medium Size
Unit Size	78×47×45cm	88×57×55cm
Unit Weight	2.3kg	2.5Kg
Packing Size	93×28×30cm (1 inch = 2.4cm)	102×80×35cm(1 inch = 2.4cm)
Packing Weight	3.4kg	3.8kg

Shipping Package

- The Item will be shipped in a safe cartoon box at high speed by EMS(Express Mailing Service) KOREA Post. Tracking Provided.

사례 2: 뽕잎차(Mulberry Leaves Powder)

상품명(Title)

Top Grade Organic Korean Mulberry Leaves & Mulberry Powder Certified Health benefits

간략설명(Basic Description/Features)

- Drink a oriental health secret with a long history.
- power type made with 100% Korean pure mulberry leaves and mulberry.
- Processed through freeze dry method keeping naturalness and healthiness of the best leaves.
- Well-being Foods with HACCP, ISO Certified.

상세설명(Details)

- Package: 4 Boxes in an outer gift box(Net weight: 110g).

    2 Boxes of Mulberry Leaves Granule & 2 Boxes of Mulberry Powder.

    Each Box has 20 portable and convenient socket packages.

How to eat

- Drink mulberry leaf or mulberry water.
- Just take a spoon(small package) of mulberry leaves granule or mulberry powder with water after meal.
- Mix with yogurt, milk or cereal.

Guide to make mulberry water

- prepare 2 liters of cold water.
- Add 2 socket packages of mulberry leaves or mulberry.
- Shake until it is throughly dissolved and Drink.

Note when drinking

- Drink cold.
- Drink more than 5 cups a day.
- Fibers may sink at the bottom, So shake before you drink.
- Finish with in 2 days of making it.

Mulberry Leaves' Health Benefits

- Mulberry leaf is nutritious and is a good dietary supplement.
- It has many health benefits.
- Discharging heavy metal contents out of body(though urine).
- Antioxidant effect.
- Easing arteriosclerosis & Stroke.
- Lowering cholesterol and sugar-level in the blood.

- Cleaning blood and helping blood circulation.
- Preventing cancer(Clinical trials have shown to be effective).

Mulberry Leaves' Ingredience

- Average more than 20% crude protein(40% in young leaves), the highest protein content among vegetable except beans
- various amino acids including essential ones as well as sufficient amounts of minerals and fibers.
- Full of vitamin B & C.
- Rich pigments such carotenes and chlorophyll which help anti-aging.

Variations at the same price: You may choose your favorite combination among followings. PLS, designate your option when ordering.

- 4 Boxes Mulberry Leaves in a outer gift box.
- 2 Boxes Mulberry leaves and 2 Boxes of Mulberry.
- 2 Boxes Mulberry leaves, 1 Box of Mulberry, 1 Box of Blueberry.

사례 3: 휴대전화 케이스(CELL Phone Case)

상품명(Title)

Unique and Fashionable Wallet Type Cell Phone Case

간략설명(Item Description/Features)

- Brand: Reason Ave.1(registered internationally), Made in Korea.
- Fits i-Phone 5S, Galaxy S2, S3, S4, S5, Note 2, 3.
- Materials: high quality Synthetic Leather(the outer) and Chamude protecting device(the inner).
- colorful fashion wallet case with 3 credit card holders & 1 money holder.
- add convenience and fashion to our daily lifestyle.
- designed to show a sense of fashion and individuality along with protection.

상세설명(Details)

ITEM Concept

- Adds convenience and fashion in one unique item.
- Protects our pricey cell phones.
- Hand-made long lasting high quality items.
- Enjoy more comfort in your communication!

Design

- brings the unique creation of designs, fashion statement and quality to our customers to enjoy!
- provide a differentiated sense not found elsewhere.
- Charming designs for all ages with adjusting by magnet.
- Unique and fashionable items currently not available in the market.
- Exclusive designer illustrations.
- registered the design at the Patent Office of several Countries(Korea, Japan, China, U.S.A, Germany, U.K, H.K, Indonesia, Taiwan, Trade Mark also applied or registered).
- compatible for using strap.

Variations at the same price: Brown, Blue, Pink, Navy

- You may choose your favorite color. Designate your option in ordering.

부록

판매자라면 알아야 하는 용어

01
이베이에서 자주 쓰는 용어

A

- **Administrative cancellation**(직권 취소): 입찰자의 이베이 등록이 취소되는 등의 행정적인 이유로 이베이에서 구매자의 응찰을 직권으로 취소한다.
- **Announcement boards**(게시판): 이베이가 최신 뉴스와 정보를 게재하는 곳. 이를 통해 새로운 상품, 판촉, 정책 변경 및 특별행사 등의 정보를 얻을 수 있다.
- **Answer Center**(회원교류센터): 회원들 간에 질문을 하거나 의견을 나눌 수 있는 커뮤니티 포럼.
- **Auction-style listing**(경매방식 리스팅): 이베이에서 상품을 파는 방법 중 하나. 셀러가 상품을 리스팅하고 일정 기간 동안 구매희망가격을 받아 가장 높은 가격을 제시한 응찰자에게 판매하는 방식이다.

B

- **Best Match**(최적 상품): 이베이의 검색 툴 중 하나로 구매자가 조건을 입력하고

이와 가장 잘 맞는 것을 찾아내는 방식이다. 베스트 매치는 구매자가 찾는 것과 리스팅이 얼마나 잘 맞는지, 구매자에게 얼마나 인기가 있을지 등을 포함해 구매자의 과거 검색 경험, 평가를 반영한다.

- **Best Offer**(구매 희망가격): 구매자가 셀러에게 판매가격을 주는 대신 구매희망가격을 제시할 수 있는 방식의 거래. 셀러가 고정가 판매 리스팅을 할 때 이용할 수 있다.

- **Bid cancellation**(응찰 취소): 셀러에 의한 응찰 취소이다. 셀러는 취소한 것을 다시 입력할 수 없으나 응찰자는 다시 응찰할 수 있다. 셀러가 특정 구매자 또는 응찰자가 응찰을 하지 못하도록 하고 싶을 때에는 응찰자 블록(block bidders)을 이용해야 한다. 일반적으로 셀러는 응찰을 취소해서는 안 되지만 응찰자의 신원을 파악하기 위한 노력에도 불구하고 이를 확인할 수 없는 경우 등에 예외적으로 허용된다.

- **Bid increment**(응찰가 증액): 경매방식 판매에서 응찰을 경신하기 위해 필요한 최소한의 인상 금액이다. 이 금액은 현재 최고로 높은 금액을 기준으로 자동 산정된다. 현재 품목이 5달러면 최소 0.5달러를 높여야 응찰이 가능한데 이것을 말하는 것이다. 다음의 응찰가격은 최소 5.5달러 이상이 되어야 한다.

- **Bid retraction**(입찰 철회): 경매방식 판매에서 구매자가 응찰을 철회하는 것이다. 원칙적으로 구매자는 응찰을 철회할 수 없으므로 신중을 기해야 한다. 입찰 철회는 구매자가 9.95달러를 99.55달러로 잘못 입력하고 즉시 고칠 경우 등에만 예외적으로 허용된다.

- **Bidder**(응찰 구매자): 입찰에 참여하는 구매자. 부동산, 자동차 분야의 입찰은 다르지만 입찰에 참여한 구매자가 낙찰받게 되면 거래를 실행해야 하는 의무가 발생한다.

- **Blackthorne**(블랙손): 셀러의 작업 시간을 줄여주는 이베이 판매 툴이다. 블랙

손은 특히 판매를 많이 하는 셀러들의 대량 리스팅과 구매자와의 소통을 지원한다. 30일간 무료 사용이 가능하다.

- **Block bidders or buyers**(구매자 차단): 이베이에서는 특정 구매자가 상품을 사거나 입찰에 참여하지 못하도록 차단하는 것이 가능하다. 특히 거래에서 좋지 않은 경험을 한 구매자 등을 대상으로 한다. 메뉴 중 'Blocked bidder' 또는 'Buyer list'를 이용한다.
- **Buyer**(구매자): 이베이에서 상품을 사는 구매자들.
- **Buy It Now**(즉시 구매가격): 구매자가 상품을 즉시 살 수 있는 가격이다. 고정가격 판매에서는 제시한 가격이며 경매에서는 별도의 가격을 제시할 수 있는데 이를 수용한 구매자가 나타나면 경매는 중단된다.

C

- **Category listings**(카테고리 리스팅): 앤티크, 책, 컴퓨터, 태블릿과 네트워킹, 운동용구 등의 카테고리를 나누어 상품을 리스팅해야 한다. 셀러가 카테고리를 잘 선정해 리스팅해 놓을 경우 구매자들이 상품을 찾기가 쉽다.
- **Changed user ID icon**(ID 변경 아이콘): 이베이에서 ID를 변경한 경우 30일 동안 ID 변경을 표시해준다. ID를 바꾸어도 셀러 또는 구매자에게 받은 피드백은 그대로 유지된다. 셀러는 평판을 유지하기 위해 ID를 바꾸지 않는 것이 좋지만 판매 품목이 달라질 경우 등에는 바꾸기도 한다.
- **Classified Ads**(안내광고): 리스팅 방식 중 하나로써 관심 있는 구매자가 접촉 양식을 작성하여 셀러에게 정보를 보낸다.
- **Completed listings**(거래완료 상품): 검색방식의 하나로 최근 90일간에 거래가 완료된 품목 또는 최근 30일간 판매가 이뤄지지 않은 상품을 살펴볼 수 있다. 다만 자동차의 경우는 15일 이내의 거래만 가능하다. 셀러들은 상품을 어떻게

팔 것인가를 결정하는 데 참고가 된다.

D

- **Detailed seller ratings**(항목별 셀러 평가): 구매자가 남긴 DSR은 셀러로서의 실적이 어떤지를 잘 보여준다. 구매자들은 피드백을 할 때 종합적인 평가를 하는 동시에 항목별 평가를 할 수 있다. 상품설명의 정확도, 커뮤니케이션, 배송기간과 배송비용 등이 대상이고 별 1개가 가장 낮고 별 5개가 가장 높은데 종합평가와는 별개다.
- **Discussion boards**(토론방): 멤버들이 커뮤니티에 다양한 주제에 관한 메시지를 남길 수 있는 곳이다. 이를 통해 회원은 누구나 질문을 주고받거나 경험을 나눌 수 있다.
- **Dispute Console**(분쟁조정): 'Resolution Center' 참고

E

- **eBay Community**(이베이 커뮤니티): 이베이의 구매자와 셀러들의 모임. 멤버들은 공지, 이벤트 등을 볼 수 있고 토론방을 이용해 다른 멤버와 소통할 수도 있다.
- **eBay Groups**(이베이 그룹): 공동의 관심사를 나누는 구매자 또는 셀러의 그룹. 만들어진 그룹에 참여할 수 있고 새롭게 만들어 참여를 유도할 수도 있다.
- **eBay Money Back Guarantee**(환불보장정책): 구매자들이 상품을 받거나 대금을 환불받을 수 있도록 해주는 이베이의 구매자 보호정책으로 셀러들은 이 정책을 따른다.
- **eBay Shop**(이베이 숍): 이베이 로고를 사용할 수 있도록 허가받은 상품을 취급하는 웹사이트로 의류, 액세서리, 수집품 등이 대상이다.

- **eBay Stores**(이베이 스토어): 셀러들이 판매하는 여러 상품을 한꺼번에 보여주는 온라인 점포. 구매자는 구매하고 싶은 독특한 상품을 찾기 위해 이용할 수 있으며 셀러들은 디스플레이, 카테고리, 판촉의 향상과 리스팅 포맷의 다양화 등을 이용하기 위해 일정 수수료를 낸다.
- **eBay time**(이베이 시간): 이베이는 전 세계에서 이용하는데 공식 표준시간은 이베이 본사가 있는 미국 캘리포니아 산호세가 속한 태평양 시간이다.
- **Escrow**(에스크로, 3자 예탁): 구매자가 셀러의 상품을 받거나 수용할 때까지 제3자가 구매자의 대금을 보관하는 절차이다. 에스크로는 구매자와 셀러에게 신뢰를 제공하는데 500달러 이상 거래 시 이용할 만하다.

F

- **Feedback**(피드백, 거래평가): 구매자와 셀러가 거래에 대해 피드백을 남기면서 서로를 평가할 수 있다. 구매자의 피드백은 긍정적, 중립적, 부정적 등 세 가지와 간략한 코멘트로 구성된다. 동시에 피드백 점수를 결정한다.
- **Feedback Profile**(피드백 프로필): 구매자 또는 셀러의 피드백 정보를 보여주는 페이지다. 거래 상대방의 평가와 간략한 코멘트가 포함된다. ID 옆에 있는 피드백 스코어를 클릭하면 세부내용을 볼 수 있다.
- **Feedback score**(피드백 점수): 이베이에서 평판을 계량적으로 보여주는 수치이다. 대개의 경우 긍정적(+1), 중립적(0), 부정적(-1)의 평가점수를 받는다. 점수가 높다는 것은 긍정적인 평가를 많이 받았다는 의미다.
- **Feedback star**(피드백 스타): 별의 색깔은 피드백 점수가 일정 수준 이상을 받았다는 것을 의미한다. 예를 들어 노란색의 별은 10~49점의 피드백 점수를 받았다는 것을 나타낸다. 대개의 경우 피드백이 높은 것은 좋은 시그널이지만 구매자와 셀러는 거래 상대방의 피드백 프로필을 체크하는 것이 필요하다.

- **Final value fee**(판매 수수료): 판매가 이루어졌을 때 이베이가 셀러에게 징수하는 수수료이다. 판매 수수료는 구매자가 부담하는 총비용을 기준으로 매겨진다. 상품가격, 배송비용 및 기타비용(세금은 제외) 등이 포함된다. 팔리지 않으면 부과되지 않는다. 입찰가격이 셀러가 정한 최저 판매가격에 미달한 경우에도 부과되지 않는다.
- **Fixed price**(고정가격): 셀러가 상품에 대해 일정 가격을 제시하여 판매하는 방식이다. 이베이에서는 고정가와 경매 두 가지 방식이 주로 쓰인다.

G

- **Groups**(그룹): 공동의 이익과 관심사항을 나누는 회원그룹을 의미한다. 'eBay Groups' 참고.
- **Guest Buying**(게스트 구매): 이베이에 등록하지 않고도 일정 상품을 살 수 있는 구매자를 '게스트'라 한다.
- **Guides**(가이드): 이베이 또는 이베이 멤버들은 특정 주제나 카테고리에 대한 전문지식을 작성하여 제공할 수 있다. 'Reviews & Guides' 메뉴를 이용한다.

H~K

- **Insertion fee**(등록 수수료): 셀러들이 상품을 등록할 때 징수하는 수수료. 등록방식에 따라 수수료가 다르며 상품이 팔리지 않았다고 환불되지는 않는다.

L~M

- **Member**(멤버, 가입회원): 이베이에 등록한 구매자와 셀러를 말한다. ID와 패스워드를 가지고 'My eBay' 등에 접속하며 상품을 사거나 팔 수 있다.
- **Multiple item listing**(다수량 판매 리스팅): 셀러가 같은 제품을 여러 개 판매하기

위한 리스팅 방법이다. 여러 개를 팔려면 여러 구매자와 거래해야 하는데 구매자는 구매 희망수량과 가격을 명시할 수 있다. 가격과 구매수량을 곱한 금액이 많은 사람에게 낙찰된다.

- **Motors Local Market listing**(자동차 특정지역 판매): 미국 200마일 이내 근접지역에서 안내 광고 형태로 리스팅함.
- **Motors National listing**(자동차 미국 전역 판매): 미국 내에서 어떤 지역이든 고정가, 경매 구분없이 자동차를 리스팅함.

N~O

- **New member/user icon**(신규 회원 아이콘): 최근 30일 이내에 이베이 회원으로 등록한 구매자 또는 셀러에게 신규 아이콘이 따라 붙는다. 아이콘이 붙어 있으면 다른 회원들이 신규 회원임을 인지하여 배려해준다.
- **Online auction format**(경매): 'Auction-style listing' 참고.

P~Q

- **PayPal**(페이팔): 이베이 거래에서는 페이팔이 주로 쓰이고 있다. 구매자가 페이팔을 쓰면 셀러에게 계정정보를 전혀 제공하지 않고 신용카드나 은행계정에서 지급이 이뤄진다. 구매자가 대금지급을 위해 알아야 할 것은 셀러의 이메일 주소뿐이다.
- **PayPal Purchase Protection**(페이팔 구매자보호): 페이팔을 통해 대금을 지불한 구매자에게 구매대금 전액과 배송비 전부를 보호해주는 정책이다.
- **Power Seller**(파워 셀러): 피드백에서 긍정적 평가를 98%까지 받고 높은 수준의 서비스를 제공하는 셀러. 셀러 아이디 옆에 파워 셀러 아이콘이 있을 경우 구매자들은 경험이 많은, 믿을 만한 셀러임을 알게 된다.

- **Pre-approve bidders/buyers**(입찰자 사전승인): 셀러에게 판매할 상품에 관심이 있을 만한 특정 구매자 리스트를 만들 수 있도록 하는 방법이다. 리스트는 특정상품에 한해 적용된다. 여기에 포함되지 않은 멤버는 셀러에게 이메일을 보내어 사전승인 구매(응찰)자로 입찰이나 구매에 참여할 수 있도록 동의를 받아야 한다.
- **Privacy Policy**(개인정보 보호): 개인정보를 어떻게 사용하고 보호하는지에 대한 이베이의 정책.
- **Private auction listing**(프라이빗 경매): 이 경매에서는 입찰 참가자의 ID가 다른 사람들에게 공개되지 않는다. 경매가 끝났을 때 셀러와 낙찰자에게는 이메일로 통보된다. 입찰 참가자들이 다른 사람들에게 ID가 노출되지 않기를 바란다고 셀러가 생각할 때에 이용한다.
- **ProPay**(프로페이): 개인이나 중소기업들이 신용카드 결제를 할 수 있는 안전한 시스템이다. 대금지급은 셀러의 프로페이 계정으로 바로 이체된다.
- **Proxy bidding**(대리 입찰): 이베이가 구매자를 대신하여 낙찰을 받아주는 시스템이다. 이베이는 입찰 희망자를 대신하여 희망자가 정한 금액범위 내에서, 또는 최고가 낙찰자에 이르기까지 구매자를 대신하여 자동으로 응찰해 준다.

R

- **Registered member/user**(등록 회원): 이베이에 등록한 사람은 기본적인 정보를 이베이에 제공해야 한다. 개인정보는 안전하게 보호되고 있으며 등록해야 이베이에서 상품을 사거나 팔 수 있다.
- **Relisting**(재등록): 등록한 상품이 팔리지 않아 새로 리스팅을 하는 것이다. 재등록하면 재등록 수수료는 환급을 해주나 경우에 따라서 환급이 되지 않는 다.

- **Reserve price**(최저 낙찰가): 경매에서 셀러가 상품을 판매할 최저가격이다. 셀러들은 경매 판매를 개시할 때 최저가격을 비밀로 정해 놓을 수 있으며 이를 밑돌면 낙찰자에게 팔지 않아도 된다. 이 기능은 셀러가 경매 시작가격을 낮게 책정하여 구매자들이 입찰에 적극 참여하도록 유도하기 위한 것이다. 예약가를 정하기 위해서는 수수료를 별도로 부담해야 한다.
- **Resolution Center**(분쟁해결센터): 구매자와 셀러 간 거래 관련 분쟁해결을 지원하는 이베이의 기구다. 구매자가 물건을 받지 못한 경우, 배송된 물건이 상품 설명과 다른 경우, 대금을 받지 못한 경우, 거래를 취소하고 싶은 경우 등과 관련해 도움을 받을 수 있다.
- **Return policy**(반송정책): 셀러는 상품을 리스팅하면서 반송정책을 명시할 수 있다. 리스팅할 때 반송정책을 정하면 리스팅의 해당란에 나타난다.
- **Reviews**(리뷰): 이베이 셀러와 구매자는 상품과 관련된 경험을 쓰고 나눌 수 있다. 다른 사람들은 이를 정보로 활용할 수 있는데 이베이의 'Reviews & Guides' 메뉴를 이용하면 된다.

S

- **Second Chance Offer**(후순위 입찰자 판매): 경매로 상품을 등록했을 경우, 입찰자가 여러 명이라면 최고가 입찰에 성공한 구매자 외에도 후순위 입찰자에게 상품구매를 제안할 수 있는 기능이다. 셀러가 동일 상품에 여러 명의 입찰자 중 마진이 남는 금액을 제시한 구매자에게도 상품 구매를 제안해 판매하는 것이다. 경매에는 상품을 1개밖에 등록할 수 없지만, 결과적으로 여러 구매자에게 판매하는 방법이 된다. 셀러는 경매 리스팅을 하면서 세컨드 찬스 판매를 할 수 있다. 등록 수수료는 없으나 판매 수수료는 부담해야 한다.

- **Secure server**(보안 서버): 신용카드 등 민감한 정보를 처리할 때 쓰이는 특수한 서버이며 정보 보호를 위해 서버 인증(SSL)을 이용한다.
- **Secure Sockets Layer(SSL)**: SSL은 브라우저와 서버 간의 통신에서 정보를 암호화하여 도중에 해킹으로 정보가 유출되더라도 정보의 내용을 보호할 수 있게 해주는 보안 솔루션이다. 이를 채택한 웹사이트는 'http:' 대신 'https:'로 시작하는데 이베이는 이 기술을 채택하고 있다.
- **Security Center**(보안센터): 이베이 이용자들에게 이베이를 안전하게 이용하는 방법 등을 알려주는 보안지원센터.
- **Sell similar item**(동종상품 판매): 동종상품을 반복하여 리스팅할 경우, 과거에 리스팅한 형식과 내용을 이용해 빠르고 편리하게 할 수 있도록 지원해주는 기능이다.
- **Seller**(셀러, 판매자): 이베이에서 상품을 판매하는 가입자이다.
- **Seller search**(셀러 검색): 이베이에서 특정 셀러를 검색하는 기능이다. 셀러 ID를 입력하고 검색하면 찾고자 하는 셀러가 판매하는 상품들이 검색된다.
- **Selling Manager**(셀링 매니저): 'My eBay'에서 셀러의 리스팅과 판매 관련 활동을 지원해주는 판매 툴이다. 트래킹 리스트, 판매 후 활동(피드백, 이메일, 대금결제) 등 판매 활동을 수행할 수 있다.
- **Selling Manager Pro**(셀링 매니저 프로): 셀링 매니저의 기능 이외에 재고관리, 대량 리스팅, 이메일과 피드백의 자동처리, 이익 및 손실보고서 등의 추가 기능을 제공하는 툴이다.
- **Shill bidding**(야바위 응찰): 가족, 친구, 직원 등을 이용하여 경매하는 상품의 가격을 올리는 행위로 이베이에서 허용되지 않는다.
- **Skrill**(스크릴): 구매자가 셀러에게 이베이 체크아웃을 이용해 대금을 보내는 결제방식이다.

- **Sniping**(경매 마감 끼어들기): 경매 마감시간 몇 분 또는 몇 초 전에 응찰하는 행위다. 이베이에서는 리스팅이 마감되기 전에 어떠한 응찰도 허용된다. 이베이는 구매자가 스나이핑(Sniping)을 당하는 것을 방지하기 위해 자동 대리입찰(proxy bidding) 서비스를 제공한다.
- **Starting price**(경매 시작가): 셀러가 경매 리스팅을 하면서 입찰을 시작할 때 제시해줄 것을 희망하는 시작가격을 설정한다. 셀러는 실질적인 최저가인 예정가를 구매자들이 모르게 설정할 수 있다. 가장 높은 입찰가가 예정가보다 낮을 경우 셀러는 상품을 팔지 않아도 된다.

T

- **Title search**(타이틀 검색): 이베이에서 상품을 검색하는 방법 중 하나다. 키워드를 입력하여 검색하면 상품의 제목이 키워드와 가장 잘 맞는 순으로 나타난다.
- **Top Rated Plus & Top Rated Plus seal**(톱 셀러 플러스): 구매 당일 또는 1일 이내 발송, 14일 이내 반송 또는 환불 등을 보장하는 톱 셀러들의 리스팅으로써 검색에서 우대된다.
- **Top Rated Seller**(톱 셀러): 구매자에게 빠른 배송, 정확한 커뮤니케이션 등을 제공하는 등 우수한 고객 서비스를 실시하여 높은 평가를 얻은 셀러다.
- **Turbo Lister**(터보 리스터): 리스팅을 쉽게 해주는 이베이 도구. 컴퓨터용으로 많은 상품을 리스팅할 때 사용하면 편리하다.

U~Z

- **Unpaid item process**(미결제 상품 처리): 상품을 판매한 뒤 결제받지 못한 경우에 셀러가 해야 할 절차다. 셀러는 해결센터에 사건을 제기해야 하며 해당 구매자는 응대할 기회를 가지게 된다. 구매자가 응대를 하지 않거나 셀러가 만족

을 하지 않는 경우에 판매 수수료를 환불받을 수 있다.
- **User Agreement**(사용자 동의): 이베이 가입자가 매매와 관련해 입찰에 참가할 경우 이베이의 약관에 동의해야 한다.
- **User ID**(사용자 ID): 이베이에서 자신을 밝히는 이름으로 가입할 때 등록해야 한다. 이베이에서 평가는 ID를 기준으로 이뤄지므로 ID의 평판관리가 중요하다.

02 이베이의 약어

A~E

- **B & W**: black and white.
- **BC**: back cover(뒷 표지, 책 설명에 주로 쓰임).
- **BIN**: Buy It Now(소비자 구매가격).
- **CIP**: customer initiated payment(소비자 주도가격).
- **DOA**: dead on arrival(상품을 받았을 때 작동하지 않거나 파손된 상태).
- **DSR**: detailed seller ratings(구매자가 셀러에게 주는 항목별 평가 점수).
- **EST**: Eastern Standard Time(미국 동부 표준시간).
- **EUC**: excellent used condition(상태가 좋은 중고품).

F~I

- **FAQ**: frequently asked questions(자주 제기되는 질문과 답변).
- **FB**: feedback.

- **FC**: fine condition(상태 양호).
- **FOB**: freight on board(발송 완료).
- **FS**: full screen(DVD, 비디오 등에 쓰임).
- **FVF**: final value fee(판매 수수료, 판매가＋배송비).
- **G**: good condition(상태 좋음).
- **GBP**: Great Britain pounds(영국 파운드).
- **GU**: gently used(중고품으로 하자나 마모가 거의 없음).
- **HP**: home page.
- **HTF**: hard to find(찾기 어려운 유니크한 상품).
- **HTML**: hypertext markup language(웹페이지를 만들 때 쓰이는 언어).
- **IE**: Internet Explorer.
- **IM**: instant messaging(온라인 단문 메시지).
- **INIT**: initials(시작).
- **ISP**: Internet service provider(인터넷 접속서비스를 제공하는 회사).

J~M

- **JPG**: JPEG(이베이에서 사진용으로 적합한 파일 형태).
- **LTBX**: letterbox(와이드 스크린 이미지로 재생되는 비디오 포맷).
- **LTD**: limited edition(한정판).
- **MNT**: mint or in perfect condition(새 것, 또는 완벽한 상태의 상품).
- **MIB**: mint in box(포장 상태의 새 상품).
- **MIJ**: made in Japan(일본제품).
- **MIMB**: mint in mint box(원래 포장 상태의 새 상품).
- **MIMP**: mint in mint package(원래 패키지 상태의 새 상품).

- **MIP**: mint in package(패키지 상태의 새 상품).
- **MNB**: mint no box(포장은 없지만 완벽한 상태의 제품).
- **MOC**: mint on card(카드에 포장된 새 상품).
- **MOMC**: mint on mint card(오리지날 카드에 포장된 새 상품).
- **MONMC**: mint on near mint card(거의 오리지날 카드에 포장된 새 상품).
- **MWBT**: mint with both tags(태그가 있는 새 상품).
- **MWMT**: mint with mint tags(원래 태그가 있는 새 상품).

N~P

- **NARU**: not a registered user(미등록 사용자).
- **NBW**: never been worn(입지 않은 옷).
- **NC**: no cover(커버가 없음).
- **NIB**: new in box(박스에 든 새 상품).
- **NM**: near mint(사용은 하였으나 새 상품과 유사).
- **NOS**: new old stock(재고품).
- **NR**: no reserve price(경매방식 리스팅에서 최저 가격이 없음).
- **NRFB**: never removed from box(포장을 뜯지 않은 상태).
- **NWT**: new with tags(태그가 붙어있는 새 상품).
- **NWOB**: new without box(박스가 없지만 새 상품).
- **NWOT**: new without original tags(태그를 뗀 새 상품).
- **OEM**: original equipment manufacturer(주문자 상표부착 방식 생산).
- **OOP**: out of print(절판으로 책 등이 더 이상 나오지 않음).
- **PST**: Pacific Standard Time(태평양 표준시간).

Q~Z

- **RET**: retired(철수).
- **SCR**: scratch(상처).
- **S/O**: sold out(판매완료로 재고 없음).
- **Sig**: signature(서명).
- **SMS**: short message service(휴대전화 문자 서비스).
- **SYI**: Sell Your Item(리스팅 생성방식).
- **TM**: trademark(상표).
- **UPI**: unpaid item(결제를 하지 않은 상태의 상품).
- **URL**: uniform resource locator(웹사이트 주소).
- **USPS**: United States Postal Service(미국 우편 서비스).
- **VF**: very fine condition(상태 매우 양호).
- **VHTF**: very hard to find(매우 찾기 힘듦).
- **WS**: widescreen(레터박스와 비슷한 비디오 형식).
- **XL**: extra large(특대).

03 페이팔 관련 용어 설명

- **계정**(Account), **페이팔 계정**(PayPal Account): 개인(구매자), 프리미어(구매 및 판매자), 비즈니스(기업) 등이 페이팔에 개설한 계정.

- **계정 프로필**(Account Profile): 로그인 후 개인정보 등을 포함해 자신의 프로필을 보고 관리할 수 있는 페이지. 개인정보뿐만 아니라 세부결제방법, 사전결제승인, 셀링 툴, 자주 거래하는 거래선 등의 관리도 가능하다.

- **증액**(Add Funds, Top Up): 자신의 계정으로부터 페이팔 계정으로 돈을 이체할 수 있는 권한.

- **승인**(Authorize, Authorization): 구매자의 페이팔 계정에서 대금을 인출(추심)할 수 있도록 구매자가 셀러에게 권한을 부여하는 것.

- **자동이체**(Automatic Transfer): 페이팔에 의해 계좌에 들어온 돈을 인출하는 것. 만약 계정이 자동이체국가(Automatic Transfer Countries)에 등록되면 이 조건에 맞추기 위해 페이팔 계정의 돈이 정기적으로 이체가 이루어짐.

- **자동이체국가**(Automatic Transfer Countries): 알바니아(Albania), 알제리(Algeria), 앤티

가 바부다(Antigua and Barbuda), 바바도스(Barbados), 벨리즈(Belize), 보스니아 헤르체고비나(Bosnia and Herzegovina), 크로아티아(Croatia), 도미니카(Dominica), 피지(Fiji), 프렌치 폴리네시아(French Polynesia), 그라나다(Granada), 온두라스(Honduras), 레소토(Lesotho), 말라위(Malawi), 모로코(Morocco), 뉴칼레도니아(New Caledonia), 팔라우(Palau), 세인트키츠 네비스(Saint Kitts and Nevis), 세인트루시아(Saint Lucia), 세이쉘리스(Seychelles), 트리니다드 앤 토바고(Trinidad and Tobago), 터크스 케이커스(Turks and Caicos).

- **비즈니스 계정**(Business Account): 개인, 가족용이 아니라 비즈니스를 목적으로 하는 계정.
- **영업일**(Business Days): 월요일에서 금요일까지이며 국가가 지정한 공휴일은 제외.
- **환불요구**(Chargeback): 구매자가 카드회사에 대금지불이 잘못되었다고 환불을 요청하는 것.
- **클레임**(Claim): 페이팔 사용자가 페이팔의 분쟁해결센터에 대금지급 관련 문제를 제기하는 것.
- **상업당사자 계약**(Commercial Entity Agreement): 거래 양측이 페이팔 지급절차에 직접 개입할 것을 요구하는 계약.
- **페이팔 커뮤니케이션**(Communications): 페이팔이 계정과 거래정보를 제공하는 것으로써 페이팔의 정책과 업데이트, 연간보고서, 거래영수증과 확인서, 계정명세서 또는 내역서 등이 포함되어 있다.
- **고객 서비스**(Customer Service): 페이팔의 고객 지원으로 온라인 및 전화 이용이 가능함.
- **기본 결제방법**(Default Payment Methods): 사용자가 선호하는 결제방식을 지정하지 않았을 경우에 페이팔이 거래를 하는 데 기본적으로 사용하는 방법.

- **디지털 상품**(Digital Goods): 전자적 방법으로 전달되고 사용되는 상품.
- **분쟁**(Dispute): 사용자가 페이팔에 직접 제기한 분쟁으로 온라인 분쟁해결센터에서 접수.
- **e체크**(e-Check): 송금하는 사람의 은행계정을 이용하는 방식의 대금결제. e체크로 송금하면 대개 3~4일이 소요되며 미국 이외의 지역에서 보내진 경우에는 지급유예기간이 더 길어질 수 있음.
- **페이팔 정보**(Information): 이용자가 페이팔에게 제공하는 계정의 정보. 이용자와 이용자의 개인정보, 금융정보, 비즈니스 정보 등을 포함할 수 있음.
- **즉시 이체**(Instant Transfer): 페이팔에서 송금받은 사람이 즉시 이용할 수 있도록 해준 송금자의 계정을 이용한 이체.
- **상품 미수령**(Item Not Received, INR): 구매한 상품을 받지 못했다고 주장하는 구매자가 지급한 대금 관련 분쟁.
- **동시 지급**(Mass Payments): 동시에 여러 개의 지급을 할 수 있는 권한.
- **셀러**(Merchant, Seller): 상품과 서비스를 팔고 페이팔을 통해 대금을 받는 개인 또는 판매상.
- **디지털 상품 마이크로페이먼트**(Micropayments for Digital Goods): 디지털 상품을 판매하는 셀러 중 자격을 갖춘 자에게 페이팔이 소액 대량 결제를 허용해줌.
- **미로그인 결제**(No Log-In Payment): 페이팔에 로그인을 하지 않고 결제가 이루어진 경우.
- **결제방식**(Payment Method): 대금거래를 하면서 쓰인 방법으로 잔고, 즉시 이체, e체크, 신용카드, 체크카드, 이베이 기프트카드, 보상코드 등이 있음.
- **페이팔 직불**(PayPal Direct Payment): 대금결제가 페이팔 계정을 통하지 않고 신용카드나 체크카드 등으로 이뤄진 경우. 페이먼트 프로(Payments Pro) 웹사이트를 통해 이뤄진 결제 등이 해당.

- **페이팔 모바일**(PayPal Mobile): 페이팔이 휴대전화를 통해 송금 및 대금영수를 할 수 있게 하는 서비스.
- **페이팔 셀러 보호**(PayPal Seller Protection): 계정이 제3자에 의해 무단거래된 경우 구매자가 상품 미수령 주장과 관련하여 일정 요건을 갖췄다면 페이팔이 보장해주는 정책.
- **개인적 지급**(Personal Payment): 렌트비, 식사비 등 친구와 가족 간의 지급. 개인적 지급은 선물을 주는 것으로 쓰일 수 없으며 대부분의 나라에서는 금지됨.
- **페이팔 정책**(Policy or Policies): 사용자와 페이팔 간에 페이팔 웹사이트를 이용하여 서비스를 받는 것과 관련한 약정 내용.
- **사전승인 지급**(Pre-approved Payment): 송금하는 사람과 영수하는 사람 간에 특정시간 또는 규칙적이거나 산발적으로 송금인의 계정에서 대금이 지급되는 것에 대해 사전에 승인을 받은 거래. 예약(subscriptions), 자동 지급(automatic payments), 자동 청구(automatic billing) 등으로도 불림.
- **지정 지급방법**(Preferred Payment Method): 사용자가 특별히 선택한 대금 지급방법을 이용하는 것.
- **프리미어 계정**(Premier Account): 개인 또는 비즈니스 차원에서 이용되는 계정.
- **상환코드**(Redemption Code): 선물교환권, 판촉 쿠폰 등에 적혀 있는 코드로 혜택을 받을 때 사용됨.
- **예치**(Reserve): 페이팔이 이용자 거래와 관련되어 상환 요구, 클레임 등에 대비하기 위해 계정에 들어온 대금의 일부를 유보하고 있는 비율.
- **제한된 활동**(Restricted Activities): 법령 위반, 마이너스 잔고, 위조상품 판매, 거짓 정보의 제공 또는 페이팔에 대한 정보제공 거부 등 페이팔의 약정서에 명시된 금지된 활동.
- **전환**(Reversal): 페이팔이 사용자가 받은 대금을 되돌려 받는 것. 송금은행이 무

효화시킬 때, 페이팔 또는 관련 회사에서 잘못 지급했을 때, 송금인이 대급지급을 승인하지 않았을 때(잃어버린 신용카드를 쓴 경우), 페이팔의 약정에 어긋나는 거래를 했을 때, 페이팔이 클레임을 걸 경우 등에서 발생함.

- **설명과 상이한 상품**(Significantly Not as Described): 구매한 상품이 상품설명과 상당히 다른 상품을 받게 된 경우에 페이팔은 구매자를 보호하는 반면 셀러에 대해서는 보호대상에서 제외함.
- **거래명세 페이지**(Transaction Details Page): 페이팔 웹사이트에서 거래명세(Transaction Details)라는 제목으로 보여주는 페이지. 개요(Overview)와 거래내역(History) 등의 항목을 포함함.
- **인증된 계정**(Verified Account): 페이팔이 계정 사용자가 계정의 법적권리를 가지고 있음을 확인해준 계정.
- **무단거래**(Unauthorized Transaction): 제3자가 페이팔 계정에서 이체를 해가는 등 계정 사용자 허락 없이 무단으로 이뤄진 거래.

이베이 글로벌 셀링의 비결

프로셀러는 다르다

이베이 글로벌 셀링의 비결
프로셀러는 다르다

제1판 1쇄 인쇄 | 2015년 2월 5일
제1판 1쇄 발행 | 2015년 2월 12일

지은이 | 박진달
펴낸이 | 고광철
펴낸곳 | 한국경제신문 한경BP
편집주간 | 전준석
기획 | 김건희 · 이지혜
홍보 | 정명찬 · 이진화
마케팅 | 배한일 · 김규형
디자인 | 김홍신

주소 | 서울특별시 중구 청파로 463
기획출판팀 | 02-3604-553~6
영업마케팅팀 | 02-3604-595, 583 FAX | 02-3604-599
H | http://bp.hankyung.com   E | bp@hankyung.com
T | @hankbp   F | www.facebook.com/hankyungbp
등록 | 제 2-315(1967. 5. 15)

ISBN 978-89-475-4001-8   13320

책값은 뒤표지에 있습니다.
잘못 만들어진 책은 구입처에서 바꿔드립니다.